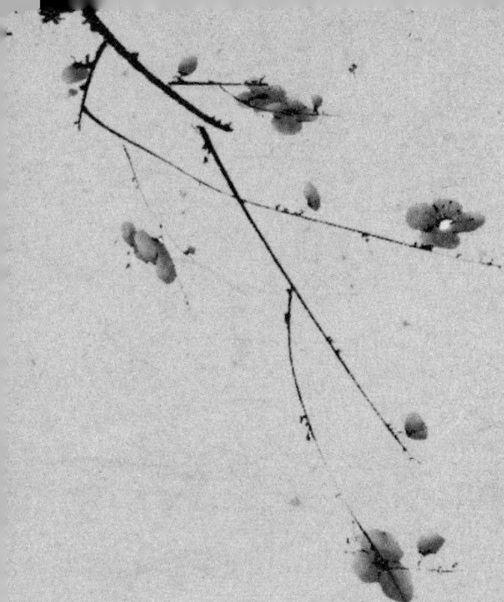

20世纪中国语文教育经典研读丛书

周文叶研读

蒋伯潜《中学国文教学法》

Zhou Wenye Yandu Jiang Boqian Zhongxue Guowen Jiaoxuefa

丛书主编 魏本亚 陈黎明 时金芳
本册主编 周文叶

高等教育出版社·北京

内容提要

本书对蒋伯潜所著的《中学国文教学法》的内容和研究进行了全面介绍以及研读性评点，使蒋伯潜在“课堂讲读教学要以学生为中心”“作文命题要以学生为中心”以及要对学生进行“课外习字、课外自由阅读、课外作业指导”方面“进行指导”的观点为广大语文教育学习者和研究者所知，又通过设计的“与学者对话”“我思故我言”等栏目，试图引起读者对目前基础教育课程改革和教师教育课程改革的思考和研究。

本书主要作为高师院校语文教育专业本科生、教育硕士教材，也可供中学语文教师、教研人员研修使用。

丛书编写委员会

编写凡例

一、“20 世纪中国语文教育经典研读丛书”是一个专著系列，选编了在 20 世纪产生过重要影响的 13 本著作，集成 8 部。

二、总序对所选的 20 世纪中国语文教育著作进行鸟瞰，以期给读者一个历史坐标，作为判断这些经典著作历史价值的参照。

三、研读经典，在实际辨认经典历史价值的同时，还要发掘经典的当代镜鉴作用，丛书的编者在每一卷的评析中进行了有价值的探索。

四、丛书采用了评注方式。注释表现在四个方面：1. 对读者不太好理解的地方作出必要的注释；2. 对生疏的词语作出注释；3. 对不同的表达方式作出注释；4. 对与当代表达不一致的地方作出注释。评价表现在以下几个方面：1. 经典的重要观点；2. 经典涉及的重要词语；3. 经典涉及的研究方法；4. 经典涉及的研究过程；5. 经典涉及的数据；6. 对当下有现实指导价值的内容。

五、栏目设计包括“与学者对话”“我思故我言”。前者分为两种设计：首先，选择经典作者本人以及同时期其他专家的观点，以期让读者了解当时学界的观点、态度，以便作出判断。其次，选择当代学者对同一问题的看法，以期让读者能够作出比较，进而作出判断。后者旨在调动读者的积极性，让读者参与其中，读者可以把自己的想法写在后边，实现真正的对话。

六、附录设计。附录一为原作者的研究论著目录及文摘，尽可能全面地为读者提供一个论著的路线图，提供一些有价值的文摘。附录二为后人研究论著及文摘，这一部分旨在说明对于经典研究的现状。附录旨在发掘最新的研究资料，以期给读者一些线索与启发。

七、经典的版本依据。以最初出版的著作为基础，参考其他版本进行校对。

八、尽可能保存经典的原貌。对于其中的异体字、异形词，在不影响阅读的前提下尽量保留。有的经典原版是竖排版，现在改为横排版。

九、标点符号改为现在通行的标点。

十、文中所引资料都注明出处，如作者、题名、杂志名、年月期，以及书名、出版社、出版年月。

十一、提供原作者的照片。

总　序

研读语文教育经典的历史价值及对当代的启示

魏本亚　陈黎明　时金芳

所谓经典，是指具有典范性、权威性的作品或著作，是经过历史选择出来的“最有价值的书”。站在21世纪的门槛上，回眸百年语文教育学科发展，我们清晰地看到，一批语文教育巨匠用他们的智慧建造了一座座语文教育研究的丰碑。这些巨匠造就的语文教育经典在当时引领了中国的语文教育；在今天的语文课程改革进程中，这些著作历久弥新，重读这些经典，仍然具有重要的启迪价值。2001年以来，我们多次向语文教育大家如朱绍禹、顾黄初、李杏保、饶杰腾、曹洪顺、周庆元、倪文锦等先生讨教，多次到国家图书馆、上海图书馆、北京师范大学图书馆、华东师范大学图书馆查阅资料，历经10年，精选出大家公认的13本经典并将其集成为8部著作，加以批注评点，奉献给读者，以期与读者共同倾心研读，一起走近大师，承受经典之惠泽，为中国语文课程改革提供可资镜鉴的路标，为喜欢研究语文教育的同仁提供一些有价值的研究史料，为中国语文学科建设做出应有之贡献。

一、审视语文教育经典的历史价值

一个时代需要一个时代的巨人，一个时代需要一个时代的精神领袖。语文教育需要巨匠的引领，而那些高瞻远瞩的学人恰恰满足了时代的需要，因此也就自然而然地成为时代的巨匠。

（一）学科独立呼唤构建语文教学体系

1904年语文独立设科成为一门举足轻重的学科。学科独立之初，读经的余威尚在，科举的影响尚存，本国语文学什么、怎么学，成了学科发展的瓶颈。在这个历史转折时期，几位胆识过人的语文教育家站了出来，用他们的智慧探索引领了中国语文教育新的发展方向。

1. 黎锦熙张扬“主副目的”说

1919年新文化运动引进了“科学”与“民主”两位先生，唤醒了国人的自强意识。白话文终于冲破了文言的樊篱逐渐步入人们的生活，逐渐进入国语文教学。言文统一成了时代的要求。白话文登堂入室进入教材。但是白话文学什么、怎么教，成了时代的难题。面对国语文的困境，语文教育家黎锦熙先生经过多年研究，于1924年奉献了《新著国语教学法》。他把时人陈天启等人倡导的“主副目的”说在他的专著中充分张扬。他认为：主目的是语文方面的，包括“理解”与“发表”；副目的是心意方面的，包括“智、德”两个方面。围绕主副目的，黎先生设计了“自动的研究与欣赏”“社交上的应用”“艺术上的建造”“个性与趣味的养成”四条路径。前三项是国语文教学的主要功能，这就凸显了语文教学的工具性价值；但由于语文又是一种“表情达意”的工具，又应注意通过它养成“个性与趣味”，以求在锻炼人格上起到辅助作用。为此，黎先生首次提出语文教学要注意“能读、能听、能说、能作、能写”五个方面。黎先生借鉴“自动主义形式教段”，设计了“三步六段教学程序”，到《新国文教学法》中又简化为“四步教学”法。黎锦熙先生在《新国文教学法》中明确提出了语文教学四种基本训练方式：“话法”（说话），“故说话一项，实已为本国语文教学之中心”；“读法”，预习、整理、总结深究或练习、发展与应用；“作法”（作文、写作），“事理直切”“下笔迅速”“文法正确”；“书法”（写字、习字），循序渐进，臻与成熟。

《新著国语教学法》是国语文学科第一部理论著作，该著作厘清了学科性质、学科教学任务、学科教学基本方法，这为引领当时的语文教育实践起到了举足轻重的作用。而《新国文教学法》是新中国历史上第一部语文教学论理论著作，它在教学内容、教学方法等诸多方面又有新突破。故而这两部著作当之无愧地成为两个时期的开山之作。

2. 王森然主张人格“训练与修养”

1923年的“新学制”给国语文带来了些许春意，但是旧体制的春寒依然未退。学制新了，教材新了，先生们的施教仍然“新瓶装旧酒”。王森然认为“现在的中学国文教育，糟，是糟透了”。审视学科独立之后的

20 余年国语文教育，梁启超先生提出了“六难说”：（1）没有明确的标准；（2）进步、退步难分，新的旧的难辨；（3）党派分别最杂，偏狭见解至今未尽；（4）范围太隘，而分类太广，难以把握；（5）对国文的概念界说不明，国文和国学的界限不清；（6）材料太富，难选适合教学的教科书。有鉴于此，王森然从国语文实践出发，提出“因为人类一切知识经验的供给，全靠语言文字的传达，因此，如个人情绪与情操的培育，意志的建设与锻炼，信仰的基础，总之人格训练与修养不能不有赖于此；而艺术生活的陶冶，如欣赏的增高，创作的引诱，人类精神欲趋向于‘真’‘善’‘美’之途，更不能不以是为发轫之地”。围绕人格的“训练与修养”，王森然将全书分为六大板块：（1）绪论。包括国文在教学上的价值、国文教师的责任、国文教学的主张。（2）目的与课程。包括中学国文教学的目的、中学国文教学的课程、课目纲要的说明。（3）教学与材料。包括中学国文教材的选择、中学国文选材的方法、中学国文教材排列、中学国文教材与学级的编制。（4）教学与方法。包括教学方法的讨论、教师和学生应特别注意之点、学生学习问题、讲读的程序及考查成绩、中学语体文教学法纲要、中学文言文教学法纲要。（5）作文与试验。包括中学作文的教学、中学作文教学的琐识（上）、中学作文教学的琐识（下）、中学作文教学的程序、中学国文试验的方法。（6）结论（附录）。作者从课程、教材、教法三个维度构建了较为完整的教学体系，这在当时是独领风骚的。针对当时国语文学习价值的困惑，王森然先生从社会学视角提出国文教学“四价值论”：个人方面，是满足现实生活的需要，是发展精神生活的需要；社会方面，是社会生活巩固的需要，是社会生命永久的需要；国家方面，是国家组织的需要，是国家存在的需要；世界方面，是促进世界联合的需要，是完成世界创造的需要。这在当时是非常有指导意义的。

3. 阮真力主用科学精神与方法推进语文教育研究

阮真是一位接受过科学训练的学者。1919 年前后，阮真在南京高等师范学校（南京大学前身）接受了陶行知等学者的科学训练。1929 年，阮真受中山大学庄泽宣教授的邀请赴中山大学任教，深受庄泽宣等学者的影响。他不尚空谈，总是亲临实践，用事实说话。1930 年前后，他带领教育研究所的学生深入广州等地的中小学，实地调查当时的中小学语文教育，写出了《中学作文教学研究》《中学国文校外阅读研究》《中学国文各学程教学研究》《中学读文教学研究》四部在当时很有影响的著作。1936 年，他又应东南大学教务长汪懋祖教授邀请为正中书局撰写了《中学国文教学法》。作者用科学的方法研究国语文，为语文教育研究趟出了一条新路，这部著作也成为里程碑式的经典。

“作者立论，最重逻辑。条分缕析，颇有系统。凡所言者，最切实际。自谓所贡献于今日之中学国文教学者，不无精到之见地与实际之指示。虽尝博览各家之说，而不肯贸贸然采取之。故恒有严格之批判。”基于此，作者总是亲临实践、面向实际提出有价值的观点。他提出初高中国语文教学目的应该是“层递式”的，总目标之下要有具体的分解目标，这样便于不同年级操作。他通过调查证明当时的教师生存状况极其可悲，提出社会应该为语文教师创造适宜的生存环境。他根据不同年级学生的特点构建了具有科学特征的课程体系和教材体系。这种借助科学手段研究语文获得的结论就具有了科学的价值，为学科真正独立与发展奠定了相当重要的理论基础。

4. 蒋伯潜明确语文教学应以学生为中心

1940 年前后，新学制已实施近 20 年，中国的语文教育依然不尽如人意。每年的中考、高考过后，社会上总要口诛笔伐，语文教育每况愈下，学生一代不如一代。面对社会上的种种非议，蒋伯潜先生用他的力作《中学国文教学法》作出了回应。蒋伯潜先生指出：“如果希望提高一般中学生国文程度水准，不得不在国文教学的本身上着想；教学的目的，教师的素养，课内讲读的教材和教法，习作的指导和批改，各种课外工作的指导，教师的进修……都应当平心静气地，逐一加以检讨，以求改进！”

在讲读教学方面，作者提出：讲读教学应以学生为中心，使学生处于主动地位；应坚持确当的选材标准与组材形式；应有一定的步骤；应注重课后的督促与检查。在作文教学方面，作者提出：作文命题要以学生为中心；作文指导应抓一般的指导与特殊的指导两个方面；作文批改可以采用学生自改和黑板练习两种方式。在课外指导方面，作者提出：要做好对学生课外自由阅读的指导；要做好对学生课外作业的指导；要做好对学生课外习字的指导；要做好对学生课外活动的指导。这三个方面是语文教学的重点所在，蒋伯潜先生都把学生置于语文学习中心，这在当时是难能可贵的。

5. 艾伟为语文教育打开心理学探究的窗户

艾伟是一位在美国接受西方心理学教育的专家。他用 20 年的时间到中小学实验、调查，即使在抗战最艰难的时期也没有中断。1948 年、1949 年他奉献给读者的《国语问题》《汉字问题》，为语文教育打开了一扇心理学研究的窗户。关于国语，作者指出：“著者对于小学国语阅读心理之探讨，二十余年于兹矣。其目的在求教育之科学化。教育科学化之含义，卑之无甚高论，即实事求是之谓也。从事教育事业者无论在行政上或教学上必须实事求是。”关于汉字，作者认为：“所谓科学之整理不外乎实事求是，盖初学者对于汉字之感觉有难有易。何种字易于学习？何种字难于学习？从教学经验中固可探知一二，然而欲窥全豹必须用实验方法作大量初学者之心理观察，并须控制其情境以探知其学习历程，如是则症结所在不难查出，改进之道方能求得。”经过调查，艾伟认为常用汉字 2 400 个，11 画以下的字 1 200 个，11 画以上的字 1 200 个。识字教学面临三个问题：字形方面，笔画繁难的、笔画相近不利于学生学习；字声方面，偏旁之误读，因字形而误读，因习惯而误读；字义方面，形旁变化引起误解，字形变化引起误解，联想错误引起误解，生僻字引起误解，字形难认引起误解。面对阅读教学问题、汉字教学问题，艾伟先生都提出了具体、切实可行的解决策略。这些策略立于科学研究的基础之上，故而具有划时代的意义。

（二）阅读教学科学、有效的呼唤与实践

阅读教学是国语文教学的难点与重点。中国古代的阅读教学注重积累，科举考试兴起之后，“四书”“五经”成为考试的对象。学子们死记硬背，就是为了“暮登天子堂”。读书、背书成了学子们的日常功课。学校兴起之后，学生学习的科目多了，所阅读的内容多了，阅读教学如何才能更有效，这也就成了语文教学的难点。对此，叶圣陶、朱自清、袁哲、艾伟进行了探索，提出了有价值的研究成果，故而他们的研究著作也就成了阅读教学的经典。

1. 袁哲首倡“全文法”提高阅读效率

袁哲是一位接受过西方教育的学者；他曾留学日本，在早稻田大学师从当时著名教育家稻毛诅风研究教育。1936 年，袁哲撰写并出版了《国语读法教学原论》，为语文教育研究又推开了一扇窗户。袁哲借助西方的研究方法研究中国的阅读教学，为当时的语文界提供了新鲜的教育经验。袁哲指出：“读法教学理论之研究，既如此漠视，则实际读法教学方法之幼稚，亦可想见矣。夫读法教学为小学教育中之重要部分，读法教学之优劣，直接影响全部小学教育效率之大小；儿童读法成绩之低劣者，亦难望其各科有优良之成绩。故欲图小学教育效率之增进，必须改进读法科之教学，而欲改进读法科之实际教学，必须有读法之科学理论以为根据，此所以读法教学之理论，为从事或研究小学教育者，所必须明了也。”

鉴于此，袁哲提出：“读法教学者，乃系根据一定之目的与目标，循最经济之途径，使儿童对于理解文章之意义内容乃至生命等之内在的事物，及理会其表现形式（包含文字、语言、文章）的能力，能继续改进发展的‘感与应之循环往复的作用’也。”这种教学要关注两个方面：其一，要先全体的概览，而后局部的分析；先内容的吸取，而后形式的探究；先理解而后记忆。其二，要多方的补助想象，并随机设计表演，把内容情景，显露无遗，使儿童得以充分的欣赏。垣内松三指出：“读法教学之方法，有两种潮流：一种是经验的立场，一种是观念的立场。从教育之事实上说起来，一种是客观的，一种是主观的，两者都不是全面的能够完成读法教学之目的的。袁氏涉及此两方面，从历史上理论上，检讨东洋欧美之学说与实际，且发扬其理论，而在此提倡‘全文法’，确可谓读法研究上之合理的统一。”袁哲的此项研究不仅带来了外域的经验，而且解决了语文教学中的问题，故而此书成为时代经典。

2. 叶圣陶、朱自清首倡“精读”“略读”提高阅读效度

阅读教学难教，效果不好是一大痼疾，大家对它束手无策。关于文言文，老师们认为可以发掘其“微言大义”，有东西可讲；关于白话文，老师们则认为无法下手，因此就放任自流。阅读效果也就可想而知了。叶圣陶、朱自清两位语文教育家高瞻远瞩，于 1941 年、1943 年奉献了《精读指导举隅》《略读指导举隅》，提出了“精读”与“略读”两种阅读教学范式，为提高阅读教学效率辟出一条坦途。

作者认为：一篇文字，可以从不同的观点去研究它，如作者意念发展的线索，文字后面的时代背景，技术方面布置与剪裁的匠心，客观上的缺点与疵病，这些就是所谓的不同的观点。对于每一个观点都可以提出问题，令学生在预习的时候寻求解答。如果学生能够解答得大致不错，那就真个做到了“精读”两字了——“精读”的“读”字原不是仅指“吟诵”与“宣读”而言的。精读有精读的作用，略读有略读的价值。“学生从精读方面得到种种经验，应用这些经验，自己去读长篇巨著以及他的单篇短什，不再需要教师的详细指导，这便是‘略读’。就教学而言，精读是主体，略

读只是补充；但就效果而言，精读是准备，略读才是应用。”在《略读指导举隅》中，叶圣陶、朱自清列举了当时教材中的名篇一一讲解，为当时处于迷茫之中的国文教师提供了范例。

（三）作文教学科学、有效的多方位探索与总结

作文教学历来就是语文教学的难题，投入时间多，效果却不尽如人意。科举取士，举子们只要学会让人似懂非懂的八股就可以了；学校教育，学生们却要为生活着想，学习与生活相关的写作。旧时代的先生们依然用老办法教新学生，方法还是老的，思想还是旧的，写的内容却是新的。旧瓶装新酒自然装不出什么新花样，作文教学也就为社会所诟病。语文界的有识之士力主用新思想、新方法改造当时的作文教学，以期取得令人满意的效果。

1. 梁启超把脉作文教学

梁启超作为一代学术大师，在 20 世纪 20 年代就为作文教学把脉，切中作文教学的弊端。他认为，要提高作文的效率就要让学生写出真实的内容抒发真实的感情。他认为，文章的作用在于有思想，有思想则在于“有内容”“有系统”。有了思想还要让别人理解接受，那就需要“说自己想说的话”“表自己想达的意”。关于文体他提出“记述之文”和“论辨之文”两种，两种之下又分为若干细目，如记述之文就可以分为记“静态”的和记“动态”的两类，每一类都有不同的要求。梁先生提出了五种观察方法：鸟瞰法，跳出来站在高处看事物；类括法，即观察法，亲历实地观察；移步法，移步换形看事物；凸聚法，即陪衬法；脔尝法，即集中一点的写法。梁先生深入浅出，把深奥的道理讲得通透易解。谈到论辨之文，梁先生将其归为五种：说喻、倡导、考证、批评、对辨。说喻之文是对于特定的一个人，或一部分人，发表自己意思，劝他服从某道理，或做某件事。倡导之文是标举一种政策或一种学术，树堂堂正正之旗，对于全国人（非特定人）或全世界人，乃至将来之人，发表意见。考证之文在于列举

事实证明自己的观点。批评之文在于借助事实批评人家。对辨之文，是答人家的批评。梁先生每讲一类都引经据典，深入浅出，给读者留下深刻印象。时至今日，捧读梁先生的巨作，我们仍有醍醐灌顶之感。当人们还在孜孜探索什么观察法、论证法的时候，捧读梁先生著作我们才感到我们的浅薄！

2. 陈望道关注生活写作

陈望道是一位著名的语言学家，卓越的语文教育家。他在 1922 年发表的《作文法讲义》是一部早期研究作文教学的力作。他认为："文章是一种传达意思的工具。我们传达意思，惯常共有三种凭借：第一，是动作，就是招手、摇头等态势；第二，是声音，就是所谓自言、答难的语言；第三，是衍形、衍音的文字。用文字传达意思的制作，就是文章。""文章必由意思和文字两个原素融合而成，减少不得，更换不得。减少了文字这原素，必只是纯粹的心理现象，更换了文字这原素，也必成了上文所述的态势或语言，不会依然是文章。减少了意思这原素，结果也是如此；我们或可以称彼为一种游戏的排列，却不能称彼为文章。"他在著作中提出时下作文教学存在两种现象："技术主义"与"情绪主义"。前者的缺点在乎刻意雕琢事象，后者的缺点在乎任情曲解事象。缺点虽然不同，结果却是一样：毁伤真实。我们要写作"力求真实"的文章，就需要关注生活。陈先生从不同类型的文体要求论述了具体的要求，从字词句章到谋篇布局都体现了大家风范，给读者以切实的帮助。

3. 夏丏尊、刘薰宇强调作文是表情达意的工具

1926 年，夏丏尊、刘薰宇出版《文章作法》，一时间洛阳纸贵。夏丏尊、刘薰宇认为："文章本是为了传达自己底意思或情感而作的，所以只是一种工具。单有意思或情感，没有用文字发表出来，就只能保藏在自己底心里，别人无从得知。单有文字而无意思或情感，不过是文字底排列，也不能使读的人得到点什么。意思或情感是文章底内容，文字底结构是文章底

形式。内容是否充实，这关系作者底经验、智力、修养。至于形式底美丑，那便是一种技术。严格地说，这两方面虽是同样地没有成法可依赖，但后者毕竟有些基本方法可以遵照，作文法就是讲明这些方法的。”作者在这部著作中具体地阐述了记事文、叙事文、说明文、议论文、小品文的写法。作者强调：“所谓好文章，就是达意表情，使读者读了以后能明了作者底本意，感到作者底心情的文章。应当怎样作法才能达到这种地步，这个问题包含很广，实不容易的；但综合起来，最要紧的基本条件，却有两个：（1）真实；（2）明确。”全书围绕如何能够有效地表情达意展开论述，凸显了实践的指导价值。

二、语文教育经典对当代的启示

上述语文教学法著作已出版发行多年，但是这些著作却历久弥新，仍然具有很高的学术价值，对当代的语文教育也有着现实的指导意义。时下语文教育争论的很多问题实际上是在“重复别人的故事”，一些历史上就已有很好结论的问题人们还在争论，这种无知者无畏的举动着实可以休矣！研读经典，反思过去，正视现实，也许我们能够少走弯路，多一点有价值的探索。

1. 思想解放是语文教育发展的基础

在百年语文教育发展中，我们国家经历了三次大的思想解放运动。第一次是“戊戌变法”运动。这次运动是从 1896 年严复翻译《天演论》开始的，西方的“物竞天择，适者生存”理念深深刺痛了中国人的心。要图强，就要变法，就要解放思想。“戊戌变法”虽然失败了，但是这次思想解放运动加速了“科举制度”崩溃，加速了封建书院、私塾教育崩溃，加速了学校教育的兴起，加速了语文学科的独立。第二次是 1919 年的“五四新文化”运动，西方的“科学”与“民主”成了改造社会的利器，语文教育引进了西方的学制并逐步建立了适合学科特点的课程体系，语文教育逐步走向成熟。第三次是 1978 年的“实践是检验真理的唯一标准”的大讨论，这次讨论解放了人们的思想，带来了语文教育 30 年的快速发展，带来了语文教育研究的大繁荣。

2. 创新是语文教育发展的动力

中国语文人从来就没有忘记创新，我们的前辈用自己的智慧创造了一个又一个语文教育的辉煌。1925年，张震南等人在扬州中学改革国文教学，开设了富有地域特色的课程。1935 年，夏丏尊、叶圣陶的《国文百八课》首次使用了单元编排方式，有效地解决了文选、文话、文法与修辞协调问题，开辟了语文教材编写新天地。1946 年，于在春在南通中学进行集体作文实验，较好地解决了学生作文低效的问题。1958 年，辽宁北关实验学校“集中识字实验”，既解决了汉字难学的难题，还解决了识字与阅读之间的矛盾。创新是中国语文发展的动力，虽然这种创新太少了，故而原创式的中国语文教育经验就更加可贵。

3. 引进与消化可以促进语文教育发展

语文教育从独立设科之日起就不断地接受外来经验，不断地受到外国教育理论的影响。1904 年学科独立，我们学习日本经验，翻译日本的教育理论，请日本人帮助我们编写教科书。但是我们没有照搬，我们采取了改造。1919 年，我们引进了美国杜威的实用主义哲学，杜威的教育思想被普遍应用到中国的教育之中。此后 30 年间我们的语文人不断地改造、不断地吸收，美国的理论变成了中国的教育实践。1920 年，廖世承、舒新城引进了美国的“道尔顿制”，历时 10 年，涉及 100 多所学校，取得了很大成绩，当他们发现文科实验结果不佳时便主动宣告中止实验。1956 年我们引进了苏联的“汉语”“文学”分科教学，虽然取得了很多成就，但是 3 年之后就因为种种原因停止了。1982 年，我们引进了美国的“目标教学”，全国 23 个省闻风而动，10 年之后，目标教学停止了。1985 年我们引进了美国的标准化考试，10 年之后标准化考试也停止了。

前辈学者引进外来的东西进行试验，这本身就是一种创造。外来的理论可以拓展我们的视野，可以带给语文新的变化，但是语文教育的发展关键在内因。中国的语文教育需要引进，但引进的同时必须改造、消化、吸收，唯有这样，外国的东西才能为我所用。

4. 语文教育科学化是学科成熟的标志

语文学科一直受到诟病，究其原因就是我们的学科缺乏独立性。100年间，我们的学者在不断尝试用科学主义改造我们的语文，使其走出“经验”“模糊”的困境。阮真先生用实证主义研究范式研究20世纪30年代的语文，为教材编写、作文批改提出了可测量的数据，这些数据弥足珍贵。20世纪30年代，叶圣陶、夏丏尊的《国文百八课》对教材进行了科学化改造，教材成了一个有机整体。20世纪40年代，艾伟借助心理学研究工具研究汉字问题、国语问题，所提供的数据得出的结论至今仍有震撼力。西方学者认为一个学科成熟的标志是学科是否能够用公式进行表达。语文学科无法实现“用公式表达”的目标，但是语文教育只有走出“经验”“模糊”的困境才能走向成熟。

百年语文教育的发展留下了太多的宝贵遗产，需要后来者发掘、整理、继承、发展。我们一群中青代学者之所以要十年如一日地做这一件事，就是要为学科发展尽一点微薄之力。由于我们的学术水平有限，我们的努力也还有许多缺憾。当我们诚惶诚恐地奉献给读者这一套丛书的时候，我们也就做好了接受读者批评的准备。语文教育是大家的事业，只要我们脚踏实地认真地去做事、做实事，我们就有可能再次创造语文教育的辉煌！

2013年元月

前　言

基于实践的语文科课程论

——书蒋伯潜《中学国文教学法》后

周文叶

蒋伯潜（1892—1956），名起龙，又名尹耕，以字行，浙江富阳人。1915年考入北京高等师范学校国文系，1919年毕业后曾任教于浙江省多所中学。1938年赴上海大夏大学（华东师范大学的前身）任教，兼任世界书局特约编审。抗战胜利后曾任杭州师范学校校长。新中国成立后任浙江省图书馆研究部主任，后转入浙江省文史馆从事研究工作。他深研经学，兼及诸子之学、校雠目录之学、文字之学等，厚积国文教学经验。他一生笔耕不辍，著述颇丰，著有《中学国文教学法》《蒋氏高中新国文》《经与经学》《诸子与理学》《十三经概论》《校雠目录学纂要》《诸子通考》等。其中《中学国文教学法》是他在大夏大学任中学国文教学法教师时，把自己近20年的国文教学经验做了系统整理而写成的，在当时影响较大，很多观点对当今的语文教育仍有非常重要的启示。

一、基于实践回答语文科课程的几大核心问题

“参阅时贤所著国文教学法，大抵偏重于教学原理，陈义甚高。乃就20年经验所得，草成此编：虽卑之无甚高论，但力求其切合于实际情形，冀稍有助于同学诸君将来之应用。”[1]这句话不仅明确了蒋伯潜先生撰写《中学国文教学法》的目的，同时也说明了这本著作与同时代其他几本国文教学法的区别。阅读此书，会更加切实地感受到，作者不是在“论”，而是对他20年来之所“做”的梳理与记录。在对“做”的梳理中，蒋伯潜先生系统地回答了语文科课程的几大核心问题。

（一）中学为什么教国文

在该书绪论中，蒋伯潜先生首先谈及的是国文教学的目的问题。他将国文教学的目的分为“正目的”与“副目的”，“正目的”是“运用了解欣赏本国的文字”，“副目的”是“了解我国学术文学的流变——获得明确

[1] 蒋伯潜. 中学国文教学法［M］. 上海：中华书局，1942：自序3.

的道德观念、正当的修养方法——培养思辨能力”。初一看，我们并不能辨出其所分的“正目的”与“副目的”之间的关系。可喜的是，在后续的阐释中，他直截了当地指出，“正目的——国文一科所特具的教学目的”，“副目的——国文科与其他学科同具的教学目的”。接着，他还对“副目的”之“副”的含义做了解释，他指出，“现行部颁中学新课程标准，把‘了解我国固有的文化’，列为国文教学目的之一。我认为：‘了解我国固有的文化’，是教学本国史尤其是中国文化史的正目的；在国文课，只能作为一种副目的”[1]。他又对第二项“副目的”中包含着的“培养思辨能力”一点加以说明：“一般人以为国文教学的目的，在使学生有正确的思想。我想，‘三民主义’是我们公认的正确思想。……三民主义——已有公民科在那儿专负灌输之责了，所以国文教学已没有把它列为正目的的必要。国文教学的任务，在怎样培养、训练学生的思辨能力。这在教学论辩文时，固然可以收到相当的效果；其实，即是文字的校勘训诂，名物事实的考证，习作的指导批改等，都可借以训练学生的思辨能力。学生如果能辨认是非、长短，并且推而广之，对于一切事理都能慎思明辨，审别曲直、邪正、轻重，就不致盲从曲解，而误入歧途了。”[2]

可见，蒋伯潜先生所讲的“正目的”，是语文课程自觉而为的目的，是语文课特有的目的，是语文区别于其他课程的特质；所谓“副目的”，是在达成“正目的”的过程中自然而然实现的目的。两者的关系是很明确的，这是蒋伯潜先生的一个重要贡献。

（二）国文教什么

确定了教学目的之后，教什么的问题也就有了比较明确的讨论范围。在书中，蒋伯潜先生主要谈了以下几方面的内容。

[1] 蒋伯潜. 中学国文教学法［M］. 上海：中华书局，1942：2.
[2] 蒋伯潜. 中学国文教学法［M］. 上海：中华书局，1942：3-4.

一是国文的基础知识。在“预习的指导”一章中，他指出：“检查以部首编查的字典、辞书，读反切注的音，辨四等呼、四声、清浊，注意破音读的字，酌定同字异义、同字异用的字在某句中的意义或用法，练习使用标点符号，都应当尽心教导学生。”[1]在“课内讲习”一章中，又指出，讲习事项，不外“题解”（篇题、题目的解释和本篇的本事或考证、体裁），“作者”（异名、籍贯、地位），“本文”（单字的音义、复词、虚数、虚字、文法、修辞、结构作法和作风、引用的语句典实及其内容、读法）。在他看来，这些都是应当在国文课上教给学生的基础知识。

二是阅读。通过阅读文本，学习并理解作者如何准确运用文字表情达意，而不仅仅是文本的内容。他说：“初中学生读小说，往往只看它的事实，而不知注意于文学的技术。他们看《水浒传》，看到武松打虎、武松杀嫂，都觉得他是一个值得钦佩的好汉；书中如何描写打虎杀嫂，与李逵杀虎、石秀杀嫂，如何写出三个人个性的不同，便不注意了。又如林冲、卢俊义，都于刺配途中，遭解差谋害，鲁智深和燕青于危急时来救他们，这两件事不是大致相同的吗？我们当看出它在同中写出不同来。李逵和鲁智深同是莽汉，而两个人的个性迥然不同；急先锋索超和霹雳火秦明，同是性急人，而两个人的个性又各异：这也是作者显出他本领来的地方。看《西游记》，不要专注于那些神魔鬼怪，也不要为从前那些道家内丹之说、儒家心性之说等评语所惑；我们应当欣赏作者想象力的丰富，和所寄托的讽刺的有趣。不但小说，即如开明书店的《文心》，世界书局的《字与词》《章与句》《体裁与风格》之类，初中学生也往往走马看花地只看它们的故事，而把它们所叙述的关于国文的常识丢开。”[2]不能“只看它们的故事”，不能“只看文本的事实”，而要关注“国文的常识”——作

[1] 蒋伯潜. 中学国文教学法［M］. 上海：中华书局，1942：20.
[2] 蒋伯潜. 中学国文教学法［M］. 上海：中华书局，1942：145.

者是如何“在同中写出不同来”，“欣赏作者想象力的丰富，和所寄托的讽刺的有趣”，“注意于文学的技术”。

三是表达。通过写与说学习如何准确运用文字在不同场合与不同对象进行沟通与交流。蒋伯潜先生特别重视习作与课外学习在国文学习中的地位。“习作批改”是该书三部分内容的其中一部分，对习作的教学内容做了充分的说明，并且他多次强调，在阅读讲解的时候要随时提出有关习作的知识、技能与技巧。关于课外学习，他说，“要达国文教学的目的，单靠课内的教学是不够的，非把课外教学看得和课内教学一样重要不可”[1]。另外，他还特别强调通过实际生活的运用来学习国文。日常生活中的习作（写信、写周记和日记等），各类课外活动（演说、辩论、谈话等）的参与都是学习国文的良机。他说，“就是极平常的访问谈话，其声音、语气、态度、神情，也须因说话和听话的人的立场、关系和谈话的内容而异”[2]，这些都得随时随地加以指导。

（三）怎么教

在教学方面，蒋伯潜先生特别关注学生作为学习主体，无论在讲读、写作还是课外学习方面都强调要尊重学生的需要、能力与兴趣。他说，“‘教学’和‘教授’不同。教授完全以教师为中心，学生只处于被动的地位，只须‘受教’，不必‘自学’；教学则以学生为中心，不但须使学生有自学的机会，而且须加以督促、辅导和鼓励；就是教师方面的‘教’，也得顾到学生的需要、能力和兴趣”[3]。他还具体地指出，在选择国文教材时，需顾到中学生的程度；在讲读教学时，应当使学生处于主动地位，让学生试讲、试读，为学生提供讨论的机会；在命题时，需“顾到学生的能力”、“顾到学生的生活经验”、“顾到学生的心理与兴趣”、“顾到学生的需

[1] 蒋伯潜. 中学国文教学法［M］. 上海：中华书局，1942：135.
[2] 蒋伯潜. 中学国文教学法［M］. 上海：中华书局，1942：170.
[3] 蒋伯潜. 中学国文教学法［M］. 上海：中华书局，1942：5.

要"，"总之，命题当以学生为中心，使学生能作，易作，喜欢作，需要作"；[1] 在课外活动时，"教师只能站在顾问指导的地位，使学生自动；不可以教师为主体，凡事都出以命令式"[2]。

以学生为中心，让学生去学，并不意味着不需要教师的教，恰恰相反，教师要在各个方面、各个环节指导学生的学习。蒋伯潜先生指出："从前教授国文的方法，单重在'教授'，只是教师把自己已有的知识传授给学生，灌输给学生；现在教学国文的方法，应当'教'和'学'并重，不但传授知识，而且须传授求得知识的方法，训练学生自动学习的能力，培养学生自动学习的兴趣。这就是《孟子》所谓'欲其自得之'，也就是所谓'自学辅导'。所谓'自学辅导'，是要辅导学生自学，不是放任学生'不学'。正和保姆搀扶着两三岁的孩子学步一样。……教师须负指导他们的责任。"[3] 在书中，蒋伯潜先生对预习、讲习、温习、习作和课外指导都进行了详细的阐述。他指出，"教初中第一学年第一学期的学生，应当有'预习的预习'。所谓预习的预习，就是指导训练学生们运用工具书"[4]；"新授教材的题目、文体、作法、内容，以及本文中的单字、复词、句法、结构等，和旧教材相同、相似或相反，但有可以比较的，当随时提出，教他们去温习。……学期终了时，照例须有一次总复习，可以教他们把本学期的教材或以作者时代先后排列，或以各篇作法分类，或以各篇体式分类，编一目录；再做一篇目录序，述说各人综合温习的心得。又如单字各有其不同的用法，可以教他们就本学期教材中选取例句，列表说明"[5]；"教师指导学生审题，可先指定一人，叫他照自己的意思把题目解说一遍，教师和其余的学生共同讨论，订正补充。这种指导，不必每次都

[1] 蒋伯潜. 中学国文教学法[M]. 上海：中华书局，1942：62.
[2] 蒋伯潜. 中学国文教学法[M]. 上海：中华书局，1942：143.
[3] 蒋伯潜. 中学国文教学法[M]. 上海：中华书局，1942：14.
[4] 蒋伯潜. 中学国文教学法[M]. 上海：中华书局，1942：14.
[5] 蒋伯潜. 中学国文教学法[M]. 上海：中华书局，1942：50.

举行；举行时，须让学生尽量发表他们的意见，教师不可说得太多。说得太多，又是揠苗助长了”[1]；指导课外阅读，“第一步应当教学生们组织一个读书会”，“第二步是介绍读物”，“第三步是指示读法”，“第四步是规定办法”[2]；“不过在支配假期作业时，不应仅仅笼统地教他们去温课，应当替他们计划一种温课的方法。举例来说，大致可以分作三项：（一）诵读……（二）比较……（三）联合……”[3]

（四）教到什么程度

教师教到什么程度，学生学到什么程度，对此问题作出回答，就需要对学生的学习作出评价。蒋伯潜先生在此书中对考查学生学习的目的给出了明确的答案：“学校中所以有考试，一面在督促学生温习，一面在测验学生成绩。测验学生成绩的目的，一面是以成绩的优劣，作学生升降奖惩的标准；一面也可以使教师知道自己教学的效率，方法的得失，而知所改进。现在学校里的师生们却只知道考试四分之一的用意，于是学校教育变成了科举的变相，学生也变成了‘考生’、‘分数生’了。”[4]他还特别强调考查对教学改进的意义：“考查完毕后，尤须注意于全班学生成绩的优劣；如果不及格的学生太多了，教师当反省自己：教材是否选择得当？教学是否得法？指导督促已否尽心？所出试题果合学生程度否？此后应当如何改进方能补此缺憾？教师、学生各能自己反省，必可收教学相长之效；若不知反省，徒知互相埋怨，互相责备，则结果必致师生如仇敌，教学自然不能收到效果了”[5]。

蒋伯潜先生还介绍了国文考试的方式与方法，他指出，“考试有‘口试’、‘笔试’二种。口试，如复讲、背诵、口头问答皆是，可于平时行

[1] 蒋伯潜．中学国文教学法［M］．上海：中华书局，1942：77.
[2] 蒋伯潜．中学国文教学法［M］．上海：中华书局，1942：143-146.
[3] 蒋伯潜．中学国文教学法［M］．上海：中华书局，1942：152-156.
[4] 蒋伯潜．中学国文教学法［M］．上海：中华书局，1942：52.
[5] 蒋伯潜．中学国文教学法［M］．上海：中华书局，1942：57-58.

之；笔试，除作文外，还可就全学期或全学年的教材，加以种种试验”[1]。试验的方法有：问答，默写，翻译，解释，词句重组，举同义词或相对词，造句，测验（是非法、选择法、填充法），正误，标点。[2]蒋伯潜先生还特别注重过程性评价，他指出，要对预习进行检查；每一篇教材讲完后要对笔记进行抽阅，加以复核，为之改正；习作批改不限于书面的，还有一种黑板练习的方法——当堂写，当堂改。习作批改，还可以让学生自评，“民国十二三年时，我在某中学教国文，曾试用过一种先叫学生自己改的方法，成绩亦颇不坏”[3]。

（五）需要什么样的教师

在此书的绪论中，蒋伯潜先生除了论述国文教学的目的之外，还探讨了国文教师的素养问题。在书的最后，他又将国文教师的进修作为余论。可见，他对这个问题的重视以及对国文教师素养在国文教学中之重要性的认识。

在蒋伯潜先生看来，国文教师应具备以下五项素养：第一，须有相当的学力；第二，须有熟练的技能；第三，须有清灵的头脑；第四，须有弘毅的愿力；第五，须有中和的态度。“这五者，是一般教师所应同具的，不过‘学力’‘技能’二项的内容，各科教师不同而已。”[4]我们来看看他所说的国文科教师不同于其他科教师的学力和技能素养的具体内容。在学力方面，“不但对于他所选授的教材，要有详明精确的、完全彻底的了解；就是文学史、学术史、文字学、修辞学、文法，以及各种文学，都应该有相当的常识”[5]。在技能上，“如讲的方面，须有清晰流利的口才；作的方面，不论语体文言，须有明白晓畅的文笔；写的方面，不论在纸

[1] 蒋伯潜. 中学国文教学法［M］. 上海：中华书局，1942：52.
[2] 蒋伯潜. 中学国文教学法［M］. 上海：中华书局，1942：52-57.
[3] 蒋伯潜. 中学国文教学法［M］. 上海：中华书局，1942：95.
[4] 蒋伯潜. 中学国文教学法［M］. 上海：中华书局，1942：4.
[5] 蒋伯潜. 中学国文教学法［M］. 上海：中华书局，1942：4.

上、在黑板上，须能写行书、楷书，而且写得敏捷，写得清爽，写得正确；尤其是批改方面，须能看出学生习作中的弊病，予以增删改润，而且指示其所以然，批改得好，并且批改得快”[1]。

对国文教师的素养要求如此之高，因此做国文教师的就需要不断地进修，不断地提高自我。蒋伯潜先生说：“我敢断言，没有一个国文教师敢自诩说，他的学问已经足够了。所以一面在不断地教，一面还得不断地学。”[2]“教师不但当有教不倦的精神，也须有学不厌的精神，努力进修。如此，方能以身作则，造成好学的校风。”[3]“我国的学术文艺，浩如烟海；国文教师如果有志进修，自己的图地，已很广阔了；何况世界的学术思想、文艺潮流，也得虚心接受？所以谈到国文教师进修的问题，真所谓‘一部十七史，不知从哪里说起’，文法、修辞学、文字学、文学史、学术史，是与教学国文有直接关系的。”[4]

二、蒋伯潜的课程观给我们的启示

蒋伯潜先生的《中学国文教学法》虽然写在20世纪40年代，但书中描述的许多国文教学中存在的问题，在当前的语文教学中依然存在，甚至更为严重。书中提出的许多见解与观点，为我们思考与解决今天的语文教学问题提供了借鉴。

（一）必须首先明确语文的独当之任

语言是人类文化所有方面、所有领域存在和发展的一个“背景”，而母语就是民族文化所有方面、所有领域存在和发展的“背景”。摆在我们面前的语文教材，在内容上和其他课程的教材有很多相同之处。语文课本

[1] 蒋伯潜. 中学国文教学法［M］. 上海：中华书局，1942：4.
[2] 蒋伯潜. 中学国文教学法［M］. 上海：中华书局，1942：22.
[3] 蒋伯潜. 中学国文教学法［M］. 上海：中华书局，1942：176.
[4] 蒋伯潜. 中学国文教学法［M］. 上海：中华书局，1942：176.

里的那些文本，不都分属于一般人类文化的各个方面、各个领域吗？《人生的境界》不是属于哲学的领域吗？《中国艺术表现里的虚和实》不是属于艺术的领域吗？《熵：一种新的世界观》不是属于物理学的领域吗？《飞夺泸定桥》不是属于历史学的领域吗？《松鼠》不是属于生物学的领域吗？……每一篇文章，都可以将它们归属于各自的文化领域。这些文章放到各自的领域去学不也可以吗？那么语文课是不是可以取消了呢？如果“语文”作为一门独立的课程而存在，其本质内涵是什么呢？它的独特价值又是什么呢？是什么特征使语文课成为语文课，而不会是其他什么别的课呢？

任何一个言语作品，不管是被选进语文教材里的这些文章，还是其他课程所使用的教材里的文章，它们客观上都有两个方面的价值：一是内容方面的，即所表达的内容的价值；一是表达方面的，即如何表达内容的价值。在其他课程里，人们学习教材，关注的是信息价值，而不是“如何传播信息的信息”，即使关注后者，也是为了实现前者。而语文课程，主要不是学习文本的信息，而是学习作者或文本如何表达信息。托马舍夫斯基说得好：“表达在一定程度上具有本体价值。”[1]语文课的本质就在于如何理解与运用语言文字，并且“理解”不仅仅是理解文本的内容，更重要的是理解作者如何运用文字表情达意。也即语文课关注的主要是“怎么说”，而不是“说什么”。“‘怎么说’与‘说什么’血肉相连，难解难分。”“一般地说，对于政治、历史、地理、数学、物理、化学、生物等课本的语言，懂得它‘说什么’就可以了，如果要揣摩它‘怎么说’，多半也仅仅是为了更好地理解它说什么；但对语文来说，明白它‘说什么’固然重要，但还不是最终目的，为了提高语文水平、培养语言能力，我们学语文当侧重于去理解、领悟它‘怎么说’。”“离开了‘怎么说’，不但不

[1] 方珊. 20世纪西方文论研究丛书：形式主义文论［M］. 济南：山东教育出版社，1999：77.

可能真正理解‘说什么’，只会停留在大体如此的表面而无法深入它的堂奥，而且更不可能从中去领悟运用语言的技巧、学习运用语言的本领。”[1]只有启发引导学生去理解、领悟作者或文本“怎么说”，才是语文课的独当之任，也就是蒋伯潜先生说的“国文科的正目的还是在文字方面”——“运用、了解和欣赏本国的文字”。

在明确了语文的独当之任——“正目的”之后，我们再来看“副目的”。“副目的”要不要？当然要！并且即便你不想要也不可能，只要我们的教学走在语文的正道上——聚焦如何理解与运用语言文字。更直接地说，“副目的”的实现，不是在语文之外，不是在上赵树理的《地板》时讨论“粮食是地板换来的还是劳动换来的”，“为什么说‘劳动创造世界’是普遍的真理”，也不是在上《祝福》的时候去找祥林嫂的死因。“副目的”本来就在语文中，并且也只有在学习语文的过程中才能更好地实现它。其一，在读、写、听、说的动机中。读、写、听、说总是伴随着读者或作者的动机和意图的，有追求真、善、美的动机，理解和运用语言文字就可能会有较好的效果，“副目的”就在其中了。其二，在言语内容中。语文与政治、历史、地理，甚至物理、化学等其他所有学科一样，文本的言语内容都有程度不同的人文渗透其中，学习语文，同时也就是学习“我国固有文化之一部分”。其三，在言语形式中。作者去表达、去描述、去论辩等运用语言的过程就是作者运用思维、表情达意的过程，“怎么表达”固然离不开所表达的内容，更离不开表达者自身的理解、态度、价值等，不管自觉还是不自觉，一开口、一下笔，你就已经介入其中了。[2]蒋伯潜先生不仅在专论国文教学的目的时清楚地阐述了“正目的”与“副

[1] 王尚文.“说什么”与“怎么说”[M]//倪文锦，王荣生. 人文·语感·对话：王尚文语文教育论集. 上海：上海教育出版社，2010：190.
[2] 倪文锦，王荣生. 人文·语感·对话：王尚文语文教育论集[M]. 上海：上海教育出版社，2010：200-203.

目的”的上述关系，并且在讲读内容的选择、习作内容的确定、习作的批改、课外活动的指导等方面始终贯彻这一观点。他指出，在阅读小说的时候，不要“只看它的事实，而不知注意于文学的技术”；在批改课外作业时，不要像“训育处人员查阅日记或周记，重在检查学生的思想或行为”，而要重在语言文字的运用上。

语文独立设科已经一百多年，但至今语文尚未真正独立。在我看来，主要原因之一就是没有处理好正、副目的的关系，把语文课文的“内容方面”当做教学的主要内容，不着眼于文本“如何表达内容”，而着眼于文本所传达的信息。只注重“内容方面”，而忽略“表达方面”，势必走向“泛语文”“非语文”，使语文课“游离”于语文之外。语文教学要提高学生的语文素养，就必须把语文课上成语文课，教师要善于引导学生从文本的语言入手，走进文本，领略作者流露于字里行间的独特的生命体验，感受作者是如何通过个性化的遣词造句、布局谋篇传达自己的独特体验的。这才是语文教学的独当之任。

（二）教学即“让学”

王尚文先生引用海德格尔的话指出，“教学的本质就是：‘让学’”[1]；同时他指出，我们可以把“让学”分为两个层次，一个是让热爱，一个是让实践。在语文教学中，一就是要让学生热爱语言文字，热爱汉语文学，热爱阅读写作；一就是让学生有实践听、说、读、写的机会，指导学生掌握听、说、读、写的方法。

让学生热爱语文，教师首先要做的就是了解学生，了解学生的兴趣、了解学生的经验、了解学生的需要、了解学生的心理、了解学生的学习程度等，根据学生的情况选择他们喜欢且适合他们的学习内容与学习方式。只有学生喜欢学了，其学习的兴趣激发了，学习的欲望点燃了，学习的内

［1］ 王尚文. 走进语文教学之门［M］. 上海：上海教育出版社，2007：359.

在动力才能产生，真正的学习也才有可能发生。这些话似乎谁都知道，但是真正要落实到教学中却并不那么容易。因为让学生“学”比自己“授”要难得多。蒋伯潜先生在他的国文教学中努力践行着这一理念，他处处考虑学生是否愿学、乐学与易学。他指出，教师在命制作文题的时候，要顾到学生的能力，“程度不可太高，致学生不能下笔；也不可太低，致学生毫不用心。最好，出三个程度不同的题目，使优等生、中等生、劣等生各有他们适如其分的题目”[1]。顾到学生的生活经验，顾到学生的心理与兴趣，“教师出的题目，不合学生心理，致使他们兴趣索然，如何能引得出他们的文思？”[2]“总之，命题当以学生为中心，使学生能作，易作，喜欢作，需要作。果能如此，则学生将以习作为乐事了。”[3]“学生觉得教材和题目都切合实际需要，自然格外注意努力了。”[4]学生以此为乐事了，格外注意努力了，就自然会去学了，教学也就成功了。

让学生有实践听、说、读、写的机会，并不是多多给他们布置各式各样的作业让他们去完成就完事，而是要在“正确的时候做正确的事”，这就需要教师具备专业的智慧，在恰当的时候为学生提供、创造合适的机会。蒋伯潜先生为我们提供了许多非常具体的例子来说明他是如何为学生提供实践的机会的：（1）试讲与范讲，……每段讲毕，应先问其余的学生，有没有讲错的？应当如何改正？学生没有人能改正，教师方自己加以改正，并说明其所以然。（2）试读与范读——先指定学生试读。（3）讨论，……“内容的推阐”，也得先令学生提出意见，然后由教师加以发挥。……就立意、作法……加以批评，并和所选的副教材比较研究。这也得让学生有尽量提供意见的机会。（4）作文审题，举行时，须

[1] 蒋伯潜．中学国文教学法［M］．上海：中华书局，1942：62.
[2] 蒋伯潜．中学国文教学法［M］．上海：中华书局，1942：62.
[3] 蒋伯潜．中学国文教学法［M］．上海：中华书局，1942：62.
[4] 蒋伯潜．中学国文教学法［M］．上海：中华书局，1942：74.

让学生尽量发表他们的意见，教师不可说得太多。（5）作文批改，“我在某中学教国文，曾试用过一种先叫学生自己改的方法”。（6）课外活动的指导，“教师的指导，只能指示他们材料收集的路径，纲要排列的方法，措辞的态度……而已，一切仍须由学生亲自动手去做，做成稿子后，再加以订正”[1]。

指导学生掌握听、说、读、写的方法。学，不仅仅要面对教师的教，还要面对自己的生活、自己的人生。教师凭什么让学生自己去学且能学？这就要求教师能善于指导学生掌握听、说、读、写的方法。蒋伯潜先生特别重视教师对学生学习的指导，他指出，“现在教学国文的方法，应当‘教’和‘学’并重，不但传授知识，而且须传授求得知识的方法，训练学生自动学习的能力”[2]，并且他还对教师如何指导学生进行预习、讲习、温习、习作和课外活动等逐项都进行了详细的阐述，这在上文已经提及，这里不再重复。

（三）评价主要是为了促进教与学

蒋伯潜先生说：“现在学校里的师生们只知道考试四分之一的用意，于是学校教育变成了科举的变相，学生也变成了‘考生’、‘分数生’了。”[3]时间过去七十多年了，这样的情况在现在的学校教育中似乎一点儿都没改善，反而愈演愈烈。应试几乎成为学校教育的全部用意，这诚然不仅仅全是学校的问题，但是学校教育只有树立正确的评价观，才能有望达成有效教学，才能促进学生素养的提高。蒋伯潜先生当时就提出，“学校中所以有考试，一面在督促学生温习，一面在测验学生成绩”[4]，并且，他在教学实践中还特别注重评价对学生学习的促进作用，他强调过程性评

[1] 蒋伯潜．中学国文教学法［M］．上海：中华书局，1942：169.
[2] 蒋伯潜．中学国文教学法［M］．上海：中华书局，1942：14.
[3] 蒋伯潜．中学国文教学法［M］．上海：中华书局，1942：52.
[4] 蒋伯潜．中学国文教学法［M］．上海：中华书局，1942：52.

价，强调评价的及时性，强调评价反馈信息对学生学习的改进，几乎每一个环节都不放过。如预习检查，他说，“教师逐个翻阅，错误的，给他们更正；繁冗的，替他们删削；缺少的，为他们补充；不懂的，向他们解释”[1]。又如作文批改，“每次作文中常发见的别字、错字和文法上重大的错误，应当用一种簿子，按学生姓名，分别登记，并注意他是否重犯。到了学期末总复习时，列表油印，分给学生；考试时，即用作试题的材料。如此办法，可督促学生注意作文卷上的批改”[2]。

评价的另一个主要目的还在于教师把脉与改进自己的教学。蒋伯潜先生说得再明白不过了：“测验学生成绩的目的，……一面也可以使教师知道自己教学的效率，方法的得失，而知所改进。”[3]“考查完毕后，尤须注意于全班学生成绩的优劣；如果不及格的学生太多了，教师当反省自己……”[4]的确，我们应当充分利用评价中可获取的信息，为下一步的教学作出更好的决策：学生在多大程度上达到了学习目标？学生的学习困难在哪里？下一步的教学该从哪里出发？要调整的是教学内容的安排，还是教学方法的选择？……利用这些推论的结果重新审视自己的教学，从而调整教学过程，为教学决策提供高质量的信息。

当然，要使评价能促进教与学，除了理念上的更新之外，也需要方法的跟进。多元评价，随着新课改的深化，已不是什么陌生的词。事实上，蒋伯潜先生在当时已经很充分地阐释并实践了多元评价。他提出，用多种方法考查学生的学习：口试与笔试。口试，如复讲、背诵、口头问答。笔试中的主观测试如作文，问答；客观测试如默写，翻译，解释，词句重组，举同义词或相对词，造句，测验（是非题、选择题、填充题），正误，标点等。他还

[1] 蒋伯潜. 中学国文教学法［M］. 上海：中华书局，1942：33.
[2] 蒋伯潜. 中学国文教学法［M］. 上海：中华书局，1942：121-122.
[3] 蒋伯潜. 中学国文教学法［M］. 上海：中华书局，1942：52.
[4] 蒋伯潜. 中学国文教学法［M］. 上海：中华书局，1942：57.

注重过程性评价与总结性评价的结合，注重师评与生评的互相补充。

实现评价促进教与学，除了实施多元评价外，还有一个很重要的因素：要有明确的评价标准，并且要事先让学生知道且领会。在《中学国文教学法》一书中，虽然没有出现“评价标准”几个字，但是评价标准的内容写得具体且清楚。如，蒋伯潜先生将习作标准分为“字与词”和“章句与内容”，“字与词”方面又分为书写（字形、字音）和使用（意义方面、文法方面、修辞方面），“章句与内容”方面又分为文法（组织不全、语气不合、次序杂乱、浮词累赘），修辞（增减、变化、修饰、烂调套语与文语加杂），态度（轻佻、狂妄、猥亵），内容（叙事失实、写景失真、抒情不由衷、议论背于理）和作文通病（延宕、潦草、枪替、抄袭），并且他还用非常形象的语言说明了各指标的重要性之关系：“字与词的书写错误，使用错误，好比所谓癣疥之疾的皮肤病，治疗最易；句或章的组织不全，语气不合，次序杂乱，浮词累赘以及烂套太多，文语夹杂，那是外科的疮毒，比皮肤上的癣疥厉害了，但施行手术，加以割治，还不十分困难；繁而流于冗，简而至于枯，整齐而过于板滞，变化而成为杂乱，老实直捷而味同嚼蜡，屈曲文饰而纠缠累赘；以及情态则轻佻、狂妄、猥亵，内容则叙事失实，写景不切，抒情不真，议论不合理，那是内科征候，诊治更难了；如其习作时还要犯延宕、潦草、枪替、抄袭诸弊，则似病人不肯听医生嘱咐，时常触犯禁忌，结果必致自杀！”[1]又如习字，他也给出了非常明确的评价标准：正确、清楚、匀称、敏捷。每一项都还做了具体的说明，如敏捷：“小楷，每小时须能抄四五百字；行书，每小时须能抄一千字。”[2]有了这样具体且明确的标准，学生就知道自己要往哪个方向努力，在学习的过程中，就可以检测自己当前的学习情况，明白离最终的目

[1] 蒋伯潜. 中学国文教学法［M］. 上海：中华书局，1942：120-121.
[2] 蒋伯潜. 中学国文教学法［M］. 上海：中华书局，1942：161.

标还有多远，还需做哪方面的努力。

（四）语文教师的进修任重道远

当前教师进修越来越受到关注与重视，教育行政部门从制度上和经费上为教师的专业发展提供相应的保障，相关教育机构也都想方设法为教师提供各种各样学习与进修的机会。但是，进修什么，却很少有人去研究。这个问题没有明确的答案，进修的效果也就可想而知。语文学科尤甚。组织语文学科教师进修，该开设什么课程？蒋伯潜先生就曾感叹："谈到国文教师进修的问题，真所谓'一部十七史，不知从哪里说起'。"[1]除了一般教师相通的课程如教育学、心理学等之外，语言学、文字学、修辞学、文学史、文学评论……凡是与语文相关的都该或可以列入其中。那么，在有限的时间内，开设哪些课程对教师的教学最有帮助呢？进修组织者们当然希望做得更好，但一方面，由于研究的缺失与滞后，目前还没有开发出适宜的语文教师进修的课程；另一方面，即便认为好的课程也不一定每个组织机构都能请到合适的专家，很多时候是，能找到什么样的"专家"，就上什么样的课。

当然，更重要的问题是语文教师的专业自觉和进修意识。蒋伯潜先生说，"学问的进修，不是他律的，是自律的"[2]。纯粹依靠外力推动的教师学习可能会使教师获得学分、拿到文凭等，但并不必然地促使教师个体的专业成长。有人说"教师应当比学生更可教"，说的也就是这个问题。"可教"，需要教师首先热爱自己所教的学科，热爱自己所教的学生，热爱他们，才会产生去追求更好的动力、激情与欲望。其次，要认识到教学的复杂性，认识到自己的不足。蒋伯潜先生说："我敢断言，没有一个国文教师敢自诩说，他的学问已经足够了。"再次，要能在实践中不断地教自

[1] 蒋伯潜．中学国文教学法［M］．上海：中华书局，1942：176.
[2] 蒋伯潜．中学国文教学法［M］．上海：中华书局，1942：186.

己，一方面要带着探究、批判与质疑不断地学习，一方面要在实践中不断更新、创造和丰富自己的教学知识。教学，面对的是不断变化的学生，时刻要研究学生，以学生的心理与需要为教学决策的重要依据。因此，教师的那个圆需要比学生的更大，教师要比学生更“可教”。

另外，教师的进修还与社会大环境、所在学校的管理机制等因素有关。蒋伯潜先生针对当时的教师生存状态指出：“要是仍行计时给薪制，教师的收入太菲薄，为要维持生活，不得不多担任钟点，消耗他全部的精力、时间，则所谓进修便无从谈起！”[1]现在，教师的待遇虽然逐渐在改善，但仍有待提高，并且社会上的各种诱惑总是很多，并非每个站在讲台上的人都能潜心教书、用心教人。还有，由于升学的压力，“为分”的教学逼得教师每天做着很多重复的机械的工作，很少有时间与精力去学习与思考。另外，有些学校的管理机制，使得教师花在与教学和专业学习无关的工作上的时间很多，占用了宝贵的时间。

蒋伯潜先生是一位务实的学者。他的《中学国文教学法》的最后一句“希望教学有所改进，须先希望教师肯努力，而且能努力于进修；希望教师进修，须先改善教师的待遇”，意味深长。蒋伯潜先生当然深知教育的复杂性，教育并非仅仅是教育自身或其内部的事，教育关涉整个社会、经济和文化的因素。但蒋伯潜先生务实的态度与严谨的治学精神，使得他不空发牢骚，而是探讨作为一个语文教育研究与工作者该做且能做的事。因此，他在书中一开始就指出：“如果希望提高一般中学生国文程度水准，不得不在国文教学的本身上着想；……平心静气地，逐一加以检讨，以求改进！”他把自己对这些问题的思考和在长期从事国文教学法实践中积累起来的经验，毫无保留地贡献了出来，便有了这本对我们今天的语文教学仍具有很大启示作用的《中学国文教学法》。

[1] 蒋伯潜. 中学国文教学法［M］. 上海：中华书局，1942：187.

目　录

中学国文教学法

蒋伯潜

蒋伯潜（1892—1956）[1]

[1] 此照片由北京大学蒋绍愚教授提供，特此感谢！

自 序

近五十年来，我国的国文教学，可以分为两个时期：清德宗光绪三十一年废科举兴学校以前，是科举时期；以后，是学校时期。科举时期又可分为前后两期：前期以代言体的八股文——《四书》文——取士，这是远承明代的遗制（明宪宗成化时，八股文之体始备；虽然梁杰《四书文源流考》谓南宋杨诚斋汪六安诸人为之椎轮，文文山居然具体，元仁宗延佑中定科举考试法时，王充耘的《书义矜式》已详述八比之法式）；后期废八股，改用经义策论了。这两期，所学习的文体虽然不同，其目的和教法却大同小异。那时候，学习国文的目的，完全在应试，在取得科名；国文——无论是八股文，是经义策论，——不过是科场的敲门砖，非此不足以入金马之门，玉堂之署。家塾里教学国文，是个别的教授，初期专重在读，教材以《四书》《五经》为中心，虽后期因为要做策论，所谓时务历史也列为教材的一部分。学校时期，也可分为前后两期：民国八年"五四运动"以前是前期，教材完全采用文言文；以后是后期，语体文便抬头了。小学教科书用语体文编撰，民国五年，由于业师钱均甫夫子的竭力主张（彼时，钱师在教育部供职），已在那时所谓京兆区域内（即北平市）试行了；中学国文教材之采用语体文，却仍在五四以后。学校时期的国文教学，和科举时期不同：其一，科举时期家塾中用的是个别教授；学校时期却采用班级制了。科举时期，国文是唯一的学科；学校时期，国文只是许多学科中的一科了。科举时期，每一个读书人必须读几部经书，起码是《四书》和《书经》《诗经》《易经》《春秋》《左传》……，学校时期的前期，也还有"读经"一科，不久便已废止，国文教材都是零碎选集的文章，前期选用的是古人的文言文，后期选用的却有近人的语体文。科举时期，教初学专重在读，读到相当的时候，方开讲，方教他们学习作文；学校时期，则小学里便注重讲了，便要造句作文了，中学以上，竟完全重在讲，不重在读了。——这是五十年来我国国文教学变迁的大概。

现在中学生国文程度之一般的低落，几已成为大公认的、无可讳饰的事实。每次文官考试后，我们常在报纸上看到典试的先生们的谈话，认为国文试卷内有许多是文理不通的。我在浙江，曾四次主试中学生毕业会考的国文，也觉得成绩一届不如一届。一般老先生们以为中学生国文程度低落的原因，在乎学校时期的国文教学不如科举时期的家塾；五四以后的学校的国文教学不如五四以前。科举时期，青年们的精力、时间，完全灌注耗费于国文；学校时期，学科繁多，便致精力不专，时间不敷了。科举时期，用个别指导的教学法，而且须熟读几种整部的古书；学校时期，则采用班级制的集团教学法了，教材只是单篇的文章，即有选自经、史、子者，也都是割裂的、零碎的，近来竟参用“引车卖浆者之言”的语体文了，而且讲过便算了事，并不责令熟读：这些，都是国文程度低落的主要原因。我以为，学校中科目繁多，青年们不能专注其精力、专用其时间于国文一科，诚然不及科举时期学习国文的用心之专一，时间之充分。可是，平心而论，科举时期，也有许多白首而不能通文理的老童生。个别教授，学校里又何尝绝对不能采用？整部的古书，能阅读，能了解，且能成诵，当然是好的；可是科举时期不求甚解的死读，即使完全成诵，于国文也没有多大的好处。讲与读，本应并重；只读而不讲，只讲而不读，都一无是处。至于教材，科举时期，几乎全以经书为范围；经书之外，无非是几篇时文、几首试帖诗而已。所以中学生国文程度的低落，其原因，不在乎上述种种，而在乎国文教学的自身。此后，如果希望提高一般中学生国文程度的水准，不得不在国文教学的本身上着想；教学的目的，教师的素养，课内讲读的教材和教法，习作的指导和批改，各种课外工作的指导，教师的进修……都应当平心静气地，逐一加以检讨，以求改进！

我自民国八年五四以后，在旧制新制的中学师范教授国文，已二十年。前年避地来沪。今年上半年，执教于大夏大学，所任之课，有中学国文教学法一学程。参阅时贤所著国文教学法，大抵偏重于教学原理，陈义甚高。乃就二十年经验所得，草成此编：虽卑之无甚高论，但力求其切合于实际情形，冀稍有助于同学诸君将来之应用。书成，就正于业师张献之夫子及学兄董任坚先生。张师为介绍于中华书局，这本书就草草印行了。我自知学识浅薄，虽在中等学校教授国文已二十年，实际上并没有什么心得。纰漏之处，尚望中等教育界同仁，予以教正！

中华民国二十九年冬十二月，蒋伯潜序于沪西寓庐。

目　录

绪论　国文教学的目的与国文教师的素养

我们充任中等学校国文教师的，在研讨中学国文教学法之前，当先明了二事：

（一）中学国文教学的目的[1]；

（二）中学国文教师的素养。

1　开宗明义，指明语文教学的目的。语文教学的目的是语文教学的核心问题，它决定着具体目标的确定、内容与方法的选择与评价的设计。只有目的明确，所做相关阐述才能有的放矢。

国文教学的目的有二：

（一）正目的——国文一科所特具的教学目的，是：

“使学生对于生活所需的工具——国文——能运用，能了解，且能欣赏。”

（二）副目的——国文科与其他学科同具的教学目的，又可分为两项：

（甲）“使学生了解我国固有文化之一部分——学术和文学的流变。”

（乙）“使学生明了我国固有道德的观念及修养的方法，并培养或训练其思辨的能力。”

本国的文字，和语言一样，是国民生活上所必需的工具。一国的国民不能运用他本国的文字，生活上所感到的苦痛，和不能运用语言一样。哑子不会讲话，无由表达他自己的情意；聋子不会听话，无由了解他人的情意。不能运用本国文字的人，一方面不能以文字表达自己的情意，一方面不能从文字上了解他人的情意，不是和哑子聋子们一样了吗？因为文字和语言，同是我们表达情意的工具，同为我们生活所必需的。更进一步说，文字本所以济语言之穷；语言只是口头所发的声音，声音不能传于异地，留之异时，所以才造出这种代表语言的符号——文字——来。如不能运用文字，则我们耳所闻，目所见，身所历，心所感想的言语、事物、情感、思想，都不能把它们记录下来，以助我之记忆，更谈不到传于异地，留之异时了。用文字记录表达所闻见、所经历、所感想的言语、事物、情感、思想，而能艺术化，便有供人欣赏的价值，这就是“文学的技巧”。教中学生国文，不能希望他们的作品都有文学的技巧，有供人欣赏的价值；可是欣赏别人作品的能力，是应当养成的。所以**使中学生对于他们生活所必需的工具之一——国文——能运用**（用以记录表达），**能了解，且能欣赏，是中学国文教学的正目的**[2]。

现行部颁中学新课程标准，把“了解我国固有的文化”，列为国文教学目的之一。我认为：“了解我国固有的文化”，是教学本国史尤其是中国文化史的正目的；在国文科，只能作为一种副目的[3]。而且“文化”一词，所包甚广，国文科所能使学生了解者，不过其一部分，关于学术文学流变的一部分而已。教学时，还得顾到学生的智力和学力。初中学生，绝不能使他们完全了解学术文学的流变；即欲勉强注入，非但事倍功半，结果怕竟是注而不入。所以**使学生了解我国学术文学的流变，这一项是国文教学的副目的；须高中阶段完了时，方能达到。**

道德重在笃行实践，修养须从身体力行中下工夫；单靠文字上口头上的说教，不一定就能使学生实践。所以，**我认为国文教学仅能使学生获得我国固有道德的明确的观念，知道修养的正当的方法；更进一步，也只能鼓励他们对于道德的修养，下体验存养的工夫而已。**将来究能修

2　把“能运用”放在国文教学“正目的”的首位，这就抓住了语文教学的本质。《全日制义务教育语文课程标准（2011年版）》也明确指出：“语文课程致力于培养学生的语言文字运用能力。”

3　了解我国固有文化，并非是国文教学的“正目的”。此端一开，就容易为许多“非语文”的东西进入语文课程打开方便之门，致使淡化甚至消解语文课程中的“语文”学习。

养到如何地步，能否成德，则在他们自己努力了。而且这一项，可以说是整个学校教育的目的，须全体教师都能以身作则，方可收效的。所谓“以身教者从，以言教者讼”，正指这种关于道德修养的教育而言。教师对于自身的言行，不知检点，教学国文时，却以道德的说教者自居，能不引起学生“夫子教我以正，夫子未出于正”的反感吗？万一反唇相稽，便是“以言教者讼”了。国文科应采用关于道德修养的教材，国文教师对于学生的道德修养也应负以身作则的责任，这都是当然的。不过以此为国文教学特具的目的，以为藉文字语言的说教，便可达到这种目的，则未敢苟同[4]。

第二项副目的中，还包含着“培养学生思辨能力”的一点，也得加以说明。一般人以为国文教学的目的，在使学生有正确的思想。我想，“三民主义”是我们公认的正确思想。现在世界上三大政治思潮形成的三大政治集团，全能的国家，民治的国家，共产的国家，也可说是三民主义的片面的、畸形的发展。这种正确的思想——三民主义——已有公民科在那儿专负灌输之责了，所以国文教学已没有把它列为正目的的必要。国文教学的任务，在怎样培养、训练学生的思辨能力。这在教学论辩文时，固然可以收到相当的效果；其实，即是文字的校勘训诂，名物事实的考证，习作的指导批改等，都可藉以训练学生的思辨能力。学生如果能辨认是非、长短，并且推而广之，对于一切事理都能慎思明辨，审别其曲直、邪正、轻重，就不致盲从曲解，而误入歧途了[5]。

总之，国文教学的正目的，还在文字方面；副目的，却在内容方面，——知识的获得，道德的修养，思辨力的培养、训练[6]。国文教师所负责任之重大，即此可见。他们不但须对学校及教育行政机关负责，对学生及其家长负责，还须对社会、对国家负责哩！因此，国文教师便不能不有其相当的素养了。

国文教师应有的素养，第一，须有**相当的学力**。不但对于他所选授的教材，要有详明精确的、完全彻底的了解；就是文学史、学术史、文字学、修辞学、文法，以及各种文学，都应该有相当的常识。第二，须有**熟**

4　“未敢苟同”表明了作者明确的态度。

5　在达成“正目的”的过程中自然而然地实现“副目的”。同样，在学习语文的过程中，学生的思想品德受到了熏陶，而不是通过语言文字去说教。

6　成功的语文教学，自然能收到语文教育和人文教育双重效果。王尚文教授亦称：“人文原在语文中。”[1]“语文”“人文”是一体两面，而不是两个各自独立的实体。

7 这五个方面全面而准确，尤其是“弘毅的愿力”“中和的态度”，更值得我们深思。至于“作的方面，不论语体文言，须有明白晓畅的文笔”，自然不宜企及，但不妨作为努力的方向。

8 对当前教师专业标准的研制，也很有启发与借鉴作用。

练的技能。如讲的方面，须有清晰流利的口才；作的方面，不论语体文言，须有明白晓畅的文笔；写的方面，不论在纸上、在黑板上，须能写行书、楷书，而且写得敏捷，写得清爽，写得正确；尤其是批改方面，须能看出学生习作中的弊病，予以增删改润，而且指示其所以然，批改得好，并且批改得快。第三，须有**清灵的头脑**。头脑清楚的国文教师，方能了解时代思潮，了解现代青年们的心理，尤其是学习心理；头脑灵敏的，方能运用教学的方法；反之，头脑不清而笨拙的教师，绝不能教出文思清爽而敏捷的学生来。第四，须有**弘毅的愿力**。愿弘，故有希望学生青出于蓝而胜于蓝的热诚；力毅，故有“人不知而不愠”的“诲人不倦”的精神。第五，须有**中和的态度**。对学生，则温而厉，威而不猛，公正而不偏颇，是曰“中”；对同事，则和而不同，恭而安，是曰“和”[7]。其实，这五者，是一般教师所应同具的，不过“学力”“技能”二项的内容，各科教师不同而已[8]。

一、语文教学的目的是什么？从语文设科以来，这一直是个争论不休的问题。以下是几位学者的回答，仔细阅读，谈谈你的看法。

1. 陈启天

第一，中学国文教授的主目的。它的主目的，又可分为三桩：① 要能说普通言语；② 要能看现代应用文和略解粗浅美术文；③ 要能做现代的应用文。

第二，中学国文教授的副目的。它的副目的有二：① 要启发思想，锻炼心力；② 要了解和应付人生和自然。

陈启天.中学的国文问题［M］//顾黄初，李杏保.二十世纪前期中国语文教育论集.成都：四川教育出版社，1991：154-156.

2. 宋文翰

国文科在学校的一般科程中，含有特殊的性质，不与其他各科相同。别的学科重在知识的传授；国文科重在传授知识的文字的运用的训练。别的学科重在内容实质的深究；国文科重在形式表现方法的探讨。别的学科在使学者明了；国文科则于明了而外，尚须使学者能运用。

国文教科书所以选史传，选游记，选古人嘉言懿行，甚而选关于讨论社会问题、人生问题的文字，目的并不是在叫学生明了及记忆其内容，是因为文字必附于思想或感情或其他的事迹、自然现象等始具有意义，借此以见古人运用文字的技巧及其发表的方式，藉以增进学者阅读与发表文字的能力。

宋文翰.一个改良中学国文教科书的意见［M］//顾黄初，李杏保.二十世纪前期中国语文教育论集.成都：四川教育出版社，1991：485-486.

3. 程其保

本国语文一科，实包括国语与国文两种科目。在普通学校，性质上，常不明白分析，因之教学上出现极大障碍。当然，国文与国语，本互有密切的关系，但从各个的价值、宗旨与方法上看，实系两种不同的科目。国语一科，在求能应用以表示自己的思想及从语言与文字中以明了别人的思想。国文一科，则注重在使学生了解文学的形式及内容，因以发展感赏阅读的习惯。这两种的价值与目标，若不分别清晰，在教学方法上，常易发生几种危险：第一，过于重视文学，因之使语言一科的分量减少，或使语言的学习只附带在文学的学习中；第二，不明白文学教学的意义因之采取语言教学的方法，用之于文学的学习。如只注意于一种文学字句上的分析，而不使学生感赏该种文学的精神与内容，即其显著的例子。

程其保.初级中学课程标准之讨论［M］//顾黄初，李杏保.二十世纪前期中国语文教育论集.成都：四川教育出版社，1991：525.

4. 叶圣陶

国文教学自有它独当其任的任，那就是阅读与写作的训练。……这种技术的训练，他科教学是不负责任的，全在国文教学的肩膀上。

杜草甬.叶圣陶论语文教育［M］.郑州：河南教育出版社，1986：54.

5. 王尚文

我以为，语文之外的其他学科所教所学的是教材的言语内容，而语文学科则以教材的言语形式为教学内容；质言之，其他学科重在教材“说什么”，语文学科则重在教材“怎么说”，以使学生从中学习如何具体理解和运用语言文字的本领，培养读、写、听、说等语言能力。

王尚文.语言·言语·言语形式：试论语文学科的教学内容［J］.浙江师大学报：社会科学版，1996（1）.

二、以下摘录了几段课程文件对语文课程目的与性质的界定，请结合蒋伯潜先生的相关论述仔细研读，并谈谈你的体会。

1.“中学语文教学的目的是，……在读写能力上得到提高，能够正确地理解和运用祖国的语言文字，具有现代语文的读写能力和阅读浅易文言文的能力，逐步树立马克思主义的文风。”

中华人民共和国教育部.全日制十年制学校中学语文教学大纲：试行

草案［M］//课程教材研究所.20世纪中国中小学课程标准·教学大纲汇编：语文卷.北京：人民教育出版社，2001：437.

2."小学语文教学的目的，是指导学生正确地理解和运用祖国的语言文字。"

中华人民共和国教育部.九年义务教育全日制小学语文教学大纲：试用［M］//课程教材研究所.20世纪中国中小学课程标准·教学大纲汇编：语文卷.北京：人民教育出版社，2001：232.

3."语文是最重要的交际工具，是人类文化的重要组成部分。工具性与人文性的统一，是语文课程的基本特点。语文课程应致力于学生语文素养的形成与发展。"

中华人民共和国教育部.全日制义务教育语文课程标准：实验稿［M］.北京：北京师范大学出版社，2002：前言.

4."语文课程是一门学习语言文字运用的综合性、实践性课程。义务教育阶段的语文课程，应使学生初步学会运用祖国语言文字进行交流沟通，吸收古今中外优秀文化，提高思想文化修养，促进自身精神成长。工具性与人文性的统一，是语文课程的基本特点。"

中华人民共和国教育部.义务教育语文课程标准：2011年版［M］.北京：北京师范大学出版社，2011：2.

本论一　课内讲读

国文教学，可以分作三大部分：（一）课内讲读；（二）习作批改；（三）课外阅读及其他活动的指导。课内讲读，指课内选文精读而言，在国文教学中，大家都知道它所占的地位之重要，可以说是全部国文教学的中坚[9]，所以首先提出来讨论。

“教学”和“教授”不同[10]。教授完全以教师为中心，学生只处于被动的地位，只须“受教”，不必“自学”；教学则以学生为中心，不但须使学生有自学的机会，而且须加以督促、辅导和鼓励；就是教师方面的“教”，也得顾到学生的需要、能力和兴趣。此在各种学科，莫不皆然；而以国文一科为尤甚。因为我国的国文教学远承科举时代的遗习，学生完全处于被支配、被拘束的地位，教师施教时，并不顾到学生的能力和兴趣；所谓需要，不过把国文当作科场应试的敲门砖而已。现在，教学国文的目的既和科举时代不同，则对于国文教学的态度，也得根本加以改革了。

从前科举时代，私塾里初期教授国文，只重记诵，并不讲解；开讲以后，也仍偏重在读。现在学校里，则从初级小学起便注重讲了，不过小学里还有教学生熟读的；一入初中，便完全偏重在讲，而且只讲不读了[11]。无论讲得如何明白，讲而不读，读而不熟，则教材自教材，学生自

9　首论“课内讲读”，这就抓住了语文教学的关键。

10 “教授”与“教学”之大别，就在于能否将“以学生为中心”落到实处，落实到具体的教学行为中，落实到学生的需要、能力和兴趣中。这里的学生，应是特定的、具体的，而不是“整体”的、宽泛的。

11 语文教学之顽疾，于今依然，尤需扭转。读是讲的目的，也是自我消化的基础。

学生，仍丝毫得不着益处。因为只读不讲，好比吃东西，并不咀嚼，便囫囵地吞下去；只讲不读，又似细嚼之后，仍把它吐了出来，其不能充肠疗饥，不是和食而不化一样吗？何况文字的音读、诗文的声调，非朗读不能娴熟领会呢？**所以讲读两项应当并重，不但教学文言文如此，教学语体文也须如此；不但教学散文如此，教学诗歌更须如此**[12]。

12 “也”“更”两字的运用，旨在拨误扶正，强调讲读并重。

说到课内讲读，我们便得想到两个问题：一是讲读些什么；一是怎样讲读。前者是关于教材的问题，后者是关于教法的问题。教材应如何选择？选定的教材应如何排列？所谓课内讲读，应当有几个步骤？上课前的工作如何？上课时的工作如何？上课后的工作如何？这些都是本编所要讨论的问题。兹就个人经验所得，分章述之。

第一章　教材的选择与排列

小学毕业生入初级中学时，对于国文科的教材，一定会感到异样[13]。小学的国语教科书是特地为他们编撰的；初级中学的国文教材，无论是由教师自己选的活页散篇，还是由书局编的教科书，都是从古人或现代人的现成作品选取的，并不是特地为学生们编撰的。小学的国语教科书是完全用语体文编撰的；初级中学的国文教材，便须参以文言文了。特地为小学生编撰的教材，处处求合于儿童心理及其生活经验；成人的作品，古代的或现代的，除儿童文学外，所表达的、所记录的，都是成人的心理及其生活经验。成人的心理与生活经验，与儿童不同；他们初入中学，初次阅读这种教材，定会感到异样吧！读惯了语体文的小学毕业生，初次看到文言文，不但句法大不相同，连有些最平常的字在他们看来，竟是生字了。例如语体文常用“道”字、“说”字，文言文则用“曰”字、“云”字；“也”字的用法也不同了。这也会使他们感到异样。所以教师选取初中一年级的教材时，得特别加以注意。

对于选择教材，中学国文教师的意见，最为分歧[14]。大致可归纳为新旧两派。**旧派有主张多选周秦两汉古文者**。他们以为这是我国文章学术之渊源，而且那时代的作品是没有格律拘束，自由发挥的。古代的文章，虽

13　从教材的异样切入，提醒教师关注学生的经验基础。幼小、小中教材的衔接问题，同样需要当下的教材编写者、教师注意。

14　其根源还在于教学目标不明确。通过对新旧两派诸多观点的评析，旨在明确教学目标对教材编选的制约作用。教材不能只专注于意义内容，更要注意语言运用之形式。

然也有易于了解的，富有趣味的；但究以时代去今太远，字之音义，句之组织，不但与现代的语体文不同，且与近代的文言文殊异。例如《战国策》“冯谖客孟尝”一节，常被选为初中一年级的教材；其中“责毕收，以何市而反”句，“责”为古“债”字，“市”作“买”解；“责毕收”就是“债收完了”，“以何市而反”，就是“拿所收的债买了什么回来”；“责”字音义俱异，“市”字义异，“毕收”与“收完”，“何市”与“买什么”，句法亦异了。以此为教材，便与向来全读语体文的小学毕业程度难以衔接。其实，多选秦汉以前的古文，和以习作语体文为主的初中学生，也不甚合式。**有主张多选古今论述学术思想之文者**。他们认为必如此，方可使学生知道我国学术思想之变迁，了解我国固有的文化。“了解我国固有文化”，是历史、本国文化史的正目的；国文并非教学文化史学术史的专科，中学生亦未必个个预备升学；即升学，亦绝不会个个都专攻中国哲学史的。所以这种主张也是不对的。**有主张多选唐宋八家及清代桐城派古文者**。他们认为这一派古文较为平易，虽亦难工，却系易学。照这一派的主张，大可定姚鼐的《古文辞类纂》为中学国文教本。姚氏此编，可谓能确立桐城派的古文义法。以桐城义法而论，其编选不可谓不“精”。若以与不立宗派之古文家曾国藩所选编的《经史百家杂钞》相较，尚觉其范围之狭隘，内容之空疏。故即欲研究中国古今文章之变，亦嫌其局于一隅，何况于中学生初自语体文参习文言文者的程度，现代生活的需要，均不适合呢？**又有主张用整部古书为教材者**。他们认为古代有价值之书，必须整部读，不能割裂，故有以《四书》为教本者，甚至有以《东莱博议》为教本者。古代有价值之书，应整部读，不能割裂选取，仅当一脔；不能含糊笼统，仅讲概论：这意见是对的。但此专为大学阶段专攻中国文学、中国哲学的学生说法。中学生则国文科的授课时间有限，仅能读一两部古书而已；而且每种书各有它的特殊体例，或专为论著，或纯为记述；这样选择教材，即以专读古书而论，亦嫌太狭太偏；何况现代中学生并不需要专读古书呢。至于《东莱博议》等，那更是“自桧以下”了。

我们再来看看所谓“**新派**”的主张吧！他们有**主张专选讨论问题研**

批 注

022_023

究新思想的论文者。他们认为现代的中学生应了解现代的思潮，注意现实的问题；此种教材，可以增进知识，开发思想，引起讨论研究的兴趣。民国八年“五四运动”以后，号称新文化运动的急先锋的浙江省立第一师范的国文教材，便以问题为中心，选取各种意见不同的论文，叫学生自去阅读，上课时提出讨论。他们完全把“国文教学是文字语言的运用之训练”的意旨抛却了，而专注意于它所载的内容。此非国文已有相当程度的成材，便不应这样教学；而且这样取材，是在教政治、经济、社会等科，不是在教学国文了。何况研讨社会问题、现代思潮，非于政治、经济、社会，以及生物、法律等专门学问都有心得的，绝不能有真知灼见。这样教学国文，教者既有“强不知以为知”之嫌，学者也易养成一知半解，便自命不凡之病。**有主张多选新旧语体小说者**。他们认为中学生既喜阅读小说，何妨因势利导，以收事半功倍之效；且阅读语体文的小说，于学生习作语体文亦大有裨益。可是，小说是否都适于选作教材，是一个问题；中学生学习国文，是否应专学小说，又是一个问题。在课堂里讲小说，中学生怕都倾听小说中所叙述的事实，所描写的人物，不复注意于小说中的文辞；这和坐茶店、听说书，又有什么分别？**又有主张多选新文艺，如小说、话剧、白话诗者**。他们认为这些教材，不但可以引起学生研究新文艺的兴趣，而且于写作语体文、演说、辩论等，都有好处。我以为中学生不是来专学新文艺的，不是都要做新剧家、新诗人的。现代文艺的作品虽多，还都是些尝试的、未成熟的作品，适合中学国文教材者更少。译作中，欧化的句调更多；中学生用中国语调做语体文，尚且不能完全通顺，又教他们学那些欧化的语调，不是画虎不成反类犬吗？曾见有几位新文学家屈就了初中国文教师，把他们自己的杰作，小说、剧本、新诗，选作教材，教授学生。学生们对于这些教材读得腻了，并不感到什么兴趣。有一位新诗人选做教材的大作，题目是“赋得直奉之战”，他那首新诗道：

“去年这个打那个，
今年那个打这个，
为什么打？

打给别人看看！”

除了试帖诗式的题目和原文分行写以外，我竟找不出一点儿诗的气味来！岂但不成“诗”，而且不成“话”！这也可以选作国文教材，则字纸簏里都是教材了[15]！

选择国文教材，我以为：第一，**须顾到国文教学的目的**；第二，**须顾到中学生的年龄程度**；第三，**须顾到此时此地的需要**[16]。现在根据这三条原则，列举选择教材时应注意之点如下：

15 选进语文教材的文本应当是经典，是语言文字运用的典范。

16 选择语文教材的三原则，至今仍具有借鉴意义。

（甲）教材的形式方面

（1）**词句** 语体文用词过于新奇、生僻者，句子太长、太复杂，或强求欧化者；文言文用词过于古奥、生僻者，句法太奇特，而与现代文法相去过远者，所用典实过多、近于堆砌者，勿选。文句中有语病——文法错误或论理背谬者，不论文言语体，皆勿选。

（2）**章法** 思路不易辨认，段落不易分清者，勿选。

（3）**篇幅** 篇幅过长者，勿选；尤其是文言文，尤其是在初中。

（4）**词气**[17] 有傲慢、夸大、虚伪、卑劣、粗卤等词气者，勿选。

（5）**时代** 作品的时代，原可不必过于拘泥，因为古代作品中反有较近人作品易于了解者。但就大体说，则初中教材自以现代及近代为宜。

（6）**体裁** 文体的类别，有以作法分者，如近人分文体为记叙、描写、议论、说明、抒情五种；有以应用的格式分者，如姚鼐《古文辞类纂》所分之十三类，曾国藩《经史百家杂钞》所分之十一类；有以章句组织的方式分者，如韵文与无韵文，骈文与散文，文言文与语体文；扩而充之，则辞赋、诗歌、戏剧、小说为纯文学（文艺），其余为杂文学（文章）。选择教材时，最好勿偏于一隅。但又当顾及学生的程度，骈文辞赋之类，绝不宜于初中；又当顾及现代生活实际的需要，最近修正之中学国文课程标准[18]，规定“体裁不合现代需要者”选材时须避免，所以与其教

17 “词气”一条，往往为当今一些教材编写者和教师所忽视，其实非常重要。

18 系指1940年《修正初级中学国文课程标准》。

学“诚惶诚恐、死罪死罪”的奏议，“钦哉钦哉”的诏令体，不如老老实实地教他们写信、写便条[19]。

19 切合“顾到此时此地的需要”，培养实际生活中的语文能力。

（乙）教材的内容方面

（1）**知识**　可以使学生了解我国固有文化、世界近代文化，能增进一般常识而内容不过于专门者。

（2）**修养**　可以发扬我国固有道德，指导青年身心修养，振起民族精神，训练思辨能力，而不违反“三民主义”与国家体制及政策，不含有消极颓废的意态者。

（3）**生活**　合于现代生活实际的情形，为青年生活经验中所应有，或将来生活上所需要者。

（4）**乡土**　如游记之类，应将学校所在地的名胜选进去，尤其是学生旅行所到的地方；如名人传记之类，应将学校所在地的先贤选进去，尤其是那些民族英雄，苦学生出身的学者。

总之，选教材时，能注意上述各点，则于国文教学的目的，“虽不中，不远矣”。

教材既选定了，如何排列，也是值得讨论的问题[20]。近人**有主张以问题为中心的**（如五四后浙江省立第一师范的国文教材，当时有铅印本）。**有主张以文章体裁为标准的**（这又和《古文辞类纂》等书差不多了）。**有主张以学术源流为次序的**（民国十二三年，浙江省立第一中学的国文教材曾这样排列）。**有主张以文学流变为先后的**（每一时代，每一种文学的变化，都应有代表作，由古及今，顺序而下；胡适曾如此主张，部定课程标准高中部分曾采胡氏主张，最近已修正）。**有主张以文章作法为准则的**（先教记述文，由记静态的至记动态的；后教议论文，由说喻而倡导而对辩，由小事而大事；梁启超曾如此主张）。可是，中学的国文，不是专教议论文，专讨论问题的；也不是专教文体论、学术史、文学史的；前四

20 无论是教材的选定还是教材的编排，都围绕着“三原则”做具体阐述。我们也按照是否顾及课程的目的，学习者性质，社会生活的实际需要来分析我们当前的语文教材的选材和排列，结果如何呢？

21 以学生为中心。循序渐进。

22 关注学生的认知水平。

23 与学生生活的联系。

24 与艾伟"七与三、六与四、五与五"的语体文言比例略同。

25 中心教材、附属教材之分，不仅与精读、略读照应，更蕴涵课程资源的开发与运用意识。

种主张，我认为都不足取。第五种梁启超氏的主张，比较适合，但亦不可太拘，因为全学期或全学年，专教一种作法的文章，未免太板滞、太枯燥了。即使要照时代排，与其自古及今，不如由今溯古；即使要顾到体裁，也应当先教合于现代实用的，然后及于古已有之的，在初中竟不必每体皆备。除此以外，**篇幅的长短也当顾及**，由短而长，按年递进。**最要紧的，是按程度由浅而深**[21]。所谓文章的程度，词句上、艺术上、内容上、意境上，各有其深浅。如鲁迅的《秋夜》，以词句内容而论，并不见得怎样深，可是它的艺术、意境，却非初中一年级学生所能领悟[22]；而现在编教科书的，教国文的，往往把它排在初中第一学年第一学期之首，怕也未必适当吧！**教学的时序，也当顾到**，由春而夏，由秋而冬，顺着时序排列[23]。秋季开学的时候，教记新年景象的文章；暑假将到的时候，教描写雪景的文章；寒假刚完的时候，教中秋赏月的诗歌，总有些不合适吧！**尤当注意的，是语体文和文言文的排列与分配。**初中一年级新生，刚从小学里出来，语体文得占全部教材的十分之七八；以后，语体文按年渐减，文言文按年递增[24]。最好，**以一个星期或二星期为一单元；每一单元，选一篇或两篇中心教材，再选几篇和中心教材的题材、文体、作法、时令……有关系的为附属教材。**中心教材由教师正式在课内教学，附属教材由学生自己在课外阅读比较[25]。——总之，排列教材，须有系统秩序，须顾到上述各方面，杂乱、重复、板滞、程度不合等弊病，是要竭力避免的。

第二章　预习的指导

从前教授国文的方法，单重在“教授”，只是教师把自己已有的知识传授给学生，灌输给学生；现在教学国文的方法，应当“教”和“学”并重，不但传授知识，而且须传授求得知识的方法，训练学生自动学习的能力，培养学生自动学习的兴趣。这就是孟子所谓“欲其自得之”[26]，也就是所谓“自学辅导”。所谓**“自学辅导”，是要辅导学生自学，不是放任学生“不学”**。正和保姆搀扶着两三岁的孩子学步一样。所以课前的预习占极重要的地位。叫学生预备，不仅指定预习的项目，让学生自己去瞎碰，教师须负指导他们的责任[27]。怎样去指导呢？这就是本章所要述说的了。

教初中第一学年第一学期的学生，应当有“预习的预习”。所谓预习的预习，就是**指导训练学生们运用工具书**[28]。运用工具书，是自动学习的基本技能。初中学生所须运用的工具书，无非字典辞书之类。近年新出的字典辞书，有什么“五笔检字法”“四角号码检字法”“一笔检字法”“点线面检字法”……可是**以部首编排的字典辞书如何检查，仍得教他们学会**；否则，有许多工具书，如《康熙字典》《中华大字典》之类，便不能运用了。以部首编的字典，检查某一字时，须先从这个字的笔画总数里，把这字所属的部首的笔画数除去，再按所余之数在这一部中去查。但

26　预习指导旨在培养学生自动学习的习惯。“欲其自得之”正同叶圣陶的“导儿学步”。

27　依据教学实际，教师首先要做好“预习的预习”的指导工作。以下从工具书翻查到反切的原理，从四呼的分辨到破音字的读法，从异义、异用字的用法到标点符号的运用，均提出了适切的指导意见。

28　工具书的运用，是学生自动学习的凭借，因而被称为“预习的预习”。

四笔的“王”字属于“玉部”，减去玉字的五笔，不是负一笔了吗？如以“王”字列在部首“玉”字之后为例，则“乌”字应当编入“鸟部”，列于部首“鸟”字之后了，但它又偏偏入“火部”的六画里。从“火”的字，把火字写在下面作四点的，本也不少，如煎、煮、熬、烹、热、熟、焦、烈……。可是乌、燕、焉、无[1]，下面的四点，并不是“火”何以也列入“火部”？这些，不能不说是部首编排法的缺点；为检查便利计，不得不将这类字先行说明。又如“亻”旁同“人部”，“刂”旁同“刀部”，在右之“阝”同“邑部”，在左之“阝”同“阜部”（如部陪），在旁之“忄”与在下之“⺗”同属“心部”（如怡恭）；楷书同一从“月”的字，或属“月部”，或属“肉部”（如从月之朓，为晦而月见西方；从肉之朓，为古代迁庙之祭）。“罓”、“罒”虽形体微有不同，而皆属“网部”（如罕罪）……遇到这些字，初学的人往往不易检查，也得先加以解释。至于分韵编辑的工具书，如《经籍纂诂》《佩文韵府》之类，中学生未必用得着，等到高中三年级时再教他们检查也不迟。

要查的生字查到了，可是有许多字典辞书，不用国音字母注音，而用反切注音，学生们往往仍读不出它的音来。**所以简单的反切法，也得预先指导一下**[29]。教反切时，陈义不可过高，向他们讲什么声韵学，要他们读《切韵指掌图》。如他们在小学里已学过注音字母拼音，那就容易得多了。**反切，用二字以切一字之音：上一字为发声，必与所切之字为双声**（即同属一声母）；**下一字为收韵，必与所切之字为叠韵**（即同属一韵母）。把这上下二字之音连合快读，便切合成一音了。例如“不一切”便是“必”，“极异切”便是“忌”。可是有许多反切，无论你读得怎样快，仍不能切成一音。例如“奴低切”，便不易切出“泥”来；“当孤切”，便不易切出“都”来。因为“奴”是“讷吾”切，“低”是“德衣”切，“奴低切”仅用“奴”音之“讷”，“低”音之“衣”；“讷”“衣”二音

29 “反切”可不教，但教师要懂、要备问。

[1] “乌、无”的繁体字分别为“乌”和“无”。编者注。

连合快读，便是“泥”了。“当”是“德昂切”，“孤”是“格吾切”，“当孤切”仅用“当”音之“德”，“孤”音之“吾”；“德”“吾”二音连合快读，便是“都”了。**注音字母之声母仅取一字之发声，其音极短促，韵母仅取一字之收韵，完全读成“元音”，所以易于切合；反切则随意取用现成的汉字，发声的上一字多带着收韵，收韵的下一字多带着发声，非把上一字的收韵、下一字的发声除去，便读不出所切的音来了。**反切又有所谓“**三合音**”（普通是二合音，即发声与收韵合成音），**那就是在发声与收韵之间加入一个介音，以别等呼，其实和以注音字母注音，于声母韵母之间加入一介母同一道理。**如以“黑乌”切“呼”，以“古华”切“瓜”，是二合音；若以“呼瓜”切“花”，即无异于“黑乌华”三音切合而成“花”音，便是三合音了。“乌”即注音字母之介母“ㄨ”[30]，用以表示“花”字音须带合口呼。**原来我国字音，有四等呼：**（一）**开口呼**，（二）**齐齿呼**，（三）**合口呼**，（四）**撮口呼**。开口呼如“他”（ㄊㄚ），齐齿呼如“丁”（ㄉㄧㄥ），合口呼如“花”（ㄏㄨㄚ），撮口呼如动（ㄒㄩㄣ）。用ㄧㄨㄩ三介母别“齐齿呼”“合口呼”“撮口呼”，说破了，也没有什么深奥的道理。又如“**见**”**母**“**溪**”**母原各有刚柔二音**，故注音字母以“ㄍ”注见母之刚音，“ㄐ”注见母之柔音，“ㄎ”注溪母之刚音，“ㄑ”注溪母之柔音，原已分得很清爽。可是用反切的字典辞书，却还刚柔不分，所以“规”字还有用“居隋切”的，“窥”字还有用“去随切”的。其实“规”是见母之刚音，“居”是见母之柔音，“窥”是溪母之刚音，“去”是溪母之柔音，所以切出来的音和我们口头上的音微有不同。这是反切不如注音字母之点，也得先和他们说明。又如“眉”字或用“武悲切”（《广韵》即是如此，**这在声韵学上叫做“类隔”**）；武悲二音绝不会切出“眉”的声音来的。原来古无轻唇音，所以“武”读若“母”，有m的发声，在注音字母属于“ㄇ”母（和尚们念“南无”，无字尚读古音）。“母悲切”，便是“眉”了。**这是古今音变的缘故，也得先和他们说明。**——我并不是说，这里已把反切的法儿讲仔细了，不过举例说明，教学生学反切时，有许多事项须先加以说明而已。倘能先加说明，先叫他们实地练习，教学反

30 1958年《汉语拼音方案》公布之前的注音字母，相当于汉语拼音中的韵母“u”。

31 这里的四声是指中古汉语声调的四种分类，与普通话的四声略有不同。现代普通话已经失去了其中的入声。

32 “破音字”即今所谓的多音字。

切，并不是十分困难的事。

我国字音，还有所谓“**平**”“**上**”“**去**”“**入**”**的**“**四声**”[31]。分别四声，从前本有四句口诀：“平声平道莫低昂，上声高呼猛力强，去声分明哀远道，入声短促急收藏。”其实，这四句口诀，还是就“平”“上”“去”“入”四字望文生训。**四声的分别，简单地说，重在音的长短**；好像音乐中以几拍子几拍子分别音的长短。平声最长，上去次之，入声最短。“平上去入”便是就平声、上声、去声、入声字中，各取一字以为名，和表示声类的“见溪群疑……”表示韵目的“东冬江支……”一样的。齐梁时，初有四声的分别。梁武帝曾问周颙：“何为平上去入？”周颙答道：“天子圣哲。”他就四声中各随便举了一个字为例，脱口而出地编成了这句话。以“平上去入”代表四声，以“天子圣哲”代表四声，原是一样的；即此类推，我们说“王道正直”也可以，说“东董冻笃”也可以，说“松竦宋速”也可以，说“江讲绛觉”也可以。初中学生能懂得这一点，已很够了。除四声之外，**还有清音浊音的分别**。**四声是音的长短缓急，清浊却是音阶的高低**。譬如乐曲简谱中的“1”和“$\dot{1}$”，便一是浊音，一是清音了。“方”是清音，“房”是浊音，不正和它们一样吗？

最麻烦的，还有那些**破音字**[32]。例如“乐”字，作“音乐”用，作姓用，读它的本音，音“药”，是入声；作“快乐”用，便要读它的破音，音“落”，虽然也同是入声，因为要表示它的声音变化，在它右下角加一记号；如作“爱好”用（如论语“知者乐水，仁者乐山”之乐），也得读破音，音“义效切”，是去声了，在它右上角加一记号。又如“恶”字，作“善恶”“丑恶”用，读它的本音，音“垩”，是入声；作“憎恶”“羞恶”用，便要读破音，音“坞”，是去声，在它右上角加一记号；作“何”用，作叹词用，也得读破音，音“乌”，平声，在它左下角加一记号。又如“夫”字，作“丈夫”“夫子”“车夫”……用，读它的本音，平声，清音，音“肤”；作助词、指示代词、指示形容词用，便当读破音，虽仍是平声，却变成浊音，音“扶”了。所加的记号，或用个小圈儿，或用个圆点儿，按破音的平上去入，分别加在它的四角，如：

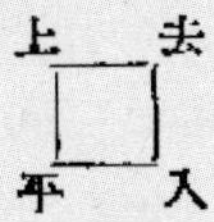

现在一般人对于破音字读错的很多，所以破音读法也得先加以说明。

一个字往往有好几个意义，这叫做**“同字异义”**。在这一句里当取甲义，在那一句里当取乙义……，去取之间，应加一番斟酌。例如最普通的“子”字，“子丑……”之子，便是十二支之首，或指半夜时候；“父子”之子，便指儿女；古人对话中常用之子，便和尔汝同为第二位人称代词；公侯伯子男之子，则为五等爵之一；鸡子鱼子，则以指动物之卵；柏子椰子，则以指植物之果；子金母金之子，则又以指金钱之利息；“墨子、孟子”之子，则或以指有道德学问之人，或且以指其所著之书；子又可以作动词用，以表爱之如子（如《中庸》“子庶民”）；可以作名词之语尾用，如房子、帽子……；殷代之君姓子，则又为一姓。诸如此类，在检查字典时，必须按用这字的句子，就许多异义中，选定其一了。又有同一字，意义也差不多，而用法不同，其词性亦异者，这叫做**“同字异用”**。例如最习见的“人”字，明明是名词。但如“人其人”（韩愈《原道》），则上人字作动词用；如“人参”“人鱼”……，则人字为静词；如“豕人立而啼”（《左传》），则又作副词用，以形容动词“立”字了。这些也得先告诉学生。

标点符号的用法，也得在第一学年开始时，预先加以说明指导，虽然他们在小学里已学过了[33]。标号的用法，可以确定这一个专名的性质。例如“孟子”，有时是指孟轲这个人，便应用“____”号；有时是指《孟子》七篇这部书，便应用“～～～”号了。如其地名用“____”以别于人名之“____”，则“河南项城”便是地名；称袁世凯为袁项城，便又是人名了。[1]点号用以表示文句的意思，有时一个“，”号的有无或移动，文句的意义便有变动。

33　标点符号是书面语言不可缺少的组成部分。这里的举例所依据的是1933年的标点符号用法。1996年，我国开始执行新的《标点符号用法》国家标准。

[1]　此处为蒋先生所处时代各种标号用法，与今已不同。编者注。

例如《论语》子曰“民可使由之，不可使知之”，便有两种点法：（一）“民可使由之；不可使知之。”（二）“民可，使由之；不可，使知之。”又如我们常听到的笑话：“落雨天留客，天留人不留。”若把点号移改，意思便不同了：“落雨天，留客天，留人不？留。”又如单用一个“来”字为一句，可以加三种不同的点号：（一）“来。”（二）“来！”（三）“来？”说话的意义神态便不同了。现在，无论是教科书或是教师选印的教材，都把文章标点好了，发给学生。这和母亲把饭嚼细了喂周岁以内的婴孩一样。在小学里，是应当这样的。在中学里，预先发给学生的选印的教材，我想，不如不加标点，让学生预习时自己先用铅笔去标点一过，讲读时再替他们校正[34]。这样[1]办法，不但学生于标点符号的使用，得实地练习的机会，并且可以促进他们对于预习的注意，可以训练他们阅读理解的能力。现在中学生的作文，竟有全篇都用“，”号，一直到底的，便是不曾好好地实地练习使用标点符号的缘故。

34 先用后校正是标点符号学习的重要方法。

检查以部首编查的字典、辞书，读反切注的音，辨四等呼、四声、清浊，注意破音读的字，酌定同字异义、同字异用的字在某句中的意义或用法，练习使用标点符号，都应当尽心教导学生[35]。这些，可以说是“预习的预习”。麻烦，的确麻烦极了；但都是教学国文的基础工夫，做教师的不得不耐着性子，先把这基础打好。至于**每一篇教材预习的项目**，如“题解”或“本事”，“文体”，“作者”的姓名、籍贯、事略、著作，以及本文中的“生字”、“难句”、“典实”、“人名”、“地名”、引用的文句的来历，本文的段落大意……都应当先教学生去查明札记的，中心教材和附属教材内容、作法、文体……的比较，也得教学生们于预习时先下一番工夫[36]。——总之，预习的工夫愈下得多，则课内讲习时愈能注意，得益也自然愈多了。

35 对“预习的预习”加以总结。

36 提示每一篇教材预习的基本内容。

[1] “这样办法”应为“这种办法”。原文如此。编者注。

第三章　教师的准备

《礼记·学记》说："学然后知不足，教然后知困。知不足，然后能自反也；知困，然后能自强也。故曰教学相长也。"[37]只有不学的人才自己满足；只有不曾施教过的人才以为教并不难。担任各种学科的教师，都应当努力进修，日知其所亡，月无忘其所能；否则，便要发生困难，不能胜任愉快了。物理、化学、数学、生物……固然时时有新发明；历史、地理[1]，也常常有新史实、新变化，尤其在这世界大扰乱的时代。至于国文新的方面，译作、创作，天天有新的出品；旧的方面，我国古籍更浩如烟海；我敢断言，没有一个国文教师敢自诩说，他的学问已经足够了。所以一面在不断地教，一面还得不断地学。能知困，能自强，方有进步，这就是"教学相长"了。

教学国文，在上课以前，不但学生需要预习，教师也需要准备。课前的准备也就是"学"啊！[38]可是有些国文教师自以为教师当得长久了，教来教去还不是这几篇老文章，何必在课前准备？课前的准备，只有初出

37 以"教学相长"揭示教师"学"的重要性。

38 教师的"学"集中体现在课前的准备方面。此书是作者基于二十多年的教学实践写成的，各种"准备"很有说服力。

[1] 此处蒋伯潜先生原著中为"历史地理"，标点有误，应为"历史、地理"。编者注。

茅庐的教师、能力过差的教师才需要；经验丰富、学力充足的教师，便不必在课前再准备了。我却认为真正热心负责的教师，必不以故步自封，必不断地在求进步；就是教材的选取和排列，也常在改进，不断地加入新材料（适于做教材的新作品，或新发现的旧作品），绝不会老是教这几篇文章的。**即使是以前教过的文章，一次一次地准备，也必有新的意思、新的教学方法发现，则“温故可以知新”，庶几能收所谓“教学相长”之效。**例如司马迁《报任安书》，我在旧制中学师范的最高年级里，新制中学的高中三年级里，不知讲过多少次了[39]。开头“太史公牛马走”六字，当初也不过如前人旧解，以为太史令位尊比三公，故称“公”（此《汉书》颜师古注引如淳说）；“牛马走”，犹云“下走”，是谦辞。后来又改从姚鼐说，以为太史公之“公”字当作“令”字，系《昭明文选》传本之误。及见李慈铭说：“太史公自是当时官府通称，固非官名，亦非尊称，如后之称太史氏，亦非有此官名。”因悟汉人称太史令为“太史公”，正如晋人称尚书令为“令君”（《晋书·荀勖传》称荀彧、荀攸为二令君），唐人称御史为“端公”（见《唐国史补》及《通典职官典》）之类。又见吴汝纶释“牛马走”云：“《越语》：‘句践身为夫差前马。’《淮南·道应训》：‘为吴兵先马走。’此‘牛马走’亦当为‘先马走’，‘牛’‘先’，形近而误。”认为远胜旧说。及阅孙志祖《文选考异》云：“子长自谓‘先马走’者，以史官中书令在导引之列耳。”乃知吴说系本之孙氏。《荀子·正论篇》：“诸侯持轮挟舆先马。”杨倞注云：“先马，导马也。”汉时东宫官属有“先马”，又名“太子洗马”，太子出则前驱；晋以后专掌东宫图籍。太史公入则掌国史，出则先马走，正与此相类。司马迁写给任安的回信，在自己名字上加“太史公牛马走”六字，正是用他自己的官衔。这原是前人已说过的，并不是我的创见，可是我一次一次地准备，方能把这六字的讲法逐渐修正。这是一个实例。又如“犹豫”二字，是习见常用的，不论在文言文、语体文中。我们试查《辞源》“犹豫”条下释云：“《尔雅》云：‘犹如麂，善登木。’此兽性多疑，常居山中，忽闻有声，即恐有人且来害之，每豫上树；久之，无人，然后敢下；须臾又上，如此非一；故不决者

39 通过现身说法言传身教是本书的重要特点，所举各种案例值得教师借鉴！这也是语文教师专业发展的重要途径。

称犹豫。《楚辞》：‘心犹豫而狐疑。’《颜氏家训》：‘人将犬行；犬好豫在人前，待人不得，又来迎候，故称犹豫。’”这两种解说，实在都是望文生训。《辞源》的解释，原是根据《汉书·高后纪》“计犹豫，未有所决”句下的颜师古注。王先谦补注引王念孙曰：“犹豫，双声字，犹《楚辞》之言‘夷犹’耳，非谓兽畏人而豫上树，亦非谓犬子豫在人前。师古之说，皆袭《颜氏家训》而误。按‘犹豫’亦作‘犹预’，《史记·鲁仲连传》：‘犹预未有所决。’亦作‘犹与’，《礼记·曲礼》：‘卜筮者，所以使民决嫌疑，定犹与也。’亦作‘夷犹’，《楚辞·九歌·湘君》：‘君不行兮夷犹。’亦作‘夷由’，《后汉书·马融传》：‘或夷由未殊。’其实，即‘游移’的一声之转。《迭雅》云：“犹犹、由由、与与、媱媱、嫛嫛、絮絮、游移也。”两个双声或叠韵的字可以联合成一个复词（旧称“连语[40]”），可以依声音衍变出许多音近而形异的样子来，并且可以变成叠字；这是古今文章中常有的现象。千万不可以泥于它的字面，作望文生训的解释。即以“犹豫”一例而论，《辞海》的注释就比《辞源》高明得多。如其我们懒得翻查，以为这两个字我已查过《辞源》，不必再枉费工夫去查《辞海》，便无从纠正以前的错误了。这也是一个实例。

我国的文人学者，异名很多[41]，不但有名、字、号、别号，以及死后的谥，还有时人尊敬他的称谓（如称张载为横渠先生之类），戏谑他的绰号（如称贺铸为贺鬼头、贺梅子之类）。而各种书籍文章中记载名人，往往喜举他们的异名，甚至以官名（如杜甫曾官工部检校员外郎，称之曰杜工部之类），地名（如称柳宗元为柳柳州，因为他曾官柳州刺史；称曾国藩为曾湘乡，因为他是湖南省湘乡县人）等称之。这很容易使初学者感到迷惘，发生误会。例如宋朝的朱子，名熹，字元晦，一字仲晦，号晦庵（朱子尝建草堂于建阳之云谷，榜曰晦庵），又号晦翁、遯[1]翁，别号云谷老人、沧洲病叟（朱子有沧洲精舍），人又称之为紫阳（居崇安时，尝榜

[1] 现为“遁”字。编者注。

40 指联绵字。清王念孙《读书杂志·汉书十六》一书中专辟《连语》：“凡连语之字，皆上下同义，不可分训。说者望文生义，往往穿凿而失其本指。”

41 古代文人有很多异名，是中国文化的特色之一。

其厅事曰紫阳书室），为考亭（地名，为朱子讲学之所），为文公（死后谥曰文），为信国公、徽国公（死后追封信国公，又改徽国）；一个人便有十多个异名。要学生把每个文人学者的异名都记住，原可不必；教师准备时，却不得不都知道。又如称韩愈为昌黎先生。昌黎，并不是他的号或别号，也不是他的里居；因为韩氏祖籍昌黎，为昌黎的望族，所以他的故乡虽在河阳（《祭十二郎文》有"从嫂归葬河阳""往河阳省坟墓"等语），往往自称"昌黎韩愈"。这原是唐人重视郡望的习尚。教师准备时，也不得不注意到，以备学生询问时说明。

42 古书之性质真伪等的辨别，教材编写者自当成为第一责任人，教师也不妨尝试为之。

现在中学国文教科书中，常节选古书，准备时不得不注意其性质真伪等[42]。例如《孟子》《鱼我所欲也章》《齐人章》[1]等，有几种教科书的注解里，说"孟轲所著《孟子》七篇是一部经书"，这原不能说他注错，因为《孟子》原题"孟轲著"，今本确系七篇，确列《十三经》中。但是《汉书·艺文志》明明在《诸子略》儒家中著录《孟子》十一篇。可见在刘歆、班固时，《孟子》原和《荀子》一样，同视为子书，同列于儒家，而且一共有十一篇。因为它的外书四篇（《性善》《辨文》《说孝经》《为政》），汉赵岐认为非《孟子》本真，没有替它们作注，所以现在只存内书七篇了。《孟子》之由子书升为经书，还是宋儒提倡之力，而其在经部地位之巩固，又在朱熹定《大学》、《中庸》（本为《小戴》《礼记》中之二篇）、《论语》、《孟子》为《四书》之后。至于《孟子》一书，是否孟轲亲手撰著，也还是个问题；因为《孟子》中记孟轲所见的国君，即死在他以后的鲁平公，亦举其谥，且记孟轲自己，概称"孟子"，似系出于他门人之手。不但《孟子》，如《列子》一书，更有为魏晋间人依托伪造的嫌疑（马师叙伦[43]有《列子伪书考》一文，言之甚详，见《先秦经籍考》中）。诸如此类，教师们在准备时，也应详细地查明，虽然对初中学生不必细述古书部居和真伪的考证。

43 马叙伦，现代学者、书法家、教育家，浙江余杭人，曾执教浙江第一师范大学、北京大学等。新中国成立后曾任教育部部长、高等教育部部长等职。

[1] 即分别为《孟子·告子篇·鱼我所欲也章》和《孟子·离娄篇·齐人章》。编者注。

文体也得注意，准备时不得不有进一步的考究[44]。例如“赠序”，姚鼐《古文辞类纂·序》溯其源于老子“君子赠人以言”的话，且举《礼记·檀弓》颜渊子路以言相赠处，《战国·魏策》梁王觞诸侯于范台，鲁君择言而进两事为例，并谓“唐初赠人始以序名”。乡先辈夏震武先生则又远溯之于《诗》之《燕燕》，庄姜送归妾之作。其实，赠人以言，是零零碎碎的一两句“话”，并不是赠人以整篇的“文”；《燕燕》，是送别的“诗”，不是赠人的“序”。而且唐以前，傅玄、潘尼等已有赠序，并非始于唐人。唐初赠别，本以诗歌，为赠别之诗歌作序，乃谓之“赠序”。这在韩愈的几篇赠序里还可以看得出痕迹来。如《送殷员外序》末云：“于是相属为诗以道其行。”《送石处士序》末云：“遂各为歌诗六韵，遣愈为之序。”可见赠序原与序跋同体。其无送别之诗而仅作一序的，只可谓为序跋之变体。所以曾国藩编《经史百家杂钞》，特地把“赠序”类删去，而在序跋类中选入了几篇赠序（韩愈《赠郑尚书序》《送李愿归盘谷序》《送王秀才埙序》，欧阳修《送徐无党南归序》。曾氏对于无诗的赠序，斥为“骈拇枝指”；对于赠序变相的寿序，斥为“天地间不当有此种文体”），以备一格。这确是文体论中一个重要的问题。诸如此类，做教师的准备时，也不得不注意及之。

又如题目字面的解释，也不可狃于某一家的注，而不加以查考[45]。例如《楚辞》第一篇屈原作的《离骚》，旧题《离骚经》。王逸《楚辞章句》释之云：“离，别也；骚，愁也；经，径也。言已放逐离别，中心愁思，犹依道径以讽谏君也。”我们细想想看，这还成什么话？洪兴祖《补注》以为谓之经者，“盖后世之士，祖述其词，尊而名之耳，非屈原意也”。一本《楚辞》，自《九歌》以下至《九思》，皆题“《离骚》传”三字，盖汉人仿六艺经传之例，尊《离骚》为“经”。洪说实较王解为优。王逸《楚辞章句·序》谓武帝使淮南王安作《离骚经章句》。“经”字疑即淮南王刘

44　虽然新课程淡化文体教学，但教师对文体特点的把握不能淡化。

45　对“题目字面的解释”的查考，是教师“学”的重要方面。一般应以学术界的共识为准，而不必求之过深过细。如有异见，当择其有重大价值者略作简单介绍，如《离骚》，有学者认为最古义可能是“太阳神鸟的悲歌”[1]或能引起学生的兴趣。

[1]　萧兵. 楚辞的文化破译：一个微宏观互渗的研究［M］. 武汉：湖北人民出版社，1991：185.

安所加。“离”字亦不当作“别”解。《史记·屈原传》云：“离骚者，犹离忧也。”旧解谓“离”当训“遭”。《汉书·扬雄传》云：“雄作书，往往摭《离骚》文而反之，曰《反离骚》。又旁《惜诵》以下至《怀沙》一卷，名曰《畔牢愁》。”王先谦《汉书补注》引宋祁云：“萧该曰：‘牢字旁着水。’《晋语》直作‘浶’，韦昭曰：‘浶，骚也。’”又引王念孙云：“牢当读为‘懰’。《广韵》‘懰，列也’。《广雅》：‘烈，忧也’。牢字古读若刘，故与懰通。牢、愁，古叠韵字。畔，反也。或言‘反离骚’，或言‘畔牢愁’，其义一而已矣。”今按“离”“牢”“列”“懰”，皆双声，一音之转，义均为愁，与“骚”之训“忧”正同。古云“离骚”，实即今语的“牢骚”。《文选旁证》引王应麟云：“《国语·楚语》：‘伍举曰：德义不行，则近者骚离而远者距违。’伍举所言‘骚离’，屈平所谓‘离骚’，皆楚言也。”《论语》记孔子答叶公问政曰：“近者悦，远者来。”“骚离”，正“悦”之反；“距违”，正“来”之反。“离”与“骚”二字同义，故或云“离骚”，或倒言“骚离”，均可。若训“离”为“遭”，为“别”，皆不得其解。——《离骚》为千古至文，为研究我国古代文学者所不可不读；可是用作中学国文教材，即在高中三年级亦嫌程度过高。我不过借此举一个例，说明题目字面的解释，亦不可忽视而已。至于古书的篇题，往往有无义的；如《诗经》的《关雎》，即取首句“关关雎鸠”的二字为题；《孟子》的《梁惠王》，即取首章首句“孟子见梁惠王”的三字为题；这些诗文，本来是无题的（唐李商隐集中无题诗还是很多），后来编辑者即取首句数字以为题。但也有有义的，如《庄子》的《逍遥游》，《墨子》的《兼爱》，《荀子》的《性恶》等。这也是教师们不可不注意的。

又如**古书中所谓“虚字”**[46]（副词、连词、介词、助词之类），**往往以“声近义通”的原则通借**。例如《孟子》“文王视民如伤，望道而未之见也”的“而”字，借作“如”，与上句“如”字对举；《公羊传》“吾今取此然后而归尔”的“而”字，借作“乃”。此类之例，举不胜举。其实，这些字，本来只是借用它们的音，和它们的本义是没有关系的。如其拘于本义，则“然而”是“烧胡子”了！（“然”字的本义是燃烧，《孟子》

46 古书中所谓“虚字”的通假，一般教师知其结论即可。感兴趣或有余力者，亦可尝试通其缘由。

"若火之始然"，还是用它的本义；"而"字的本义是胡子，《周礼》《考工记》[1]"作其鳞之而"，还是用它的本义。）

总之，教师在课内讲习以前，应当极仔细地准备一番[47]。假定准备了十分，讲给学生听的，却只要十分之六七。准备的时候，如果能写成一种笔记，我以为比编教案好得多[48]。《战国策》"触龙说赵太后"一节，现在的初中教科书选录者颇多，就拿它当作一篇教材，举讲授笔记的实例如下：

47 现在的网络资源非常丰富，既是好事也是坏事。语文教师最好先自己钻研，通过"知困"以"自强"。

48 好建议，或可一试。目前的教案，很多都是由"抄"或"复制"而成的。这种形式主义的做法，应尽力避免。

【讲授笔记举例】

《战国策·触龙说赵太后》

题　解

《战国策》——此书记载战国时纵横说士之言行及诸国之事迹，上继《春秋》，下至楚汉之起，分东周、西周、秦、齐、燕、楚、赵、魏、韩、宋、卫、中山十二国编辑，凡三十三篇；为汉刘向所辑。向有《战国策·目录序》，尚存。汉魏以后，又有散佚，故宋《崇文总目》仅有十一篇。曾巩重加校定，复完三十三篇之旧，即今存之本。曾巩亦有《战国策序》一篇。按刘向序云："中书本号，或曰《国策》，或曰《国事》，或曰《短长》，或曰《事语》，或曰《长书》，或曰《修书》。臣向以为战国时游士辅所用之国，为之策谋，宜为《战国策》。"可见书名也是刘向定的。一说，"策"本与"册"通，《战国策》就是记战国时事的书册。此书记纵横家言，及战国时之史实，故或目为子书，或归入史部。《汉书·艺文志》与《史记》同附录于《六艺略·春秋》类后，《四库全书》亦入史部杂史类；宋晁公武《郡斋读书志》，元马端临《文献通考》，入子部纵横家。而其辞令之巧妙，文笔之奇肆，尤脍炙人口。汉之贾谊、宋之苏洵父子、明之唐顺之、清之魏源等皆学之。

触龙说赵太后——"触龙"，本作"触詟"。詟音折。吴师道云：

[1] 即《周礼·冬官考工记篇》。编者注。

“《史》作‘龙’。按《说苑》，鲁哀公问孔子：‘夏桀之臣有左师触龙者，谄谀不止。’人名或有同者。此当从‘詟’以别之。”黄丕烈云：“吴说非也，当作‘龙’。《古今人表》中下云‘左师触龙’，即此。‘言’字本属下‘愿见’说；误合二字为一。《史记》云：‘触龙言愿见’，不误。”今从黄校改。赵太后，即赵威后，惠文王之后，孝成王之母。“说”，音税，去声，以言语喻人使从己，曰说。孝成王元年，太后听政，秦攻赵。触龙说太后，使长安君为质于齐；齐乃出兵救赵。《战国策》本书原无此题，是选取这一节文章的人所加。

注　释

长安君——惠文后少子之封号，名不详，封于饶。

质——音贽。人或物，置以为信者，曰“质”，去声。

左师——官名。

揖——《史记·赵世家》作“胥”。胥通须，待也。胥，隶讹作“咠”，后因加手为“揖”。

入而徐趋——一本无“而”字。

玉体之有所郄——“玉体”，尊称太后之身体。“郄”，同隙。讳言病，故云“玉体有所郄”。

鬻——古“粥”字。

耆——同“嗜”。

老臣贱息舒祺最少——息，子女也。自称，故谦言“贱息”。少，幼也，去声。

黑衣——黑衣，卫士之戎服。此即以“黑衣”指卫士。

王官——当从《史记》作“王宫”。

没死——《史记》作“昧死”，犹云“冒死”。没、昧、冒，双声。

填沟壑——自谓死曰“填沟壑”，谦辞。

媪之爱燕后贤于长安君——媪，音袄，老妇之称。吴师道云：“‘媪’，一本作‘太后’。太后称媪，非也。《春秋后语》并作‘太后’。”黄丕烈云：“吴说非也。《史记》并作‘媪’。考《高祖纪》云：‘母曰刘媪。'《汉书》孟康注引此，又云：'《礼乐志》，地神曰媪。媪，母别名也。'最为得之。小司马（贞）云：'近有人云母温氏。'此不达媪字义耳。其所云班固《泗水亭长古碑》必出赝造。不然，固既云尔，何其撰《汉书》乃仍云媪也？"黄说甚是。燕后，惠文后之女。此句"贤于"下省一"爱"字，故语意不甚明白。

为之泣念悲其远也——一本作"而泣之甚悲，念其远也"。

今三世以……其继有在者乎——"赵之为赵"，指赵肃侯与韩魏二家三分晋国。"赵之为赵"，言赵氏之成为赵国，所谓"化家为国"也。"主"，一作"王"。赵既僭号称王，故支子皆封侯。"其继"，犹言其后嗣。

奉——同"俸"。

重器——谓金玉贵重之器。

山陵崩——指太后死，讳言之。

乘——车数，去声。

子义——赵之贤士。

段落大意

（一）"赵太后新用事……老妇必唾其面"——先叙本事，为全篇之案。从太后拒谏说起，反振下文。

（二）左师触龙……太后之色少解——叙触龙入见，先与太后寒暄，以纾其盛气。

（三）左师公曰……齐兵乃出——此段方是触龙说赵太后的正文。先借介绍其子入说，卒使太后心折。

（四）子义闻之……而况人臣乎——此段述时人评语，是本篇的余波。

第四章　课内讲习

一篇教材，学生已预习过了，教师已准备好了，方可以在教室里讲习。这是课内讲读的中心，大致有四个步骤[49]：

（一）**预习的检查**——人是有惰性的。教师叫学生们去预习，而不加以检查，学生们的惰性，便会随着教师的放任而滋长起来。每一篇教材开始讲习以前，可先指定几个学生，把他们预习时所查得的“题解”“作者事略”以及文中的“生字”“难句”“人名”“地名”“书名”“典实”“成语”“引用语”……写在黑板上。教师逐条审阅，错误的，给他们更正；繁冗的，替他们删削；缺少的，为他们补充；不懂的，向他们解释[50]。学生在写黑板时，教师可趁这时候，巡视全教室，注意其余的学生，有没有认真预习？——本文已加标点否？应查的几项已查出否？——对于懒惰的学生，尤应注意督促。

（二）**试讲与范讲**——把本文分段，指定学生，令其试讲。（如所教的是师范生，可令学生上讲台试讲。）每段讲毕，应先问其余的学生，有没有讲错的？应当如何改正？学生没有人能改正，教师方自己加以改正，并说明其所以然。全篇试讲完毕，教师再范讲一次[51]。如所讲教材不是相当艰深的，便不必再逐句细讲，免致多费时间。总之，范讲时须注意试讲

49　承上启下，领起课内讲习四步骤。

50　预习检查，不仅是督促学习任务的完成，更重要的是知道哪些是学生不懂的，哪些是学生尚存在错误的等学生学习的相关信息，并据此作出下一步的教学决策。

51　让学生先学，让学生先讲，讲错的让其他学生进行更正，学生不会的教师再加以点拨——以学生为中心，先学后教，教学生不懂的，教学生自己学不会的。

的补正与发挥。

52 读，朗读，是语文最重要的基本功，不能因中考、高考不考而轻视、疏忽。

（三）**试读与范读**[52]——先指定学生试读（篇幅长的教材，可分段试读），语体文，最好能用国语的音调读；文言文，须读出它抑扬顿挫的声调来；至于诗歌之类，平仄与叶韵处，也得注意。不但调子、字音，尤其是破音字，都当注意。试读既毕，教师得范读一遍。

53 每一步都强调学生先学，为学生创造充分的机会。

（四）**讨论**——讲读既毕，便当进一步提出讨论。讨论的项目，第一是“段落”和“大意”。先指定一学生把本文的分段，和全篇大意、每段大意，用最简单的话写在黑板上，然后教师与其余的学生共同订正。第二是“内容的推阐”。也得先令学生提出意见，然后由教师加以发挥。第三是“本文的批评或比较”[53]。就立意、作法……加以批评，并和所选的副教材比较研究。这也得让学生有尽量提供意见的机会。

54 讲习有法，无定法，全依讲习对象调整。

以上所说，不过是一个轮廓；哪一项须详，哪一项可略，以及它们的先后次序，都得视教材的性质和学生的情形而定，这就是所谓“运用之妙，在乎一心”了[54]。讲习事项，不外“题解”“作者”“本文”，兹举其注意之点如下：

55 关于“篇题”讲习的三点提示，于今仍有参考价值。尤其关于“题目”的两条，需引起教材编写者的注意——尽可能给教师提供必要的知识。

（甲）**讲“篇题”[55]时，第一得注意这篇的题目，是作者自己标的，还是后人所加？是有义的，还是无义的？**例如前面所举的《战国策·触龙说赵太后》。《战国策》本书并不是每篇都标着一个题目的。我们既把它选作教材，当作一篇文章，便不得不酌量着加上这个标题了。可是这个题目，仍是有义的；看了它，便可知道这篇文章是记触龙游说赵太后的事的。又如《孟子·齐人章》。《孟子》本书并不是有题目标着的，七篇的篇题如《梁惠王》《公孙丑》……也是编辑此书时所加的，仅取此篇首章首句的几字为题，是无义的；《齐人章》，是《孟子·离娄》下篇的一章，这题目，也是无义的，也是选此章时，取其首句的两字为题的。但是无义之题，也有由作者自己标的，如李商隐七绝《为有》，即取此诗首句“为有云屏无限娇”的首二字为题；《瑶池》，即取此诗首句“瑶池阿母绮窗开”的首二字为题。这类无义之题，实际上和他集中以“无题”二字为题的诗一样（李氏集中无题诗极多，如“来是空言去绝踪”；“相见时难别亦难”……皆云“无题”）。原来古人创作，本是先有诗文，后加题目的居多；这和我们先命题、后写作的习作，是不同的。

第二，当注意题目的解释和本篇的本事或考证[56]。前面已借《离骚》举过例了；如要讲《离骚》，便得先把这题目解释清楚。又如《触龙说赵太后》一题，触龙、赵太后是谁？“说”字如何讲？也要先加解释。屈原为什么要作《离骚》？触龙为什么要去说赵太后？便是这两篇的本事了。更进一步说，这两篇是从《楚辞》《战国策》二书上选来的；《楚辞》和《战国策》是怎样两部书，也得说个明白，这也是“题解”中应有的事情。如其讲的是一首词，则词调名也当加以解释或考证。例如讲李白“平林漠漠烟如织”那首《菩萨蛮》，便应把《菩萨蛮》这调名先解释明白。据《杜阳杂编》《唐音癸签》《南部新书》诸书所记，唐宣宗大中初，女蛮国入贡，其人危髻金冠，缨络披体，故谓之“菩萨蛮”。当时倡优遂歌《菩萨蛮曲》，文人亦往往效其词。《北梦琐言》亦有宣宗爱唱《菩萨蛮》词，丞相令狐绹假温庭筠所作密进之的记载。杨慎改“蛮”字为“鬘”，“菩萨鬘”似即指女蛮国人头上的高髻，像头上戴着一尊佛像；或谓唐人俗语称美女为“菩萨”，则“菩萨蛮”意即“女蛮”。可是，“女儿国”毕竟是小说家虚构的；女蛮国不过是一国名，绝不会国人全是女性的。我们至多只能说“菩萨蛮”是当时称女蛮的别名，和从前称西洋人为“红毛人”一样。唐时从国外传入的音乐曲调很多，也许这《菩萨蛮》调是从女蛮国传入的吧！这调，无论是从女蛮国传入的，还是自己创制的，其起于宣宗时女蛮国人入贡以后，殆无可疑。李白是玄宗时候的人，何得在百余年前（自玄宗末年至宣宗元年已九十二年），预作此调？据《湘山野录》所载，乃知此词系魏泰录自鼎州沧水驿楼之壁间，后在长沙见《太白集》，始知为李白所作。但是《太白集》中，本不录此词；魏泰又是个喜欢说谎作假的人。这首词的作法意境虽然很好，万树《词律》认为千古词祖，我终疑心它不是李白的作品。至于此调又有《重叠金》（因温庭筠词有“小山重叠金明灭”句）、《花间意》、《梅花句》、《花溪碧》、《晚云烘日》（因韩淲词有“新声休写花间意”；“风前觅得梅花句”；“山城望断

56 题目一般体现文章的中心或主旨，教师不可不深究。

花溪碧”；“晚云烘日南枝北”等句）等别名。教师准备时虽然不得不查个明白，但不必都告诉学生，叫他们强记，致徒耗脑力。

57 不同的文章均具有“能载”性，实用文强调所载的正理、实事、真情，文艺文强调所载的巧妙。体裁具有时代性，新课程对实用文体、文学作品的分类与当时不尽相同。

第三，当注意本篇的体裁。[57]上文已经说到过，普通的文章只能说是“杂文学”；辞赋、诗歌、小说、戏剧，方可说是“纯文学”。杂文学——文章——是一种实用的器具，其价值不但在“能载”，而且“所载”者须确是正理、实事、真情。纯文学——文艺——是一种艺术作品，其价值不但在“能载”，而且在载得巧。至于所载的，虽然也须合乎情理，但事与人却不妨出以虚构；即使实有其事其人的，也贵有剪裁、穿插、渲染、寄托。所以无中生有，即小见大，言近旨远，借物明志，便是写作文艺的要件。文章和文艺的不同，即此可见。至于近人所分议论、说明、记叙、描写、抒情五类，是就作法分的，其中“说明”和“议论”是发表意见时有主观和客观、主张和述说的态度之异；“记叙”和“描写”是记载人事景物时有略记概况和详加刻画之分；所以这四类也可归纳为二类，和所谓“抒情”平列为三种。教学时，不但当说明这篇教材的作法，和他篇不同。至于骈散、文语、有韵无韵的分别，虽也在应当说明之列，却不难一望而知了。以应用方面篇题方式为标准所分之类，较为复杂。兹因姚、曾二氏所分较为简明，较适用于中学阶段的教学，故就二氏所分之类，参以鄙见，列成一表如下：

每篇教材，当说明它属于哪一类，用的是什么作法；每学期或每学年，把属于同一体类、同一作法的教材，作一个比较的综合的提示。高中程度较高，尤当说明这一种文体的特点和来历。

58 “知人论世”是语文解读的重要方法。关于“作者”讲习的三点提示，虽在实际教学中无需面面俱到，但应纳入“准备”的视野。

（乙）讲作者时[58]，第一，当注意异名。最好能把名、字、号、别号、谥的分别，先讲给学生听；而且习惯上，除尊长对卑幼（如父母对子女，教师对学生）得直呼其名外，一般朋友互相称呼时（不论当面或通信）只能用他的字，不能举他的名，也得告诉学生，令其留意。为什么有此异名，如学生程度较高的，也可以讲给他们听听。例如称顾炎武为“亭林”先生，亭林并不是他的字、号、别号，也不是他生长的里居，而是他读书的地方。顾炎武是昆山人，尝在松江东南的亭林镇读书。那地方有一高阜，顾野

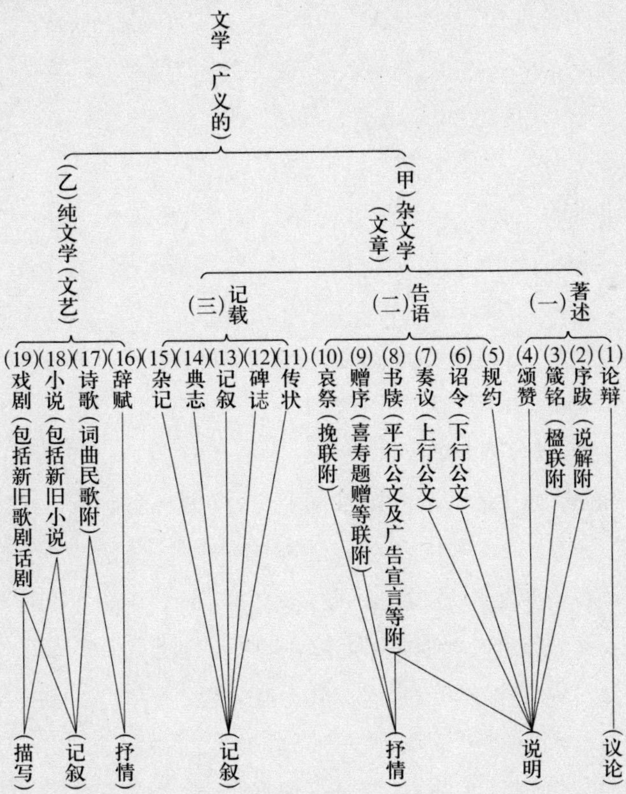

王[1]曾居此，故名顾野王读书堆。镇北有湖，湖南有林，谓之顾林。林旁有亭，谓之顾林亭（苏轼有《顾林亭诗》，亭今为宝云寺）。这镇便因亭和林得名，叫做亭林镇；顾炎武又因此镇，得了“亭林”先生的称号。又如死后的谥，除做了大官，立了大功，或死于国事，由皇帝赐谥的之外，还有所谓“私谥”。这是由乡里亲朋及门下弟子公定的，如陈寔之谥“文范”，法真之谥“元德”，汉代已开此例了。遇到作者有私谥的，得特加说明。

第二，当注意作者的籍贯。有名的人物，往往大家都喜欢把他认为同乡。例如李白的籍贯便有三说：《旧唐书》本传称他为山东人，《新唐

[1] 即顾炎武。编者注。

批 注

书》本传称他为陇西成纪人。其实李氏为陇西成纪的望族；唐人喜举郡望，所以《李白集》魏颢的序有“白本陇西”之语。可是下文便接着说“因家于绵，身既生蜀”云云，可见陇西成纪，至多只能说是他的祖籍了。至于山东，则为其流寓之所。李白有“我家寄东鲁”一句诗，可见山东不是他的故乡了。李白是蜀之昌明人，生于青莲乡，故有“青莲居士”的别号。又如司马迁，旧作左冯翊阳夏人。阳夏，秦县，即今河南省的太康县，在西汉不属于左冯翊。阳夏当作夏阳。夏阳亦秦县，故城在今陕西省韩城县西，正是西汉左冯翊的辖境，而且韩城县南二十里高门原（俗名马门原）还有司马迁墓。至于龙门，则在今山西省河津县西，虽是司马迁诞生之地，却不是他的故乡。

59 语文素养的重要体现。

第三，当注意作者在当时文坛上或文学史上的地位[59]。现代作家，如鲁迅、志摩，不但在目前文坛上有他们的地位，就是将来在文学史上也有他们相当的地位的。鲁迅的散文，志摩的诗，确能为新文学开出一条路来。又如韩愈，与其推崇他尊儒辟佛的卫道之功，不如推崇他提倡古文、反对骈文的文学革命之功。因为他那篇脍炙人口的《原道》，实在只有“博爱之谓仁，行而宜之之谓义，由是而之焉之谓道，足乎已无待于外之谓德”四句还算切题，下文发了许多反对佛老的议论，不但于“原道”无关，即以辟佛老而论，也都是隔靴搔痒之谈，武断意气之论。因为他对于孔孟佛老之学，都没有真实的心得，无论推崇、排斥，皆难鞭辟入里。可是他生当承六朝之后骈俪盛行的唐代，独能提倡散文，使唐以后盛行近于语言自然的古文，在文学史上确有他相当的地位。所以我始终认韩愈为文人，而非学者（文人、诗人，唐代最多，学者则绝无仅有。读章炳麟《检论》《案唐》，可以见唐代的学风）。如其在初中高年级选他的作品为教材时，这一点应加以说明。

60 关于“文本”讲习的九点提示，无一不充分体现“语文性”。落实好这九个方面，对落实语文讲习教学具有重要意义。

（丙）**讲本文时，第一，当注意单字的音义**[60]。形声字，表声的部分，或者和本字的音完全相同（如淋、霖，皆音林），或者和本字的音大同小异（如从昜声之字，有汤，有肠，有饧；从易声之字，有剔，有锡，有赐），或者和本字的音虽有密切关系，读起来却又似乎大不相同（如从肃声之萧、箫，与肃为双声；从台声之怡冶，则与台之音贻为双声；从寺声之待、特，则寺由ㄕ之浊音变为ㄉ声），已不能一律读它所从之声了。何况会意字和合体的象形指事字呢？（会意字如信武，合体象形字如果衰。）又如纶字，本是从系仑声的形声字，所以读音和伦轮等同。可是诸葛亮的“纶巾”，却又音“关”了（纶字何以会音关呢？《正字通》云：“纶巾，俗作緸。”杨升庵云：“緸巾，世误作纶。”二说相反，当从杨说。因为纶从仑声，仑从亼册会意；緸字的“册”上加了个亼字，便成纶字了。从册声之珊、姗、跚、删等字，皆与“关”同属删韵，所以緸字读作关）。一不小心，便易读错。还有许多古代译音的地名、人名，如龟兹之龟音鸠，金日磾之日磾二字音密谛之类，更应加以注意。余如上文说过的清浊、四声、四等呼及破音等，当然须辨得正确；而且最好能读标准国音。至于字义，对于上文提及过的同字异义、同字异用、虚字通借等，固然应当提示，而似同实异的字，尤当加以说明。如“听”和“闻”，“看”和“见”“观”“察”，“凉”和“冷”，“暖”和“热”，以及作助词用的“吗”和“呢”，“欤”“乎”和“耶”“哉”，作副词用的“固然”和“果然”，“怎样”和“这样”，作连词用的“然而”“然则”和“然后”推而至于“的”“底”“地”三字，都应当把它们意义用法的不同，仔细比较解释，使学生明白。

第二，注意复词，汉字是单音字；汉语、汉文却不是单音语。因为汉字虽然是一字一音的，汉语汉文中用作单位的“词”，却有一字表一义的“单词”，也有组合二字以上以表一义的“复词”[61]。**复词有以字义关系组成的**。如“社会”“法律”，则以平列的、同义的同类字组成；“来往”“利害”，则以平列的、相对的同类字组成；如“草帽”“月饼”“电扇”，则虽以同类字组成，却不是平列的了；如“车站”“新闻”“手套”，则不但二字不平列，而且不是同类的了；还有“花红”“月白”之类，二字组合之后，又有别的意义了。此外，三字组成的，如“教学法”；四字组成的，如“中华民国”：也都是以字义关系组合的。**又有以字音关系组成的**。如“丁东”“蟋蟀”，是以双声字组合的；“徘徊”“螳螂”，是以

61 字词教学不能完全推给小学，中学也应十分重视。词语教学重于汉字教学。

叠韵字组合的；如“萧萧”“饽饽”，是以叠字组合的；如“帽子”“筷儿”“勃然”“堂堂乎”“活泼泼地”，是另加语尾的；如“冒顿”、“密司脱”（mister）、“德谟克拉西”（Democracy），是译音的：都是以声音关系组成的复词。遇到这些复词，都应加以提示。

第三，注意虚数。汪中《释三九》说“三”“九”二字往往作虚数用，不过表示“多”的意思，如“三折肱为良医”“若九牛亡一毛”之类。其实不但“三”“九”二字，如“十目所视、十手所指”“百战百胜”“千门万户”“子孙千亿”之类，何尝不是虚数？“四分五裂”“七零八落”“五花八门”之类，何尝不是虚数？孔子弟子三千，孟尝君食客三千，“三千”又何尝不是虚数？逢到虚数，便不能当它实数看，拘执以求其解了。

第四，注意虚字的变化。如文言文中，常用“夫”字（音扶）作句末表商度的助词。（如《孟子·告子》：“率天下之人而祸仁义者，必子之言夫！”）古无轻唇音，“夫”当读如“婆”或“波”，故后来又变作“啵”（《西厢记》中常用之），作“罢”，现在的语体文中，又特造一字作“吧”。古人又常用“无”字作句末表疑问的助词。（如白居易诗：“晚来天欲雪，能饮一杯无。”）古无轻唇音，“无”本读如“么”（和尚念“南无阿弥陀佛”，尚读古音），故又作“么”，现在又特造一“吗”字。这是因古今音异而变的。又如“什么”之“么”，本有“ㄇㄛ”“ㄇㄚ”二音：由前一种读法，“什么”二字的切音便成“ㄕㄛ”；由后一种读法，“什么”便切成“ㄕㄚ”。我们都用一“啥”字，绍兴话就说作“ㄕㄛ”，杭州话就说作“ㄕㄚ”。至于萧山话的“ㄏㄛ东西”，嘉善话的“ㄏㄚ物事”，台州话的“ㄍㄚ姆”，则都由“何”字之音变化而来。这又是因方音之异而变的。由此我们可以推想，许多虚字的变化，是声音改变的缘故。例如《尚书》里用的叹词，如“都”“俞”“吁”等，都是合口音、撮口音；后来变成“呜呼”“噫嘻”等，则为合口音、齐齿音了；现在又变成“啊”“唉”“呀”等，则由合口而开口了。文言文中用“之”“者”等字，语体文中用“底”“的”等字，也因古音“之”“者”本读舌头音，属于“ㄉ”母，和“底”“的”原属一类，后来“之”“者”的声渐渐变了，所以改用“底”“的”以求合于口头之音。就声音的变化以说明助词、介词变易之故，可以说“思过半矣”。

第五，注意文法，注意文言语体用词造句之不同。这一点在初中阶段更是重要，因为语言和文字，语体文和文言文的沟通，关键全在乎此。例如文言文用“之”字的地方，语体文用“的”字；文言文用“矣”字的地方，语体文用“了”字；文言文用“欤”“乎”“哉”等字的地方，语体文用“呢”字、“吗”字；文言文仅用一“道”字，语体文却有“道路”“道德”“道理”等分别，而且由单词变成了复词；文言文用“然”（如“飘飘然”）、“乎”（如“堂堂乎”）、“如”（如“恂恂如”）等为语尾，语体文用“的”字、“地”字；文言文中的“也”字是句末助词，或用于名词下表说话的声气的（“也”字用于句末，表肯定的意思居多，而且用了“也”字，往往可把同动词“是”字省去，例如“孔子，圣人也”；但有时也可作疑问助词，如“何也？”又如《论语》中的“回也”；“赐也”；“斯人也，而有斯疾也”之类，则以表声气），语体文却当作“亦”字用。这些，还不过是用词的不同。句子的组织，异点更多了。例如商务印书馆民国初年编印的《共和国小学国文教科书》第一册里有“桥上行人，桥下行船”二句；若改作语体文，应当说“桥上是人走的，桥下是船走的”，或“桥上是走人的，桥下是撑船的”了。语体文和文言文用词造句之异，是一言难尽的。总之，讲习时，当注意它们文法上的比较，使学生得到一种明确的观念。

第六，注意修辞的技巧。文言文须讲究修辞，语体文也得讲究修辞。讲究文法，是通不通的问题；讲究修辞，则更进一步，是好不好的问题了[62]。例如贾岛做了一句“僧推月下门”，又想改“推”字为“敲”字，不能决定；韩愈替他决定，改用“敲”字。用“推”字也未尝不通，不过改用“敲”字，不但绘形绘声，意义比推字好得多，声音也响亮得多了。又如欧阳修的《书锦堂记》，做好之后，已送去了，又着快马追回，在首二句上各加一“而”字，改成“仕宦而至将相，富贵而归故乡”。不加

62 经典！

这两个“而”字，也未尝不通，不过声调上却生硬得多了。杜甫说：“新诗改罢自长吟。”白居易说：“旧句时时改。”袁枚也说：“一诗千改始心安。”可见古人修辞，字斟句酌，煞费苦心了。所用的修辞方法，无论是消极的、积极的，是属于哪一种辞格的，都当注意及之。

63 “注意全篇的结构作法和作风”，其中“气象”“旨趣”“色味”“声调”“态度”等，久被忽视，实则为阅读的关键，轻视不得！

第七，注意全篇的结构作法和作风[63]。划分段落，提示每段大意，学生预习时已尝试过了。可是就全篇的主旨、脉络、层次来看，各段的意思，何者是正，何者是反；何者是旁敲侧击，何者是陪衬烘托；何者是引证，何者是取譬，何者是断定；何者是题前的文章，何者是题后的余波；以及或分，或合；或承，或转；或顺叙，或补述；种种插穿裁剪，错综变化，都和结构有关。至于作法，则议论、说明、记叙、描写和抒情，各有各的作法，每一类中，其作法也各不相同（如记叙有记动态、静态之别，抒情有奔进、回荡、含蓄、淡描之别）。而且文章的气象有刚有柔；旨趣有隐有显；词句有繁有简，有整齐、有错落；色味有浓淡，有甜、苦、酸、辣；声调有高低、缓急；态度有严肃与轻松，有现实与超脱；因此，它们的风格便不同了。从前讲风格的，往往讲得太抽象，太玄妙，初学者不易领悟；我们必须用具体的、浅易的说法，把它们曲曲地譬解，使中学生也能了然于胸中。

第八，方注意到本文引用的语句典实及其内容。文中引用的语句，无论是直接引用，还是间接引用，还是当作成语来活用，都应当把它们的意义出处，一一说明。所有典实，不但须说明其意义来历，而且须说明其用法之巧拙，并诫学生滥用，致犯堆砌不切之病。至于内容，不但须点明本文主旨所在，而且须加以推阐。例如顾炎武《与友人论学书》[64]（现在初中国文教科书选此篇者颇多，其实，此文篇幅虽短，程度却高），主旨在“行已有耻”“博学于文”。他以此二者为论学主旨，完全是为了反对明代王（守仁）学之弊。孔子论“学”，本是“学”与“思”并重的，而且最重的是“行”。所以孔门中所谓“好学”，往往指实践而言。且《论语》云：“学而不思则罔；思而不学则殆。”《中庸》所说的“博学”“审问”，是“学”的工夫；“慎思”“明辨”，是“思”的工夫；“笃行”便是“行”

64 所举顾炎武《与友人论学书》一例，数百字的论述，相当于一篇简明扼要的古代学术思想史。作者的学养由此可见一斑。

的工夫。因为“学”和“思”虽都是“知”之事，“学”则重在书本的研究，“思”则重在内心的省察；“学”是“多学而识之”，“思”是“一以贯之”。孔子门下，曾子闻一贯之旨，传之子思、孟子，是为“传道之儒”；子夏得六经之传，传之荀子（汉儒《六经》之传，多自荀子，见汪中《述学荀子通论》），是为传经之儒。秦汉以后，儒家笼罩我国的学术已二千余年，终不能出此二派之范围。传经之儒，衍为“汉学”（即经学）；传道之儒，衍为“宋学”（即理学）。汉学有“今文”“古文”二派：“古文”派全为客观的、书本的研究，长于训诂考据；“今文”派却带有主观的、理想的色彩，长于大义微言。宋学有“程朱”“陆王”二派：“程朱”派尚带有客观的色彩，兼致力于书本的研究（朱子注释的书便不少），而又能注意于“笃行”；“陆王”派则偏重于主观了，他们高谈心性，以为“何必读书，然后为学”；他们注重“顿悟”，以为“放下屠刀，可以立地成佛”；所以末流之弊，是空疏，是妄诞，是大言不惭，不但“思而不学”，而且“言不顾行”。所以顾炎武提倡“博学于文”“行己有耻”，对明末颓废的学风，下此对症之药。经学和“程朱”派理学之所以勃兴于清世，便是顾先生提倡之力啊！——这是就内容推阐的一个实例。每篇文章的内容，必有可加以推阐的。即使是抒写情感、记叙事物的诗文，也有可加以推阐的地方。推阐得越透，学生所得之益越多。知识的获得，思辨力的培养和训练，道德修养的指导，都可在这里收到效果。

第九，便须注意到读法了。诗歌的音节，文言文的声调，语体文的语气，都当于读法中得之。读法有朗读，默读二种。其实，默读仍是阅看。我们既主张“讲”“读”并重，便当提倡朗读。朗读，又有“高声朗诵”和“密咏恬吟”[65]二法，须视教材的性质而异。喷薄而出之的、气盛言宜的古诗散文，宜于高声朗诵；吞吐而出之的、摇曳生姿的、幽咽委婉的诗文，宜于密咏恬吟。前者，非朗诵不能悟其气势之磅礴；后者，非吟咏不能赏其情韵之不匮。虽然读文言诗文，各地方有各地方的调子，各人有各人的调子；而抑扬顿挫，却有其共通之点。至于语体文，便应采用标准国语的声调了。

65 “高声朗诵”和“密咏恬吟”二法，后者几已不传，应当及时“抢救”。

66 “完全记诵”的讲读文章，当是语文教学中的“定篇”。

课内讲习时，所当注意者不仅此，但大致已如上述。总之，不但要使学生有活动发表的机会，教师的指导、补充、推阐也不可忽略。讲读一篇文章，要使学生能完全了解，完全记诵，完全消化；否则，仍是无益的[66]。

第五章　课后的督促和考查

现在一般中学里，有一种通病[67]，所谓课内讲读，只有教师在教室里讲，并没有顾到学生的活动发表，也没有兼顾到“读”。学生们在教室里听讲，能和在茶店里听说书那么起劲，已是很难得了；实际上，在做别的功课者有之，在看小说者有之，在打瞌睡者有之，在胡思乱想者有之。退课了，便把教本丢开，不再去看它读它，等考试时再来抱佛脚吧！教师们也以为讲授既毕，责任已尽；还有什么课后的督促和考查呢？这却是国文程度低落的一大原因。我以为课后有三项工作，是万不可少的。

（甲）抽阅笔记[68]。——学生预习时有笔记，讲习时须就所记录的各项（关于题目的，如“题解”“本事”“文体”；关于作者的，如“姓名”“籍贯”“事略”“著作”；关于本文的，如“生字”的音义，“难句”的文法，引用的“成语”“典实”“人名”“地名”，“段落”的划分及大意……），加以改正或补充；同学们有所讨论批评，教师有所推阐发挥，也得随时记录下来，于课后加以整理。这在学生，一面可以助记忆之不及；一面可以学习听讲时的记录；一面也可以训练文字的运用。最好，把在教室里用的笔记簿作为稿本，课后加以整理，再清清爽爽地另誊一本。教师于每一篇教材讲完后抽阅，加以复核，为之改正。现在的中学里，每

67　剖析语文教学效率低下的缘由，进而依据自身的教学经验，从课后的督促与考查的角度提出三项“万不可少”的工作。当今的语文教学，是否注意到这三个方面呢？

68　抽阅笔记是检测、诊断教学的重要方式，不能流于形式。

班学生至少有四五十人，如要把学生的笔记一一核改，时间精力，俱感不敷；勉强为之，必致敷衍草率。不如每次抽阅若干，一学期中每人能轮到二三次，已是够了。没有被抽阅的，可以借了改过的簿子，自己去校对；下次抽着时，只须翻查以前的笔记有没有照改就得了。抽阅笔记，一则可以考查他们听讲时能否留心，能否记录；二则可以考查他们课后是否加以整理；三则可以订正他们的错误，不致因此闹出笑话来。从前，我在某中学里教国文，选了一篇韩愈的文章。讲起韩愈字"退之"的时候，学生不懂名和字的分别，我就举了许多实例给他们，其中有一个例是我自己的名和字，说明伯潜是字，我是以字行的。月考到了，我在测验题中列入一题："韩愈字○○"。有一位以运动著名的学生的答案是："韩愈字伯潜。"我看了，以为他是有意挖苦我，不禁勃然大怒，告诉了他们的级任先生。级任先生也认为他太荒唐了，便去叫他来问。哪知这学生反一口咬定说："蒋先生的确是这样讲的，我有笔记为证。"他把证据提出来了，笔记簿上果然这样写着："韩愈字退之，又字仲劼（他们校长的字），又字伯潜。"后来叫他同班的学生来问，方知道这位运动家那时正是意马心猿地在打算课后如何赛足球，偶一警觉，见黑板上写着"退之""仲劼""伯潜"等字，便马马虎虎地记录下来了。即此一例，可见笔记如不抽阅，则"烧烤雉鸡"，将到处皆是。这不是害了他们吗？从前杭州某报上曾载有一则笑话，说某中学国文教师讲白居易的《长恨歌》中"温泉水滑洗凝脂"一句，说"凝脂"是皮肤上凝结的油垢，"水滑"是香皂用得太多的缘故。我总疑心是学生误记的。

（乙）**指导温习**——《论语》第一篇第一章第一句便是："学而时习之，不亦说乎。"曾子每日三省，"传不习乎"也列为一项。教室里的讲读是"学"，课后的温习是"习"。学固然重要，习也是必不可少的工夫[69]。"温故而知新"，一见于《论语》，再见于《中庸》。《论语》中又载子夏之言曰："日知其所亡，月无忘其所能。""日知其所亡"是知新，是学；"月无忘其所能"，是温故，是习。如果只学而不习，则虽能日知其所亡，但旋知旋忘，乍得乍失，日计有余，月计不足了。所以一面知新，一面仍须温故。初中学

69 "温故"与"知新"相辅相成，对尚未养成温习习惯的初中生尤需加以督促、加以指导。

生还是孩子，要他们温习，必须加以督促，加以指导。讲过的教材，叫他们复讲、背诵、默写，都是督促温习的方法。新授教材的题目、文体、作法、内容，以及本文中的单字、复词、句法、结构等，和旧教材相同、相似或相反，但有可以比较的，当随时提出，教他们去温习[70]。例如朱自清的《背影》，归有光的《先妣事略》，虽然一写活着的父亲，一写已故的母亲，其以“亲子之爱”为中心则同。韩愈的《祭十二郎文》，袁枚的《祭妹文》，虽然一祭亡侄，一祭亡妹，其以散文做祭文，抒写其真挚的情感则同，同是祭文，或为叶韵的四字句，或为叶韵的长短句，或为骚体的兮字调，或为骈文四六，或为散文，或写语体文，文体虽同，作法各异。写唐玄宗、杨贵妃的故事的，有陈鸿的《长恨歌传》，白居易的《长恨歌》，白朴的《梧桐雨》，洪升的《长生殿》，题材虽同，文体各异。诸如此类，皆可以教学生把从前讲过的教材找出来，温习比较。学期终了时，照例须有一次总复习，可以教他们把本学期的教材或以作者时代先后排列，或以各篇作法分类，或以各篇体式分类，编一目录；再做一篇目录序，述说各人综合温习的心得。又如单字各有其不同的用法，可以教他们就本学期教材中选取例句，列表说明。例如用于句末的助词“呢”字、“吗”字，可以列表如下：

由下页表，不但可以知道“呢”字、“吗”字各有好几种的用法，“呢”字和“吗”字彼此用法的不同，也可以了然。又如调整句法的修辞格，有“对偶”（例如《水浒传》：“有情皮肉，无情杖子。”）有“排比”（例如乔梦符《扬州梦》：“天有情，天也老；春有意，春须瘦；云无心，云也生愁。”）有“反复”（例如《论语》：“人焉瘦哉？人焉瘦哉？”）有“层递”（例如《孟子》：“天时不如地利，地利不如人和。”）也可以就讲过的教材中，搜寻例句，列成一表，作综合的研究。又如双声叠韵组成的连语，由声音的关系，可以衍变出许多不同的样子来，如“逍遥”“消遥”“襄羊”“相羊”……都是今语“写意”的一音之转；“仓卒”“仓猝”“造次”、“卒卒”……都是今语“匆促”的一音之转。也可教他们把教材中见过的连语收集起来，按着双声叠韵分类，再由双声叠韵的关系说明其衍变的所以然。此外，如叠字，加语尾的名词、静词、副词，文言文

70 比较阅读，是语文学习的重要方法之一。

「呢」字底用法
- （甲）表疑问
  - （一）选择的语气——他是上海人呢，还是杭州人呢？
  - （二）寻求的语气——已经打过钟了，怎么还不去上课呢？
- （乙）表反诘的语气——你说得这样有情有理，如何是顽话呢？
- （丙）表精警的语气——原来在这里生气呢！
- （丁）表提顿的语气——喜欢呢，和他说说笑笑；不喜欢呢，不理他就是了！

「吗」字底用法
- （甲）表疑问（有疑问而询问）的语气——他是杭州人吗？
- （乙）表反话的语气——刚才打钟，你没有听得吗？
- （丙）表警脆的语气——好吗！（北平人喝彩时用之吗，字底声音抑而促，或用「嘿」字，如闹学有云：「我是烂熟了嘿！」）

语体文中不同的代词，常用的成语，特别的句法……都可以归纳起来，列成简明的表。我想，这样地温习，不但趣味很好，而且得益也多。只要教师肯循循地加以指导，学生自然是乐从的[71]。

（丙）**考查成绩**——学校中所以有考试，一面在督促学生温习，一面

71 增强温习的多样性、趣味性，促进学生循序渐进。

在测验学生成绩。测验学生成绩的目的，一面是以成绩的优劣，作学生升降奖惩的标准；一面也可以使教师知道自己教学的效率、方法的得失，而知所改进[72]。现在学校里的师生们却只知道考试四分之一的用意，于是学校教育变成了科举的变相，学生也变成了“考生”“分数生”了。考试有“口试”“笔试”二种。口试，如复讲、背诵、口头问答皆是，可于平时行之；笔试，除作文外，还可就全学期或全学年的教材，加以种种试验。试验的方法，约举如下[73]：

（一）**问答**——例如：

“梁启超说人生最苦的是什么，最乐的是什么？”（见《最苦与最乐》）

“胡适所说‘读书四到’是什么？”（见《读书》）

（二）**默写**——此项试题，须择教材中简短而又精采，有记诵的价值者，最好是诗歌一类。例如：

“默写孟郊《游子吟》。”

“默写周敦颐《爱莲说》末一段（‘菊花之隐逸者也’至完）。”

（三）**翻译**——有三种方式：

（1）译文言文为语体文——初中用之。最好选取记叙文为材料。例如：

“译方苞《左忠毅公轶事》史公探狱一节为语体文。”

（2）译语体文为文言文——高中用之。例如：

“译宗白华《学者的态度与精神》为文言文。”

（3）译诗为散文——最好选叙事诗为材料。旧诗、新诗，皆可译为文言文或语体文。初中以译语体文为是，高中可试译文言文。例如：

“译杜甫《石壕吏》为文言文或语体文。”

“译沈玄庐《十五娘》为文言文或语体文。”

（四）**解释**——从教材中摘出字、词、成语等，令加解释。例如：

（1）单字——或单就一字使下解释，或就一字之用法不同者使下解释。例如：

“下列各句中加＿之字，试一一解释之：

72 测试是教学评价的重要组成部分，也是语文学习的重要环节；不仅具有甄别功能，更具有诊断和发展功能。

73 十种测试方式，涵盖了除作文外的语文学习的方方面面，值得借鉴。对所列举的十种测验方法统筹考虑、酌量采用、严肃对待，必能促进“教学相长”。

“长短丰瘠。无不毕肖。盍往游油画院？法人好胜。目不忍睹。（摘薛福成《观巴黎油画记》）”

“下列各句中加_之字，皆同字异用者，试分别解释之：

“王冕看书。（《儒林外史》）故悉自书之。（陆游《居室记》）十月二十六得家书。（郑燮《与弟墨》）”

（2）复词——复词有种种不同，都可摘出令学生加以解释。例如：

“逍遥。仿佛。匆匆。哥白尼。《左氏春秋》。”

（五）**词句重组**——取读过的精警的句子，将次序颠倒，或加入一二个用不着的字，令学生删去一二字，重组成句。例如：

“不自死宁毋由生。”（不自由毋宁死。）

（六）**举同义词或相对词**——例如：

“举下列各词的同义词：睹、死、到、寒、徐疾、丰瘠、仓卒。”

“举下列各词的相对词：盈、愚、怯、寡、消极、活泼、庄重。”

（七）**造句**——有三种方式：

（1）仿造——从教材中提出例句，令学生仿造，语体文言都可以；所选例句，须看学生程度而定。例如：

“我与父亲不相见已二年余了，我最不能忘记的是他的背影。”（朱自清《背影》）

“一室之不治，何以天下国家为！”（刘蓉《习惯说》）

（2）运用成语——所用成语，当以读过的为限。程度较低者，每一成语造一句；较高者，所造各句，当一气连贯。例如：

“风雨飘摇，卧薪尝胆，阋墙御侮，众志成城，同室操戈，自伐人伐，覆巢之下无完卵。”

（3）运用虚字——例如：

“用下列各词造句：

虽然……，但是……。

因为……，所以……。”

（八）**测验**——常用的方式有三：

1. 是非法——所出各题，或是或非，是的令学生在下面括号里标一“+”号；非的，标一“-”号。题目的条数，不宜过少；不可出是非两可的题目。例如：

“（1）《儒林外史》是刘鹗作的 ……………………………………（　）

（2）《老残游记》是一部章回小说 ………………………………（　）

（3）吴敬梓是明朝人 ………………………………………………（　）

（4）《最后一课》是胡适的创作 …………………………………（　）”

2. 选择法——每一条题目，含有四个答案，其中只有一个是对的，令学生选定对的一条，在下面括号里记下它的数字。这类题目，条数也不宜太少；而且四条答案须是平列的，其余的三条必须绝对是错的。例如：

“《老残游记》是：（1）游记，（2）白话章回小说，（3）文言短篇小说，（4）文言长篇小说。 ……………………………………………（　）”

“钱大昕《弈喻》中‘予颇易之’的‘易’字，当解作（1）改易，（2）交易，（3）容易，（4）《易经》。 ………………………………………（　）”

3. 填充法——在每条题目中留出空白，令学生填入适当的字。例如：

“《饮冰室文集》的作者是○○○；《板桥集》的作者是○○。”

“从下列各词中，选取最适当的，填入下面句子中的空白处去：

果然——固然——虽然——当然——偶然——自然。

（1）我料他一定肯来，他○○来了。

（2）他的天分○○不及你，但是比你用功。

（3）冬天下雪，是○○的。”

（九）**正误**——有二种方式：

（1）改正形音近似的别字或笔画错误的错字——例如：

“滥竿充数。马革裹尸。病入膏盲。——（形似）

籍贯成自然。应循苟且。会记。——（音近）

青出于篮。有持无恐。裁培。——（形音俱近似）

强盗。羡慕。步行。年岁。——（笔画错误）”

（2）改正不妥的词句——例如：

“午睡醒时，听户外人声鼎沸；侧耳闻之，方知警察在左邻捕人。”

“要改造社会，先改造自己不可。”

（十）**标点**——取一段文章，令学生试加标点。文言文、语体文都可以，视学生程度而定。

以上十种试题，可以酌量采用。不过用是非法、选择法两种测验时，须防学生不假思索，胡乱猜填，所以记分时当就做对的条数减去做错的条数，然后核算分数。例如三十条题目，做对了十五条，做错了五条，十条空着没有做；如预定二分一条，则十五条减去五条，仅得二十分。除问答、翻译、造句，需时较多外，时间不可放得太宽；尤须监视学生，防偷阅邻座的试卷。总之，不举行考试则已，如既举行考试，则试场规则不得不严；评判分数，也须力求公允。考查完毕后，尤须注意全班学生成绩的优劣；如果不及格的学生太多了，教师当反省自己：教材是否选择得当？教学是否得法？指导、督促已否尽心？所出试题果合学生程度否？此后应当如何改进方能补此缺憾？教师、学生各能自己反省，必可收教学相长之效；若不知反省，徒知互相埋怨，互相责备，则结果必致师生如仇敌，教学自然不能收到效果了。

一、以下是几位学者关于教材及其编写的见解，读完之后，谈谈你的想法。

1. 宋文翰

关于国文教材选择的标准，去年教育部曾经分别对精读与略读各有规定，所举各条，大都妥当可用。兹根据教育部所定高初中国文暂行课程标准，参以各家讨论选择国文教材的意见，拟列选材标准如下：

积极方面：

（1）文字深浅适合学生领受力的。

（2）文字组织须合于文法或逻辑的。

（3）造语自然并与现代语言接近的。

（4）叙事明晰，说理透彻，描写真实的。

（5）各种文体须足为学生作文楷模的。

（6）各种作品须为某个作家或某个时代的代表。

（7）文字的内容须具有下列条件之一的：

（a）对于品性修养上可以得到方法的指导与实际的受用的。

（b）对于思想启发上可以得到理论的指示和实际的自得的。

（c）含有改进社会现状的意味的。

（d）合于学生心身发育的程序的。

（e）合于现实生活，乐于社会生活的。

教材选到史传、游记、古今人的嘉言懿行，或讨论一切文体的文字，是因为文字本身不能独立，必附有思想或义理或事实始具意义，借此以见古人运用文字的技巧及其发表的方式，用以增进学生阅读或发表文字的经验；绝不是和其他历史、地理，或哲学、社会学等科一般，旨在传授智识，叫学生明了或记忆其内容。不然，必重犯了以前不明国文教学目标所致的大病。所以编者似乎在选材时还须注意下面的二事：

（1）为贯彻本科教学的目标，凡能使学生对于国文的智识与技能获得广博的观察和深切的领会，而足以助长其发表与阅读的能力的皆选；

（2）为分清国文科与其他各科的界限，凡是关于学生品性的涵养，思想的启发，或足以授予学术与文学上的智识，而同时于发表或阅读无相当助力的，宁可割爱。

宋文翰.一个改良中学国文教科书的意见［M］//顾黄初，李杏保.二十世纪前期中国语文教育论集.成都：四川教育出版社，1991：490-492.

2. 叶圣陶

为了培养学生具备应有的听、说、读、写的能力，究竟应当训练哪些项目，这些项目应当怎样安排组织，才合乎循序渐进的道理，可以收到最好的效果？……咱们一向在选和编的方面讨论得多，在训练的项目和步骤方面研究得少，这种情形需要改变。

叶圣陶.叶圣陶教育文集［M］.3卷.北京：人民教育出版社，1994：214-215.

3. 刘国正

教材体系的改进，第一，要有利于减少头绪，突出重点，删繁就简。第二，要有利于联系生活，留下灵活运用的余地。第三，要有利于学生宽松地、生动活泼地学习，给学生留下独立思考和发挥创造性的余地。第四，要首先安排教学的总体结构，兼顾课内外、校内外，通盘计划，统筹安排。

刘国正.刘征文集［M］.第八卷.北京：人民教育出版社，2000：359.

4. 王荣生

作为学习课程内容途径、手段的“选文”，严格地讲，在语文教材中不具有自足性：并不是因为它是一篇好文章就把它放进来，放进教材也并不意味着人人都要去学它；之所以出现在教材、之所以出现在教材的这一部位，是因为要在这一部位就事先已确定的某一方面某一点派它用场，而且往往还只派这一用场。一篇诗文的入选、它在教材中的位置，是由外在于它的别的东西主宰的，这篇选文在前、那篇选文在后，也并不意味着选文之间发生了关系。

中国的语文教材，向来是由一篇篇的选文构成的，教材的主体是“选文”，教材即“选文”，是根深蒂固的观念。在这种观念的支配下，人们对语文教材问题的关注，便囿限于“选文”这一焦点；“科学化”的追求，便会囿限于“文选型”这一圈圈框框。

王荣生.语文科课程论基础［M］.上海：上海教育出版社，2003：309，311.

5. 蔡美惠

在教材编写上，教材的选材要件都必须符合“语文训练”、“精神陶冶”和“文艺欣赏”三种价值；在作品内容方面，要从知识性、修养性、生活性、思想性四个层面来衡量它的可读性；在作品形式方面，要从词句是否雅洁、章法是否连贯、立意是否新颖、体裁是否适当、篇幅是否精简五个层面来评定它的优劣；至于作品的配置，编者更要具有整合的眼光，从学生的“生活经验”和“心理状态”两个角度将作品作合理搭配。绝非编者随心所欲，想怎么办就怎么办。因为“好文章不一定是好教材”，“选取作品不可迷信权威”。同时还需要运用学生的旧经验，来唤起新经验，甚而扩大学生经验，以合乎孔子所说的“温故知新”的教育原理。

蔡美惠.台湾中学国文教学研究［M］.广州：广东教育出版社，2006：58.

二、《义务教育语文课程标准（2011年版）》为教材编写提出了十条建设性的建议，请认真研读并谈谈你的感受。

1. 教材编写应依据课程标准，全面有序地安排教学内容，设计教学活动，并注意体现基础性和阶段性，关注各学段之间的衔接。

2. 教材应体现时代特点和现代意识，关注现实，关注人类，关注自然，理解和尊重多样文化，有助于学生树立正确的世界观、人生观、价值观。

3. 教材要注重继承与弘扬中华民族优秀文化和革命传统，有助于增强学生的民族自尊心和爱国主义感情。

4. 教材应符合学生的身心发展特点，适应学生的认知水平，密切联系学生的经验世界和想象世界，有助于激发学生的学习兴趣和创新精神。

5. 教材选文要文质兼美，具有典范性，富有文化内涵和时代气息，题材、体裁、风格丰富多样，各种类别配置适当，难易适度，适合学生学习。要重视开发高质量的新课文。

6. 教材应注意引导学生掌握语文学习的方法，养成良好的学习习惯。课文注释和练习等应少而精，具有启发性，有利于学生在探究中学会学习。

7. 教材内容的安排要避免繁琐，简化头绪，突出重点，加强整合，注重情感态度、知识能力之间的联系，致力于学生语文素养的整体提高。

8. 教材的体例和呈现方式应灵活多样，避免模式化。设计的体验性活动和研究性专题要体现语文特点，内容适量，便于实施。

9. 教材要有开放性和弹性。在合理安排基本课程内容的基础上，给地方、学校和教师留有开发、选择的空间，也为学生留出选择和拓展的空间，以满足不同学生学习和发展的需要。

10. 教材编写应努力追求设计的创新和编写的特色。要重视现代教育技术在语文课程中的运用。编写语言应准确、规范。

中华人民共和国教育部.义务教育语文课程标准（2011年版）[M].北京：北京师范大学出版社，2011：32-33.

我思故我言

三、下面是关于课内讲读的一些观点，请结合蒋伯潜的相关论述仔细研读，并谈谈你的体会。

1. 陈启天

从来的国文教法，应该大加改革，由教员死讲的固不对，令学生死读也不对，要留心形式，又要留心内容；要启发思想，又要充实思想。抽象地说，要注重学习研究批评；具体地说，可以分教材为三种，在教授时间内有二：

（1）模范文的教法。选择国文形式最完备的，当堂用自学辅导法，特别留心考究形式，贵熟、贵精不贵多。

（2）问题文的教法。选择国文内容最完备的，当堂用共同研究法批评它的是非，每回用一问题，大的分为数个小问题几回讨论。这是启发思想、充实思想的好方法。

（3）自修文的教法。这是教授时间外用的，注重单独研究，充实思想，养成自己读书的能力，应学生个性及程度的差别为个别指导。

陈启天.中学的国文问题［M］//顾黄初，李杏保.二十世纪前期中国语文教育论集.成都：四川教育出版社，1991：158–159.

2. 胡适

（1）千万不要在课堂上讲书。每周三小时，每年四十周，一百二十点钟能讲得几篇文章？（2）学生应该自己预备指定的功课，自己查字典，自己加句读。（3）课堂上做的事有三种：质问疑难；讨论内容；教员引申这篇文字的意思，加以材料。（4）提倡自己看书。（5）注重句读的分析与章节的解剖。

胡适.中学国文的教授［J］.教育丛刊，1920（2）.

3. 黎锦熙

从教学国语读法的根本上说来，一般所用旧式的教段，须改用自动主义的教段。且先述之：

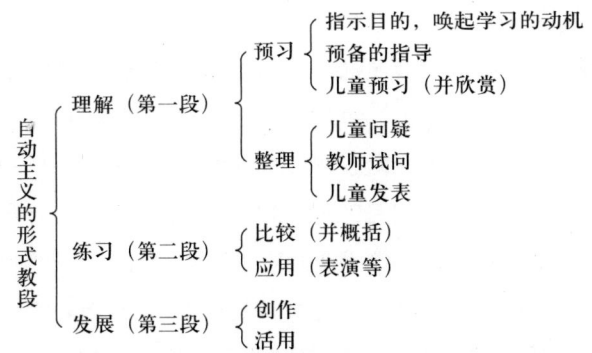

- 自动主义的形式教段
  - 理解（第一段）
    - 预习
      - 指示目的，唤起学习的动机
      - 预备的指导
      - 儿童预习（并欣赏）
    - 整理
      - 儿童问疑
      - 教师试问
      - 儿童发表
  - 练习（第二段）
    - 比较（并概括）
    - 应用（表演等）
  - 发展（第三段）
    - 创作
    - 活用

国语科的教段，虽非专为读法一部分而设；但所列事项，大都是关于读法的，所以列在本章之内。现在先把关于教段应注意的事件略为说明：

（1）教段不过是教法上一种形式的阶段，切不可拘泥。

（2）只要是把文字作工具时的国语教学，或先提实物图书，或运用读本，都可使用这种教段。

（3）无论教学何科，凡“整理”一项——问疑，试问，发表，都是联系话法的机会。

（4）“比较”一项，在四年级以上，可以略授国语文法的要素并对于课文要旨之“概括”，要注意论理的条贯。

（5）“应用”一项，要注意读本课文的表演和实质的谈辩。

（6）“创作”一项，除作文外，还要注意语言的技术。

（7）“活用”一项，便是读书能力和研究兴味的养成。——最要紧的，就是养成儿童到图书馆自由参考的习惯。再进一步，便要养成儿童对于文学（广义的）之奸商和批判的能力。

黎锦熙.新著国语教学法［M］.北京：商务印书馆，1924：52.

4. 梁启超

上堂的时间有限：一点钟的课，先生上堂迟一点，下堂早一点，不过四十分钟。一篇长文读一遍亦须三十分钟，若再要一句句地讲，不但做不到，亦且不必。（小学生虽讲也不懂，中学生不必讲。）讲文太化[1]费时间，而且使学生讨厌，我主张教学须启发学生自动地在讲堂以外预备（各门教授都应如此）。须选文令学生能多看，不能篇篇文章讲，须一组一组地讲。讲文时不以钟点为单位，而以星期为单位。两星期教一组，或三星期教一组，要通盘打算。譬如先讲记静态之文，选十篇（或专选同类的或不同类），令学生看。先生教他如何看法（观点何在，时间空间关系如何），拿一组十篇做一比较，令学生知同是一类的文，有如此种种不同；或同一类的题目，必须如此做法。不注重逐字逐句之了解，要懂得它的组织。

梁启超.中学以上作文教学法［M］//顾黄初、李杏保.二十世纪前期中国语文教育论集.成都：四川教育出版社，1991：234.

5. 黎世法

异步课堂教学的本质特征是学生学习的个体化和教师指导的异步化的有效统一。通过异步教学，使每个学生都成为具有自学能力和创造才能的学习主人，从而达到大面积地提高教学质量，培养大批具有科学思维头脑的年轻一代的目的。

异步教学指的是一种有计划、有组织、有明确教学目标，以学生为学习的主人，教师为学生学习的主导者的，能够将教师的三种指导形式（个别指导、分类指导和全体指导）与学生的五种学习形式（独学、对学、群学、全体学和请教老师）有机地统一在一个教学过程中，使老师的“五步”指导(提出问题—指示方法—明了学情—研讨学习—强化效益)与学生的“六步”学习（自学—启发—复习—作业—改错—小结）紧密结合进行的，以学生的个体学习为基础，充分运用一切必要教学条件，根据学

[1] 原著为“化”，应为“花”。编者注。

生的学情组织课内外全部教学活动，通过培养学生的科学思维头脑，达到高效率大面积提高教学质量。

黎世法.异步教育学［M］.北京：当代中国出版社，1994：151.

6. 魏书生

我想，作为第一线教师，要紧的不是忙着用这种教法去否定那种教法；也不是去证明许多种教法的没道理；更不是糊里糊涂地照搬一种教法到自己的课堂上，不加任何改变就用。而应当像蜜蜂一样，在教法的百花园中，到处采集于自己有用的花粉，回来以后，酿自己课堂教学的蜜。集各家教法所长，结合自己的素质、性格特点、学校和学生的实际，探索有自己特色的教学方法。

我喜欢使用六步课堂教学法。即：定向、自学、讨论、答疑、自测、自结。（1）定向，即确定这节课的学习重点。（2）自学，因为目标明确，同学们就可以驾驶着自己思维的汽车向目标行驶。（3）讨论，经过自学，大部分难点可解决，不能解决的，自己记下来。前后左右，四个人一个讨论组，研究自学过程中各自遇到的疑难问题。（4）答疑，分组讨论，仍没解决的问题，则提交全班同学，学生如果会，则由学生解答，学生不会，则由教师解答。（5）自测，即自我测验。（6）自结，即学生自己回忆总结这节课：学习重点是什么，学习过程有几个主要环节，知识掌握情况如何。

从信息论的角度看，这样六个步骤有助于信息的处理。第一步定向，控制信息的接收范围，随时排除干扰性的学习重点之外的知识。自学则是主体主动接收信息的过程。讨论和答疑是信息传递的最主要过程。教师以平等身份参加学生的讨论，并在必要时做出解答以保证信息的正常流通与传输，这两个环节信息的传递是多向的。师生都是信息源，又都是信息接收器，师生的行为既是反映，又是信息。第五步自测和第六步自结在整个课堂信息传递过程中，是一个终极部分。它的任务主要是对本课时所接收信息的及时反馈与强化。

魏书生.魏书生谈语文教学［M］.南京：河海大学出版社，2005：102-104.

7. 段力佩

我们的教法是：读读、议议、练练、讲讲。有人说这是发现法，我说我做梦也没有想到发现法，但一定要有个名词，我想可以叫有领导的茶馆式，就是七嘴八舌，相互启发思维，相互帮助，很起作用。这种方法的着眼点在于学生的学，以学生的学为主体。我们反对儿童本位主义，要肯定教师的主导作用，启发、引导、点拨、解惑、总结，都是教师的主导作用，但不能过分强调教师的主导作用，教师的主导作用就是为了学生的学。

段力佩.改革教法的探索［J］.人民教育，1987（8）.

8. 中华人民共和国教育部

阅读是学生的个性化行为。阅读教学应引导学生钻研文本，在主动积极的思维和情感活动中，加深理解和体验，有所感悟和思考，受到情感熏陶，获得思想启迪，享受审美乐趣。要珍视学生独特的感受、体验和理解。教师应加强对学生阅读的指导、引领和点拨，但不应以教师的分析来代替学生的阅读实践，不应以模式化的解读来代替学生的体验和思考；要善于通过合作学习解决阅读中的问题，但也要防止用集体讨论来代替个人阅读。

中华人民共和国教育部.义务教育语文课程标准（2011年版）［M］.北京：北京师范大学出版社，2011：22.

本论二　习作批改

作文教学，可以分作两部分：（一）学生习作；（二）教师批改。这在科举时代，已被视为国文教学中的重要工作了。可是近来学校里，教师和学生，对于作文，各有种种误谬的见解[74]。学生方面，有的认为**作文是最难最苦的工作**，甚至譬之为“砻糠里打油”；有的认为**作文是无聊无益的工作**，徒然耗费精力、时间；有的认为**作文即是考试**，为了分数，不得不敷衍塞责；有的认为**作文即是创作**，必须有需要时，有作意时，方可下笔，不当呆板地规定次数，限以时间，而且由教师命题。教师方面，有的认为**命题是难事，批改是苦事，习作不必指导，批改何妨随便**，不过碍于学校的规定，只得敷衍敷衍而已；有的认为**习作批改都于学生无益**，所以有主张作文只须填给分数，不必批改者，甚至有主张废除作文者；有的认为**作文即是创作**，应让学生自由拟题，自由写作，不必在课内作，不必规定次数，限定时间，更不必详加批改；有的认为习作批改确很重要，而又**过于卖力，增改太多，致失作者原意**。前几种误解，是不耘苗；最后这一种，又是“揠苗助长”了。

写作是一种技能，是生活所必需的技能。我们要记录见闻以助记忆，要发表情意使人了解，都非有这种技能不可。凡学一种技能，必须实地练

74　基础教育新课程改革实施后，作者下举“不耘苗”“揠苗助长”的种种误解，是否已经得到消解？为什么？

习。练习，次数须多，须有人指导，纠正。**中学生作文就是习作——练习写作——不是创作**[75]。学生应当认清：作文是为自己，不是为教师，为学校；作文的目的是在学习将来实际生活所必需的熟练的写作技能，不是在获得分数[76]。教师应当认清：指导批改学生的作文，是教师应负的责任，应尽的义务，无可诿卸的责任和义务。学生对于教师的批改，应当细心阅看，虚心接受[77]。一般中学生得到教师批改过的文卷，往往只看分数或等第，或只看篇后的总批；分数少，批语不好的，便随手丢弃了。从前我在某旧制师范教国文，偶然叫校役向校门口的摊上买了一包花生米来，发现包花生米的纸，是前几天刚发还的作文，竟似兜头一盆冷水，把我的心都浇冷了！我以为，经教师批改过的作文，应有相当时间的保存；这在学生也可藉以考见自己国文程度的进退。——总之，习作与批改在国文教学所占地位的重要（性），绝不下于前章所说的"课内讲读"。兹分"命题""指导""批改"三章，详述如后。

75 对中学生写作性质的理解，决定写作教学内容与方法，是把写作看作生活所必需的技能，还是把写作看作创作，是两种完全不同的写作教学观。对此，你有何见解？

当然，"习作"并不排斥"创作"，不宜绝对化。中学作文教学自应以一般文章的习作为主。学生偶有创作，亦应予鼓励。

76 作文"为自己"，这是作文教学的一大关节，可至今仍然有的教师或不以为然，或不敢宣示这一主张，以致徘徊不前。不过，当今最大的祸害是作文为分数，由此而完全异化。

77 批改是师生对话，实为教学相长之一途径，师生均应认真对待。

第一章　命题

古书的题目，有无义的，例如《诗经》的《关雎》(首名是“关关雎鸠”)、《鹿鸣》(首句是“呦呦鹿鸣”)，《论语》的《学而》(首章是“子曰：学而时习之，不亦说乎……”)、《为政》(首章是“子曰：为政以德，譬如北辰……”)，《孟子》的《梁惠王》(首句是“孟子见梁惠王”)、《公孙丑》(首句是“公孙丑问曰”)；有有义的，如《尚书》的《尧典》《禹贡》，《荀子》的《勸学》《性恶》，《墨子》的《兼爱》《非攻》；《庄子》一书，则内篇之题有义，如《逍遥游》，外篇、杂篇之题无义，如《天下》(首句为“天下之为方术者众矣”)。无义之题，即取首句之数字为题；有义之题，必可包举全篇的意思。题目二字的本义，原和头目差不多，不过用作这篇文章的标识，使之眉目清楚而已。古书之题，多为后来编纂者所标，所以仅取首句数字为题。后世尚有无题之诗及仅取首句数字为题之诗(李商隐集中最多，前已述及)，还有古人的遗风。即使是作者自定的题目，而且有义的，也往往先写成文章，后加标题的。这是创作，根本和习作不同。初学者作文，若不先给他们一个题目，指定写作的目标和范围，便无从着手了。所以**中学生作文，当以由教师命题为原则**。自由拟题，非高中最高年级，不能尝试，而且易有剿袭成文的流弊[78]。至于**习作的次**

78 关于古书之题，尤其是题、文关系，本书所说已经相当完备。至于中学生作文，“当以由教师命题为原则”，但也不必完全否定“自由拟题”，如在作文指导课上划定某一范围，并进行较为充分的讨论，再由学生自己命题，自无不可。蒋先生的意思，似是要求教师加强作文前的指导，不应放任自流，避免学生无所措手足，泛滥无归。

数，**最好两星期一次**；太勤了，不但教师为精力、时间所限，不能详细批改；学生也易养成敷衍潦草之习。中学生写作不但须求通顺，还须求其敏捷，所以**习作当限定时间**；但时间过于短促，又易养成潦草之习[79]。每次作文，以二小时为限，在中学里已尽够了。高中高年级，如果题材丰富的，也不妨延长一小时。

教师命题时，须注意下列四点[80]：

（一）**顾到学生的能力**——程度不可太高，致学生不能下笔；也不可太低，致学生毫不用心。最好，出三个程度不同的题目，使优等生、中等生、劣等生各有他们适如其分的题目。

（二）**顾到学生的生活经验**——生活经验，随年龄和环境而异。中年、老年人的生活经验，叫孩子们去写述，如何写得出来？古人的生活经验，叫现代青年去议论说明，如何能得要领？我们出的题目，不是我们自己做的，是预备叫学生做的；所以这一点必须顾到。

（三）**顾到学生的心理与兴趣**——教师出的题目，不合学生心理，致使他们兴趣索然，如何能引得出他们的文思？学生所以认作文为苦事者，未始非教师命题不当之故。

（四）**顾到学生的需要**——作文的目的，原在学习生活必需的技能；为达这目的起见，命题时当然须顾到他们的需要，令学生多习作合于实用的文章。

总之，**命题当以学生为中心**，使学生能作，易作，喜欢作，需要作。果能如此，则学生将以习作为乐事了[81]。可是**题目的范围**，勿过狭窄，勿太宽泛。过狭窄了，易有枯涩拘束之弊；太宽泛了，易有肤浅浮滑之病。**题目的形式**，当竭力避去经义、策论等科举时代试题的遗形；其实，这类题目，并无可取[82]。**题目的内容**，勿过求新奇，也勿流于陈腐[83]。至于**作法**，则议论、说明、记叙、描写、抒情五者，都须有相当的学习；大致记叙题，宜于低年级，说明、描写、抒情次之，议论题宜于高年级。**题材的来源**，不外学生的生活经验、阅读心得、耳目闻见、应有情感，以及其他各科的教材。现在就中学作文题，分为四大类，各举实例[84]，以供参考：

79 很多学生为太多的作业所迫，没有时间玩乐与休息，更可恶的是，做这么多作业，对学习并没有什么促进作用，反而造成厌学，并影响学生身心的健康成长。

一方面，教师所布置的作业的质并不一定过关，为什么要布置这些作业并没有什么理据；另一方面，教师没有这么多的时间给学生提供有意义的反馈信息。

80 处处首先考虑学生，学生的心理、经验与需求是一切教学决策的重要依据。

81 命题的原则及注意事项，本书说得全面而透彻，“命题当以学生为中心，使学生能作，易作，喜欢作，需要作”，揭示了命题的根本宗旨，其中“喜欢作”又是根本的根本，既喜欢，必能作、易作、要作、乐作也。作文教学的精义全在“使喜欢”三字。

82 “题目的形式，当竭力避去经义、策论等科举时代试题的遗形”，当今作文题目，其“遗形”虽早已绝迹，但其幽灵仍在猖狂作祟，成为作文教学的大敌。

83 这多不容易！

84 四大类作文题目，确是上文命题原则的体现，大部分都极为精彩，不妨一试。

（甲）记叙描写类

（一）**自身**——从学生自身方面，觅取题材。例如：

（1）我的小史。

（2）我的小学生活的回顾。

（3）我的生活史中最可纪念的一页。

（4）我的忏悔录。

（5）日记的一页。

（6）刚过去的童年。

（7）避难记略。

（8）我愿意做一个什么人。

（二）**家庭**——令学生从其家庭，觅取题材；故题目虽同，内容则异。例如：

（1）我的家。

（2）我最亲爱的爸爸或妈妈。

（3）我的祖母（或外祖母）。

（4）我的小弟弟（或小妹妹）。

（5）我们家里的老仆[85]。

（6）家庭乐事。

（7）小小的庭院。

（8）我家不能忘记的苦痛。

（三）**学校**——学校方面的题材亦甚多；本地风光，必能记述。例如：

（1）记本校的校舍。

（2）我们的校长。

（3）我最敬爱的一位老师。

（4）我最亲爱的同学。

（5）同学素描。

85 “我们家里的老仆”，应作“我们家的老友”。

（6）母校。

（7）本校学生会略史。

（8）考试的前夕。

（四）**故乡**——学生来自各地，其故乡情形不同，以此觅取题材，当无枯窘之虞。例如：

（1）我的故乡。

（2）归途。

（3）故乡风俗之一。

（4）故乡鳞爪。

（5）故乡的名胜。

（6）故乡平民生活之一斑。

（7）故乡的悲剧。

（8）故乡教育的概况。

（五）**学业**——从国文教材及其他学科方面觅取题材[86]。例如：

86 “学业”之（4）（5）（6）（7）（8）等题，不可忽视或轻视。

（1）译夏之蓉《沈云英传》为语体文。

（2）易安居士小传（读《金石录后序》之后）。

（3）译《木兰辞》为语体文。

（4）实验报告（物理、化学、生物等）。

（5）实习报告（师范生用之）。

（6）参观报告（学校、工厂、及其他）。

（7）调查报告（项目临时定之）。

（8）会议记录。

（六）**事实**——校中有偶发事项，取为题材，最为切实。例如：

（1）××旅行记。

（2）记远足。

（3）记赛球（足球、篮球……）

（4）运动会记。

（5）童子军露营记。

（6）赠毕业同学序。

（7）× × 君追悼会记。

（8）× × 君事略。

（七）**时令**——关于时令的题目，须按时序出之。例如：

（1）消夏杂记。

（2）中秋节。

（3）重九登高。

（4）初冬的庭院。

（5）记新年同乐会。

（6）寒假的回忆。

（7）清明扫墓记。

（8）春日郊游记。

（八）**气象**——气象也与时序有关，仍须按时序出题。例如：

（1）雪。

（2）黄霉雨。

（3）可畏的夏日。

（4）飓风。

（5）中秋月。

（6）秋窗听雨。

（7）记水灾（或记旱灾）。

（8）月蚀（或日蚀）。

（九）**名胜**——此须从学校所在地，学生故乡，或旅行所到，觅取题材。例如：

（1）忆中山陵（南京）。

（2）陪都（重庆）的新气象。

（3）峨眉山游记。

（4）钓台游记。

（5）游雁宕山记。

批 注

（6）记桂林的山水。

（7）怀念中的西湖。

（8）普陀，在大海中。

87 有关“人”的题目，有的已不合时宜。

（十）人——名人固有事迹可记；极平凡的人也可以（有）记叙、描写之点[87]。例如：

（1）我最崇拜的古代民族英雄。

（2）记乡贤××先生。

（3）发明××的×××。

（4）记×××童年的轶事。

（5）学徒苦。

（6）一个童养媳。

（7）人力车夫的生活。

（8）可怜的婢女。

（十一）**物**——各种自然物、人造物，都有足以记述、描写的。例如：

（1）蚂蚁和蜜蜂。

（2）蟹。

（3）蟋蟀。

（4）赏菊记。

（5）踏雪寻梅记。

（6）红叶。

（7）记画。

（8）一件美术品。

（乙）议论说明类

（一）**修养**——与青年修养有关的，题材甚多。例如：

（1）新生活的意义。

批 注

（2）理智与情感。

（3）自治与自由。

（4）节俭与吝啬。

（5）勤能补拙说。

（6）论互助。

（7）知耻说。

（8）述志。

（二）**学业**——学业上，也可以令学生陈述意见，说明心得，做成议论文或说明文。例如：

（1）学习国文的我见。

（2）我最爱读的一部书。

（3）本学期课业的回顾与前瞻。

（4）本学期选文目录序[88]。

（5）对于本校图书馆的建议。

（6）论阅报的利益。

（7）读书报告（或读 × × 文书后）。

（8）讲演记录。

（三）**家庭、社会**——中学生虽年少，对于家庭、社会，也各有他们的意见；叫他们发表出来，方可加以指正。例如：

（1）家庭苦乐论。

（2）大家庭与小家庭。

（3）对于婚姻问题的我见。

（4）女子应否回家庭去？

（5）论择交。

（6）赌博之害[89]。

（7）辟迷信。

（8）原匪。

（四）**时事**——中学生对于时局，应有相当的认识；令作时事题，并

88 “本学期选文目录序”，这个题目特别好，可调动学生研究课本整体的积极性，做到胸有全局，使阅读教学与写作教学有机结合。

89 “赌博之害”一题可结合社会调查。

可引起他们阅报的需要。例如：

（1）求学与救国。

（2）国难中青年的责任。

（3）建国大业与青年。

（4）阋墙御侮说。

（5）欧战与我国的前途。

（6）太平洋果能永远太平乎？

（7）南海风波。

（8）经济与战争。

（五）**岁时**——就岁时命题，也可以发抒感想、意见，作议论文或说明文。例如：

（1）论阴阳历的优劣。

（2）树木与树人。

（3）清明节忆故乡庐墓。

（4）总理逝世纪念感言。

（5）值得纪念的五月。

（6）七七纪念。

（7）国难中的国庆。

（8）异乡的除夜。

（六）**史事**——教学生做史论，必须先令他们明了所论的人物事实，而且须与现代有直接或间接的关系的。例如：

（1）秦始皇焚书坑儒于我国文化的影响。

（2）论越王勾践。

（3）书诸葛亮《出师表》后。

（4）读《宋史·岳飞传》。

（5）秦桧张邦昌合论。

（6）读了文天祥《正气歌》以后。

（7）论甲午之战。

（8）六月三日，悼林文忠公。

（七）**文艺**——评论文章诗词，非中学生所能胜任；但文学流变，艺林珍闻，有已于讲习时熟闻之者亦不妨令学生记录之。但此类题目，以用于高中为宜。例如：

（1）《诗经》与《楚辞》。

（2）何谓“乐府诗”？

（3）李杜在唐代诗史中的地位。

（4）韩愈的古文运动。

（5）词的起源。

（6）章回小说的起源。

（7）杂剧与传奇的比较。

（8）新文学运动的略史。

（八）**学术**——这也只是记录的性质，高中高年级生，当可试作。例如：

（1）周秦诸子的派别与关系。

（2）何谓经今古文？

（3）孔子在我国教育史中的地位。

（4）孟子的政治主张。

（5）墨学的精神。

（6）程朱与陆王的异同。

（7）论清儒的治学方法。

（8）“知易行难”与“知难行易”[90]。

（丙）应用文件类

（一）**书信**——书信的用途最广；令学生学习写信，最适合实际的需要。以受信人论，则或致家属，或致亲戚；或致教师，或致同学，或致朋

90 “文艺”“学术”的16个题目似不宜作，因学生经验不够，往往只能抄袭拼凑了事。

友。以内容论，则或问候，或请托，或慰唁，或规劝，或邀约；或报告事情，或陈述意见。以作法论，或记叙，或描写，或说明，或议论，或抒情：五花八门，应有尽有。例如：

（1）到校后报告家长书。

（2）问候外祖父母的一封信。

（3）致母舅告贷学费书。

（4）托业师介绍职业书。

（5）复友人询沪上近况书。

（6）唁友人丧父书。

（7）约友人游兆丰公园书。

（8）劝友人戒赌书。

91 当下“柬帖”都是现成的，可作为一种知识了解。

（二）**柬帖**[91]——叫中学毕业生写一柬帖，往往会使得他们手足无措；这是没有学习之故。柬帖虽然简单，也得练习一下。讣闻、仪注，亦附此类。例如：

（1）拟喜寿请柬及谢柬。

（2）拟讣闻。

（3）拟婚礼仪注。

（4）拟追悼会仪注。

（三）**书启**——凡是通告性质的文件，都属此类。广告附。例如：

（1）××先生七旬寿辰征文启。

（2）××哀启。

（3）征募寒衣捐启。

（4）筹备文献展览会启。

（5）××级壁报征稿启事。

（6）××读书会征集会友启事。

（7）本校学生自治会成立宣言。

（8）本校附设民众夜校招生广告。

（四）**规约**——各种规则、契约的撰拟，也是生活所必需的工作。

例如：

（1）××读书会规程。

（2）校友会杂志投稿简章。

（3）学生自治会××股办事细则。

（4）××级学生自治公约。

（5）××民众夜校教职员聘约。

（6）租赁住宅契约。

（7）集股开设商店合同。

（8）典卖不动产契约。

（五）**公文**——诉讼呈状批判，中学生非专攻法律者，不必学习；而普通的上行、下行、平行公文，却须略知其格式。此类题目，须至初中三年级方可习作。例如：

（1）为学生自治会呈校长请××文。

（2）为附设民众夜校呈报××文。

（3）拟××教育局为××事通令各小学。

（4）拟××教育局为××事指令某小学。

（5）附设民众夜校上课布告。

（6）拟本校为旅行团借住事致某中学公函。

（7）贺全国教育会议开幕电。

（8）为救济战区学生上教育厅长陈述意见书。

（六）**哀祭**——哀祭之文，也是实际应用的文件之一。或用韵语，或用散文；或用四字句，或用长短句；或用骚体，或用骈文，或用白话，无乎不可。但此类题目，以用于高中为宜。例如：

（1）拟祭家属××文。

（2）拟祭亲戚××文。

（3）拟祭业师××文。

（4）拟祭同学××文。

（5）拟祭友人××文。

（6）拟祭阵亡将士文。

（7）拟祭蔡子民先生文。

（8）拟祭张自忠将军文。[92]

（七）**联语**[93]——对联为汉文所特有，而应用的范围亦广。高中三年级，不妨试令习作。例如：

（1）贺友人××新婚联。

（2）××先生×十寿联。

（3）挽同学××联。

（4）公祭阵亡将士挽联。

（5）本校成立纪念日门联。

（6）题西湖张苍水先生墓联。

（7）今年新春门联。

（8）全国祝捷大会联。

（八）**其他稿件**——演说稿、辩论稿等，学生在课外活动中是常用到的。余如报纸上短篇的新闻、特约的通讯，也可以教他们试作。例如：

（1）孔子诞辰演说稿。

（2）七七纪念会演说稿。

（3）阵亡将士追悼会演说稿。

（4）劝民众节约储金演说稿。

（5）辩论稿（此题应先假定辩论题，分正组、反组，草拟稿件）。

（6）拟国际新闻一则。

（7）拟国内新闻一则。

（8）拟××特约通讯一则。

（丁）文艺小品类[94]

（一）**故事、寓言**——这类题目，较适宜初中各年级。或叫他们就

92 “规约”之（5）（6）（7）（8）四题，专业性较强，似可不作。“公文”，“略知其格式”即可，亦可不作。“祭文”，可写成抒情类文章。

93 “联语”具有极高的语文教育价值，陈寅恪等前辈有精辟论述，自小学开始即可学习，不必非高中三年级不可。当前语文教学的通病之一，是往往重文本内容而轻表达形式，本末倒置；而对联则是引导学生走进语言形式、感悟汉语文特征的最佳途径，理当特别重视。

94 文艺小品类，已属上文所说的创作。学生的潜力巨大，可鼓励学生尝试，但不必强制。

读过的材料翻译；或由教师讲述，叫他们听写；或由他们自己记述撰拟。例如：

（1）愚公移山（节译《列子》）。

（2）画蛇添足（听写）。

（3）木兰从军（译《木兰辞》）。

（4）《伊索寓言》二则（译英文本）。

（5）民间传说一则。

（6）童话一则。

（7）故事一则（令学生自由撰拟）。

（8）寓言一则（同上）。

（二）**小说、话剧**——或根据阅读过的教材，加以编排剪裁；或自出心裁，尝试创作。这类题目，宜用于程度较高的年级。例如：

（1）故事新编——小说或话剧。

勾践报吴。荆轲刺秦。苏武牧羊。费宫人刺虎。

（2）创作的尝试——小说或戏剧。

战事的。社会的。家庭的。侦探的。

（三）**歌诗**——各地有各地的民歌、儿歌，如令学生写录出来，倒可以编成一部集子。此在初中低年级生已优为之。语体诗，看似容易，其实很难；旧式的诗词，也不易学；高中高年级或可偶一为之。例如：

（1）××县的民歌。

（2）××县的儿歌。

（3）写景小诗。

（4）抒情小诗。

（5）讽刺小诗。

（6）叙事诗。

（7）咏物诗。

（8）小令。

（后六种，可令学生自由拟题）。

（四）**小品文**——小品文须有深远的寄托、隽永的风味，不仅篇幅简短、结构小巧而已。例如：

（1）风雨孤舟。

（2）不倒翁。

（3）旧梦。

（4）论近视眼。

（5）盆景。

（6）蚁战。

（7）秋老虎。

（8）雪狮。

以上四类，所举的实例，已是不少。就此触类旁通，当可应付裕如。至于"抒情"所以不独立一类者，因情感为文章的灵魂，无论哪一类的题目，都可以抒写作者的情感。**偶发事项，往往是国文科的设计教学的机会**。例如旅行，课内讲读，固可以选些关于旅行目的的游记为教材，旅行回校后，也可以教他们做游记、参观报告……而且可以令学生分组试行集体作文。又如学校里要开追悼会了，则祭文、小传、挽联，便是极合实际的教材[95]；作文，也可以教他们做"××君追悼会小启"，"××君事略"，"××君哀辞"，"祭××君文"，"挽××君联"，"××君追悼会演说稿"……学生觉得教材和题目都切合实际需要，自然格外注意努力了。又如学校里开大规模的运动会时，可以令学生组织临时的小小新闻社，出会场的刊物；于是社评、新闻，以及副刊中的小品文……都有练习的机会了。即使没有这种偶发事项，教师也可以设计、造成种种机会[96]。例如带学生到附近郊外去游览，到某工厂、某学校去参观；假托某人或某团体写一封信给他们，教他们写回信；教他们办壁报，组织演说会……所以题目是出不穷的。每次作文，教师命题不可过多，反致学生因题目一时难于选定，多耗时间，注意也不能集中；仅出一题，又觉拘束得太厉害；最好是出二题或三题，使学生有自由选择的余地。

95 真实的任务。

96 设计真实情境中的任务。

第二章 指导[97]

习作是要指导的，却不限于习作之时。讲读时所谈及的，也是和作文有关的[98]；习作时，如有必要，只须略略提示便够了。和作文直接有关的，都得随时讲给学生听；如果规定两周作文一次，不作文的那两小时，正是指导作文的时间[99]。现在分做两类，述说如次：

（甲）一般的指导

（一）审题[100]——习作既是先命题，后作文，则题目选定之后，必先把它辨认清楚。不但须看明白它的字面，还须辨明它的含义、范围、体裁，以及作者自已的立场。**例如“上海在风雨中”**，是一个极普通的题目。照它的字面看，便有两个条件：（1）上海；（2）在风雨中。如果仅写上海，不写它在风雨中的情形，或专写风雨，不写上海在风雨中的情形，就是审题不清。“风雨”，不仅指有形的风雨；最近三年来，上海不是已成了孤岛吗？不是在风雨飘摇中吗？我们虱处在孤岛上，不是在暴风雨中过日子吗？不是和在雨横风狂之际，希望拨开云雾，重见青天白

97 作文教学的“指导”一环，非常重要；指导得法，很有讲究，最根本的是两条：一是教师自身需有相当的作文经验，它来自亲力亲为，别人无从代替；一是指导主要不是为应考，而是写作的能力、习惯。简言之，为的是人，而不是分数。本书所说之“一般的指导”，重在技术层面，实际上，都是阅读教学的内容，不过重在范文作者“怎么写”而已。取法乎上，仅得其中，所以本书均以名人名作为例。

98 理解和运用是一体两面的，关键是要对作者如何运用文字的理解。

99 有人说，当前我们没有作文教学，或者说，当前的作文教学是无效的。作文教学该如何教？该如何指导学生写作？这是语文教学中很关键的问题。蒋伯潜先生关于作文指导与批改的观点或许能给我们很多启示。

100 命题作文，自应从审题入手，此乃不二法门。若以率性而作或公民写作论之，不必先有题而后有文，成文后再命题亦无不可。

日，一样地企切吗？这就是本题的含义。做这个题目时，必须能抓住这一点，加以发挥，**又如“温故知新说”**。这个题目的来历是《论语》和《中庸》。《论语》中记孔子的话道：“温故而知新，可以为师矣。”《中庸》也有“温故而知新”一句。照它的字面说，温故是温习已有的旧知识，知新是求得未有的新知识。《论语》第一句便是“学而时习之”。“学”，是“知新”；“时习”，是“温故”。《论语》又载子夏之言说：“日知其所亡，月无忘其所能。”“日知所亡”，是“知新”；“月无忘所能”，是“温故”。学贵知新，又贵温故。仅能温故，不求知新，则故步自封，毫无进步；虽能知新，不复温故，则随得随忘，仍无以增学识。这意思，已在前编说起过了。推而广之，则我国固有的文化是“故”，国外输入的文化是“新”。专攻国故，抱残守缺，不肯接受外来的文化，便是温故而不知新；醉心（于）欧化，唾弃国故，不屑研究，便是知新而不温故。我们须一面温故，一面知新，使我国固有的文化和外来的文化融合起来，产生一种新文化，才可以说是温故而知新。世界上一切学术，都是从所已知推求所未知的。已知的是“故”，未知的是“新”；从已知的求得未知的，便是由温故而知新。可见温故和知新，并不是截然的两件事。这个题目的含义不是很丰富吗？所以审题果精，则做起文章来，绝不致有枯窘浮泛之病。**又如“到校后报告家长书”**。先须明白，这题目的体裁是“书信”。受信人是家长，或爸爸，或妈妈，或伯叔，或哥哥。写信，第一须把写信人和受信人的关系看清楚；这是和信里的语气有关的。这封信，既是到校之后的报告，它的内容，最重要的是学校的情形；次之，是写信人到校后的情形；再次之，是写信人到校后怀念家中的心情。体裁、语气、内容都弄清楚之后，写起来，自然能得体，能明畅了[101]。教师指导学生审题，可先指定一人，叫他照自己的意思把题目解说一遍，教师和其余的学生共同讨论，订正补充。这种指导，不必每次都举行；举行时，须让学生尽量发表他们的意见，教师不可说得太多。说得太多，又是揠苗助长了。

101 写作的目的与对象是两个很重要的因素。

（二）立意[102]——苏轼在儋耳，教葛延之作文法，以市物为喻：市百物，以一物摄之，曰“钱”；作文亦然，天下之事理，散在经史百家中，

102 “立意”之先，应明确“写给谁看”“为何而写”，即对象和动机（或说目的）。

作文时亦须以一物摄之，曰“意”。陆机《文赋》亦云：“辞呈才以效伎，意司契而为匠。”可见作文首重立意。古人文章，**有意在题面者**，例如苏轼《喜雨亭记》即以“喜”字为主意，苏辙《快哉亭记》即以“快”字为主意；柳宗元《愚溪诗序》即以“愚”字为主意；高攀龙《可楼记》即以“可”字为主意。**有意在文内者**，例如贾谊《过秦论》的主意是“仁义不施，攻守异势”八字；韩愈《平淮西碑》的主意是“决断”二字；柳宗元《梓人传》的主意是“知体要”三字；欧阳修《纵囚论》的主意是“不近人情”四字。**亦有意在言外者**，例如《列子》借“愚公移山”的寓言写“有志竟成”之旨；柳宗元托《捕蛇者说》写“苛政猛于虎”之意；韩愈作《马说》写知己难得之感；刘基假设《卖柑者言》寄“世人虚有其表”之慨。虽立意不仅限于这三种方式；但即此类推，已不难举一反三了。教师指导习作，可即于审题时令学生说出一个主意来。题目虽同，所立之意，则不妨各异；至于如何去发挥，那更不必拘了。

（三）**取材及用材**[103]——作文和烧菜一样。没有丰富新鲜的材料，即使是烹调妙手，也烧不出一碗可口的菜来。作文没材料，便嫌空；材料少，便嫌枯。**材料须预先收集**，或得之亲自经历的生活；或以观察、调查，得之自己生活以外的生活；或以剪报、抄书，得之阅读的书报；或以请益、谈话，得之师友及他人。**材料之选取，却与立意有关**。如江淹《恨赋》，主意在一“恨”字；赋中却用“左对孺人，右顾稚子，脱略公卿，跌宕文史”为材料，有人批评他，说与“恨”字抵触。韩愈《送孟东野序》以“不平”二字为主意；序中却用“伊尹鸣殷，周公鸣周”为材料，也有人批评他，说与“不平”抵触。古代有名的文人，偶一不慎，尚有取材不当之病；初学者不更宜留意吗？

103 取材，取决于：一，积累之丰匮；二，联想力之强弱。先放后收，博取精选。取材忌褊狭，用材忌轻易。

取材有五蔽：一曰**门户**，门户之见愈深，则取材之范围愈狭。自命为桐城嫡派之古文家，非但不肯采用骈文、诗词、语体文中常用之材料，即阳湖派古文家所常用之材料，译自外国文之材料，亦复不敢羼入，实由门户之见太深之故。二曰**主观**，固执主观的成见，则许多有用之材料，皆被摒弃，其取材之范围，将更狭隘。三曰**时代**，守旧者囿于古，骛新者蔽于新，其所取之材料，皆为时代所限。四曰**地域**，墨守国故者不肯采用来自国外之材料，醉心（于）欧化者不屑采用我国固有之材料，都是为地域所限。孤陋寡闻之士，见闻囿于乡曲闾阎，更无论矣。五曰**客气**，凭一时之情感，意气用事，则于材料之去取，亦难得当。如能祛此五蔽，则范围既广，去取亦当，自能左右逢源，取之不尽。举凡作者身所经历，耳目所闻见之事实景物，中心所感之情绪，阅读所积之义理，谈论、思考所得之见解，皆作文之材料；不仅平素记诵的词句辞藻而已。

材料的搜集，在于平时；指导亦宜于平时为之。至于如何运用，则行文时方能决定。**有用于正面者**。例如韩愈《送孟东野序》，既以“物不得其平则鸣”为全篇主意，故所用材料，如草木、水、金石、鸟、雷、虫、风等善鸣之物，以及禹、咎陶、夔五子、伊尹、周公、孔子、庄周、屈原……下至李白、杜甫等善鸣之人，都从这篇文章的正面写去，引出一个以诗鸣的孟东野来。**有用于反面者**。例如苏洵的《木假山记》，以“木假山之幸”为主意，却先说木有许多不幸，蘖而殇，拱而夭，风拔、水漂，伐为栋梁，取为柴薪，从反面逼出这木假山之幸。**有用于表面或里面者**。例如《左传》记“长勺之战”，先叙曹刿俟齐三鼓然后接战，下视辙乱，上望旗靡，然后追奔逐北，写的都是表面；末了，追叙出所以然的理由来，方才写到里面去。**有用于题前或题后者**。如苏轼的《后赤壁赋》，正文是记夜游赤壁，首段叙自雪堂归临皋，二客相从，得鱼于客，谋酒于妇，都是题前的文章；末段记客去后的梦，却是题后的文章了。**又有即小见大者**。例如柳宗元的《三戒》，吴敏树的《说钓》，薛福成的《蚁战》《鸡斗》，都是借小物细事，发出一番大议论来；此种作法，其主意全在议论，全篇所记叙的事物，不过用作材料而已。**又有无中生有者**。例如韩愈做《新修滕王阁记》，写得何等热闹，材料何等丰富；按之实际，韩愈却从没有到过滕王阁，因为没有到过，便不得不用无中生有之法，翻腾出一篇新议论来了。这些，还是从文章本身用手法的。**其从文章旁面写者，或用作设喻**。喻，有物喻，如《诗》(《诗经》）之《关雎》《鸱鸮》；有事喻，如《孟子》之太王避狄，宋人揠苗。其以设喻引出正意者，如苏轼的

《日喻》，此如《诗经》之“兴”，谓之“带喻”；其全篇皆设喻者，如韩愈《杂说》“说龙”“说马”诸篇，竟如《诗经》之“比”，谓之“全喻”。设喻，须求其确切，否则，反为文章之累。**或用作引证**。证，有语证，引古书或古今名人语为证；有事证，引古今事实为证。其实，古书或古今名人的话，未必都是对的；所以语证不如事证的力量强。但引用事证，最好在两件以上；否则，易被认为偶然巧合，力量又薄弱了。例如苏洵《辨奸论》引山涛评王衍、郭子仪评卢杞二事为证，苏轼的《留侯论》引郑伯、句践、高祖、项籍四人为证。**或用作陪衬**。“陪”，如韩愈《送杨少尹序》以二疏（疏广疏受）陪杨巨源；“衬”，如韩愈《送高闲上人序》以尧、舜、禹汤治天下，养由基治射，庖丁治牛，师旷治音乐，扁鹊治病，宜僚之于丸，秋之于弈，伯伦之于酒，张旭之于草书，衬出高闲上人之善草书。也有从反面陪衬的。例如苏轼的《勤上人诗集序》，先用汉文帝时翟公故事做欧阳修反面的陪客，又写士之负欧阳修者，做勤上人不负欧阳修反面的衬托。——运用材料的方式固不仅此；就此类推，已可触类旁通了。用材的指导，在乎平时讲授，习作时可就题予以提示。

（四）**结构**——造房子须先打图样，裁衣服须先定尺寸；做文章也得先有个打算，这就是所谓“谋篇”“布局”了。谋篇、布局，应注意下列三点：

（1）**层次**——作文时，先把主意立定了，还不能立刻动笔，运用他所取的材料。最要紧的，还得安排文章的层次。层次分得不清，排得不好，便有含胡凌乱之病。元白珽《湛渊静语》载莫子山游山，刚上山入寺的时候，口吟着唐人李涉的一首绝句：“终日昏昏醉梦间，忽闻春尽强登山。因过竹院逢僧话，又得浮生半日闲。”哪知他入寺之后，遇到的却是个俗不可耐的和尚。他便把这四句诗的次序掉过来道：“又得浮生半日闲，忽闻春尽强登山。因过竹院逢僧话，终日昏昏醉梦间。”这四句诗，一个字也没有改，只把第一句和第四句对调了一下，意境便大不相同；可见层次先后与文章大有关系了。好的文章，层次是非常明白、非常有条理的。例如陶潜的《归去来辞》、韩愈的《画记》，前者是记动态的，后者是

批　注

记静态的，可加以分析，各列一表如下：

归去来辞

- (一)将归(决定归计)——「归去来兮……觉今是而昨非。」
- (二)归来(归家情形)
  - (1)途中
    - (a)舟行——「舟摇摇以轻飏……」二句。
    - (b)陆行——「问征夫以前路……」二句。
  - (2)到家
    - (a)抵村——「乃瞻衡宇……」二句。
    - (b)进门——「僮仆欢迎……」四句。
    - (c)入室——「携幼入室……」六句。
    - (d)游园——「园日涉以成趣……」八句。
- (三)归后(家居情形)
  - (1)闲居——「归去来兮……乐琴书以消忧。」
  - (2)出游——「农人告余以春及……临清流而赋诗。」
  - (3)旨趣——「聊乘化以归尽……」二句。

画记

- (一)画底内容
  - (1)记人(「骑而立者五人……而莫有同者焉」)
    - (a)骑者
    - (b)不骑者
    - (c)妇人
    - (d)孺子
    - 共计百二十三人。
  - (2)记物(「马大者九匹……皆曲极其妙」)
    - (a)马——共计八十三匹。
    - (b)其他动物——共计四十九头。
    - (c)用具——二百五十四件。
- (二)画底历史
  - (1)韩愈得画。——「贞元甲戌年……虽百金不顾易也。」
  - (2)赵侍御失画。——「明年出京师……且命工人存其大都焉。」
  - (3)韩愈赠画记画。——「余既甚爱之……以自释焉。」

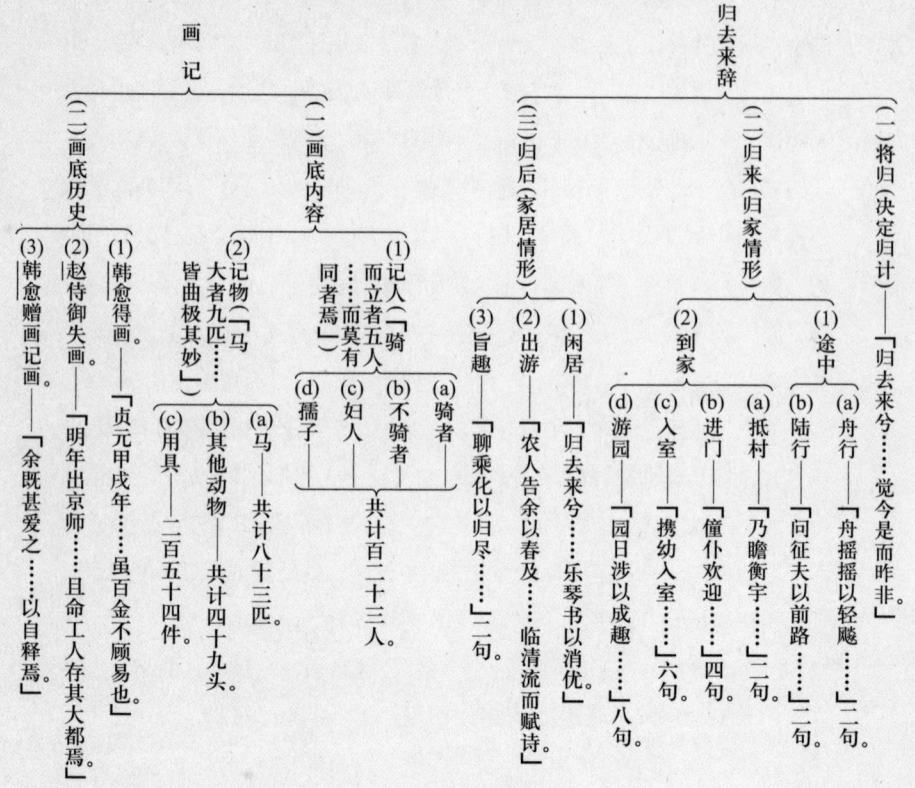

（2）**联络**——层次既已分清排好，还得求其联络。如果每段独立，不相联络，便不能成为一篇文章了。联络有二种：一是基本的联络，一是艺术的联络。**基本的联络**，只要几个重要的连词没有用错，便不至（于）有文法上的毛病。例如**承接**，则用“是故”“于是”之类；**转接**，则用“然而”“虽然”之类；推展，则用“若夫”“讲到”之类；**总束**，则用“总之”“由此观之”之类。**艺术的联络**，却要更进一步，用修辞的技巧了。今举六种方法于次：

一曰呼应法——例如宗臣《报刘一丈书》，先用“且今之所谓孚者何哉”句一呼，后用“此世所谓上下相孚也”句一应；这一段又遥应上文

"至以上下相孚才德称位语不才"句中"上下相孚"四字一呼；呼应极为明显。又如曾巩《赠黎安二生序》，前以"赵郡苏轼余之同年友也"句一呼，中以"苏君固可谓善知人者也"句应上呼下，末又用"并示苏君以为何如也"句一应。这篇的呼应，不及前一例明显，所以**又名"照应"**；好比黑夜走路，远远望见前面楼上有一盏红灯，摸索前进一般。又如《史记·项羽本纪》首说项梁定会稽时，得精兵八千人；次叙项梁乃以八千人渡江而西；及项羽败时，乃曰"籍与江东子弟八千人渡江而西，今无一人还"云云。这篇的呼应，竟如用兵预先设伏似的，较前例更隐了，所以**又名"伏应"**。前呼后应，文气自然联络了。

二曰层递法——庄辛《论幸臣》，先以蜻蛉为喻，次以黄雀为喻，又次以黄鹄为喻，又次以蔡灵侯为喻，由昆虫而小鸟，而大鸟，而小国之君，方说到楚王身上；每段连接处都用一句"××其小焉者也"，一层一层地逼近来，这叫做层递法。《大学》一篇，由格物致知而诚意，而正心，而修身，而齐家，而治国平天下，一层一层地放大来，每章首云"所谓××在×其×者"，末云"此谓××在×其×"，这也是层递法。逐层递嬗，自然前后联络了。

三曰分析法——先立一总论，然后一条条、一层层地分别说明，**这是用论理学的演绎推理的**。例如《荀子·性恶篇》开头一句便是"人之性恶，其善者伪也"（伪即人为。不学而能不事而成之在天者谓之性；可学而能可事而成者谓之伪；性是天然的，伪是人为的）。这是他全篇的结论，论性的宗旨。此后全篇文章，便是分别说明这两句话的；这叫做分析法。又如《大学》先用"古之欲明明德于天下者……"倒说治天下的步骤，次用"物格而后知至……"顺叙格物致知的进境，又以"物有本末，事有终始，知所先后，则近道矣"作一总束；格致是本，是始，是所先；治平是末，是终，是所后：全篇主意，已尽于此。其后又分别论列，逐层说明。先总论，后分说，也是分析法，也是演绎推理。我们读起来，便觉它们有条理井然、纲举目张的好处。

四曰综合法——这和上法正相反，先说许多理由，举许多例证，然

批 注

后得出一个结论，一条原则来；**用的是论理学的归纳推理**。例如贾谊《过秦论》上，洋洋洒洒地写了许多文章，直到最后，方点出“仁义不施，而攻守之势异也”，作它的结论。如没有这个结论，则上文许多议论，都得不到归宿，全篇文章也散漫无纪了。《过秦论》中的结论是“安民可与行义，危民易与为非”，《过秦论》下的结论是“壅蔽伤国”，都在末段方说出来，和上篇一样作法。

五曰过渡法——这是于无可联络中取得联络的法子。例如《史记·刺客传》，其实这篇传，本是曹沫、专诸、豫让、聂政、荆轲各为起讫，毫不相关的；司马迁却硬要把他们联络起来，便不得不于每人传末用一句“其后××年而×有××之事”来作过渡了。《屈原贾生传》叙屈原事既完，接云：“自屈原沉汨罗后百有余年，汉有贾生，为长沙王太傅，过湘水，投书以吊屈原。”虽也是过渡法，可是用贾谊吊屈原作过渡，已比《刺客传》有意义。《平原君虞卿传》于平原君传末，叙及虞卿欲为平原君请封事，虽也是过渡法，比《屈原贾生传》又高明得多了。

六曰问答法——这是很取巧的一个法子。例如《孟子·养气章》，先说“不动心”，次由公孙丑“敢问夫子恶乎长”一问引出“知言”“养气”来；“养气”说完时，又由“何谓知言”一问递到“知言”。在古书中原有记师生问答的，故此种联络，纯依谈话的次序推论，非常自然。也有假设问答，或充自问自答的。例如韩愈的《对禹问》《争臣论》，假设与或人问答；苏洵的《管仲论》，一则曰“何则”，再则曰“何者”，便是自问自答了。

（3）**变化**——层次明顺，前后联络；谋篇布局，已思过半矣。可是也有以变化出之的。因为平铺直叙，文章终少生气。我们姑且就记叙文来举几个例吧。如《左传·城濮之战》已叙到楚围宋，宋告急于晋，晋为救宋御楚，命将出师了；忽又插入“晋侯始入而教其民……”一段；苏轼《方山子传》，已叙到他遇方山子而宿其家了，忽又转到“独念方山子少时”的情形：这都是**追叙**。又如《屈原传》，已叙到“王怒而疏屈平”，本当迳接下文“屈平既绌……”云云，忽把作《离骚》一段夹入中间；魏禧《大铁椎传》，大铁椎送宋将军登空堡上，告诫他道“慎勿声，令贼知汝也”，本当迳接下文“客驰下……”云云，忽然插入“时鸡鸣月落，星光照旷野，百步见人”三句：这都是**插叙**。又如柳宗元《梓人传》，文中仅云“梓人”，末方把梓人姓杨名潜叙出；苏轼《游桓山记》，文中屡云“二三子”，末方补出从游八人的姓名：这都是**补叙**。有这种种变化，文章方觉得不板滞。

层次、联络、变化，都和结构有关；平时讲读，本当随时指点[104]，习作时也可看题目的需要，随意提示之。至于**开场**的总冒，**结尾**的余波，也须看题目、作法、结构而定，并不是不可少的。例如欧阳修作《醉翁亭记》，初稿细叙滁州山景，凡数十字，后乃一概删去，易以“环滁皆山也”一句。可见与本篇主意无甚关系的，不必多讲空话。《荀子·性恶篇》首句便说“人之性恶”，不是开门见山的做法吗？结尾也是如此，只要把话说完全了，全篇文章已得一结论了，便当戛然而止；多说废话，即是画蛇添足。如贾谊《过秦论》上以“何也？仁义不施，而攻守之势异也”作结，并不觉得它的局促。指导中学生作文，这一点也得留意。至于琢句炼字，当于平日讲到文法修辞时预先教导，于习作后批改时再加指正；在习作时间内，如无学生提出疑问，不必一一加以指导。一则每人逐字逐句指导，教师将不胜其烦；二则帮忙过度，使学生不必花心思去考虑，写作的技术反少进步。

104 蒋先生在写作本书时如何审题、立意、取材、用材、结构，为我们提供了极好的榜样，宜细加品味。

（乙）特殊的指导[105]

105 关于“特殊的指导”，于今应加“信息技术”一项。

所谓特殊的指导者，非谓对某生加以特殊的指导，乃谓对某种文体加以特殊的指导。以初中低年级为例，**如教他们练习写信[106]，便有特加指导的必要**。他们往往在明信片上收信人之下写一“启”字，发信人之下写一“缄”字；试问明信片怎样“启”，怎样“缄”呢？所以明信片的写法，其余都和邮寄信的封面相同；“启”却当改作“收”，“缄”却当改作“寄”。信封的写法，则因寄递方法而异；大别之，有四类：（甲）邮寄；

106 关于书信，本书所说可做史料观之，说的都是当时之常识，我们似不必过于拘泥，应当与时俱进。

（乙）专送；（丙）带交；（丁）附交。

一之甲

票邮

上海环龙路五十号

崔可齐先生　台启

诸暨孙缄　十月一日

二之甲

票邮

本埠静安寺路戈登路口

大夏大学

贾醒民先生　钧启

胶州路三十号魏缄　十月一日

三之甲

浙江丽水碧湖镇
诚泰昌宝号烦转寄三峰
彭旭初先生安启
邮票
成都彭缄 十月一日

二之乙

藉复 附书一包
胡诚甫先生手启
郭缄 即刻

二之丙

敬烦
季平世兄锦旋吉便带呈
尊大人为感
伯安缄托 十月一日

一之乙

专送新闸路八十三号
郭守贞先生亲启
候件
胡其仁缄 即日

一之丙

敬烦
朱仲棠兄面呈
金老师 平甫 钧启
候复
叔臧拜干 即

丁

敬祈
饬交 令侄
志恒学兄启
承绪拜托

甲之一，是最普通的外埠邮寄信；甲之二，是最普通的本埠邮寄信；甲之三，是要由商店转寄的；乙之一，是专差送去，立候回件的；乙之二，是叫原差带转去，而且附有一包书的；丙之一，是托人面呈，并候回信的；丙之二，是托友人的儿子带回去面呈他的爸爸的；丁是附在另一信中，托他转交的。凡是邮寄的信，第一行收信人地址最要写得仔细；专送，或托人转交，或附交的信，如其地址为送信人、转信人所不知的，也得写明。“台启”，最为普通；“安启”，用于家信；“钧启”，或用于掌权的人，或用于尊长；“亲启”“手启”，是要收信人自己拆阅，仅用一“启”字也可以；托人带的信，不用“启”字，用“为感”二字，是连上文一气读的。“拜干”和“拜托”一样；用“缄托”，因带信人是小一辈。托人带的信，或用发信人对收信人的称呼，如丙之一和丁；或用带信人对收信人的称呼，如丙之二。“饬交”是着人转送的意思，表示不敢烦带信人亲自转交——这里不过随便举几个实例，信封的写法，已有八种了。教初中学生时，都得详细加以指导。

信里面的上款，对直系尊亲迳用称呼，如祖父母、外祖父母、父母、岳父母……对最接近的亲属，如母舅、胞叔伯、胞兄弟姊妹……亦迳用称呼，或加行次（二伯父、三叔父、大母舅、大哥、二姊、三弟、四妹之类）；从前对业师亦迳用称呼，现在有举其字、下加称呼者（如××老师，×师之类）；对其他亲友，则多于字下加称呼（全举其字作××兄，仅举其字之一字作×兄，均可）。除尊长对直系卑幼，得直呼其名外，**称人皆举其字，不用其名**（名字一致的例外）。我国社会的习惯，取字往往用伯、仲、叔、季（伯×、仲×或×叔、×季之类），子、公、君、卿（子×、公×、×君、×卿之类），生、之、甫、夫（×生、×之、×甫、×夫之类），少、筱、齐、轩（少×、筱×、×齐、×轩之类）等字，单举他字中的一个字时，不要举这些通用字；最好两字全举，以示区别而免误会。至于下款，除直系尊亲对卑幼仅用称呼外，**对人须自称名，不应自称字。**

称呼，初看是简单的，仔细考究起来，却有许多应加斟酌、指导的。例如对业师，称他夫子、先生或老师，自称受业、弟子、门人、门生或学生，似乎毫没问题。但仔细推敲起来，便有斟酌的余地了。

（1）**夫子、先生**——为业师之通称。但古时妇女称其夫亦曰夫子。（《孟子》称嫁女时，母戒之曰：“毋违夫子。”）女学生称男教师为“夫子”，似乎不很妥当。“先生”二字在古代不是专指教师的。《论语》：“有酒食，先生馔。”马融注：“先生，父兄也。”《至元辨伪录》：“先生言道门最高；秀才言儒门第一。”注云：“元人称道士为先生。”《战国策》：“乃见梧下先生。”注云：“先生，长者有德之称。”《礼记·曲礼》：“遭先生于道。”注云：“先生，老人教学者。”现在又用作普通的称呼了。（古人也有仅用一字的。《汉书》：“夫叔孙先非不忠也。”叔孙先即是叔孙先生。汉人称董仲舒为董生，贾谊为贾生，即董先生、贾先生。）

（2）**学生、弟子、门人、门生**——学生本指学校肄业的人（《后汉书》谓灵帝时始置鸿都门学生），又为后辈对前辈的称呼。《留青日札》载宋陈省华见客，子尧叟等侍立，客不安。省华曰：“学生列侍，常也。”《称谓录》也说，明清时，翰林见前辈，名帖上自称侍生，见面时自称学生。《论语》：“有事，弟子服其劳。”上句先生称父兄，故下句云弟子。对师所以称弟子者，《仪礼疏》云：“学生事师，有父子之恩，故称弟子。”至于门人，《论语》上所用的，即指孔子门下弟子。《战国策》所云“孟尝君门人公孙戍”，则为孟尝君的门下食客。《谷梁传》所云“门人射吴子”，则是指守门的人。门人和弟子，从前是有分别的。亲受业者为弟子，转相传授者为门人；见欧阳修《孔宙碑阴跋》。门生则为从前科举时对座主的称呼（五代时，裴皞已称他所举进士桑维翰为门生），以后则官场中投靠权贵门下的都称门生了。

从上面所说看来，称业师不如用“夫子”或“老师”；自称不如用“弟子”或“受业”。先生、学生、门人、门生以不用为是。

信中款式，也很要紧。如说及和收信人有关的人、地、物，往往加“令”“贵”“尊”等字样，如令尊、令兄、贵老师、贵省、贵校、尊夫人、尊稿……；说及和自己有关的人、地、物，须加“家”“舍”“小”“敝”“贱”“拙”等字样，如家严、舍弟、小儿、敝业师、敝省、贱内、拙稿……指收信人或和他有关的，须另行抬写，或空一

批　注

格；指自己或和自己有关的，须偏写在右边。末尾，旧用“此请×安”，“此颂×绥”，“此询×好”，×安、×绥、×好，均须另行抬写。现在语体文信末，往往用“祝您安好”，如也抬写，应当从“您”字提行，不应当把“您”字写在下面，仅把“安好”二字提行。——以上所举，都是些书信形式上最浅的几点，此外应随时指示的，还多得很哩！

我们再举记叙文为例，因为记叙文是初中学生应当而且必须习作的。**记叙文有两种：一记静态，一记动态**。记器物的是静中之静，记风景的是静中之动；记人是动中之静，记战是动中之动。大概记静态者，以空间为主，时间为辅；记动态者，以时间为主，空间为辅。二者各有其外表与内含。如记一部书，则篇目体例为外表，精义要旨为内含；记风景，则风景形态为外表，观览者之心情为内含；记人，则其人之事实为外表，其人之精神个性为内含；记战，则战事之经过为外表，战事之因果为内含。梁启超的《中学以上作文教学法》，说记叙文的作法颇好，兹列二简表示之如下：

梁氏原书，很可以供我们参考。学生习作记叙文时，能这样详尽地加以指导，必能收相当的效益。

各种体裁、各种作法，在习作时，都应予以特殊的指导。这里不过就书信、记叙文举例，以见一斑而已。此项指导，在讲习时，应预为详述；习作时，再视所命题目属于何种体裁，应用何种作法，予以指示。总之，教师多费一分心力指导，学生必可多得一分益处，不论其性质为一般的，或特殊的。习作时，只出题目，不加指导，教师的责任，终没有尽啊！[107]

107 很多时候，可能并不是不愿指导，而是不知道如何指导。

- 记静态文作法
  - (甲)全部
    - (一)鸟瞰——居高临下，撮叙全部；如史记货殖传。
    - (二)类括——分类记述，绵密正确；如汉书艺文志。
    - (三)步移——坐标活动，移步换形；如柳宗元永州八记。
  - (乙)局部
    - (四)凸聚——聚精会神，着眼一点；如梁启超墨子学案。(以兼爱为墨子学说之根本观念。)
    - (五)亦尝——尝鼎一亦，知其余味；如参观学校，专记一部。
- 记动态文作法
  - (甲)叙人
    - (一)烘托——详叙背景，烘托人物；如史记鲁仲达传。
    - (二)特写——特写人物，显示个性；如史记李将军传；水浒传、红楼梦亦以此见长。
    - (三)陪衬——力写旁人，以资陪衬；如史记魏公子传以侯生、毛公、薛公、平原君陪视信陵君。
  - (乙)叙战
    - (一)划分段落——分叙战前、战时、战后；如左传邲之战。(此文叙战时仅「车驰卒奔乘晋军」七字。)
    - (二)阐明因果——因在战前，果在战后；如左传城濮之战。
    - (三)确定主体——对战争主体、竭力描写；如史记项羽本纪叙钜鹿之战，仅以项羽一人为主体。
    - (四)描写心理——胜败由心理感召者极多；如通鉴记淝水之战写双方心理极明显。

第三章　批改一（字与词的批改）

国文教师最繁最苦的工作是批改作文；对于批改的工作，能有不厌不倦的精神的，实在很少。带着厌倦的心情去批改作文，自更觉其繁苦了。于是但求敷衍塞责，打几个虾皮圈儿（不完全的圈儿像一只虾皮，故名），加几个“尚清顺”“欠明白”极简单的总批，便算了事。甚至有搁着不改，到学期终了，仍还给学生的。**我却认为批改作文，是教师应负的责任；潦草敷衍的批改，等于不批改，于学生毫无好处。**教师如能认真批改，必能引起学生的注意；学生因注意作文、注意批改，而国文有显著的进步，必能引起教师的兴趣[108]。怀着欣喜的心情去批改作文，便不会觉其繁苦可厌。栽花养鸟的人们，见花儿开了，鸟儿歌唱了，便把以往的麻烦全都忘了；保育婴孩的母亲，见婴孩会笑了，会牙牙学语了，便把以往的辛苦全都忘了。**学生学业的进步，是劳苦的教师们的精神上最大的安慰！**

一般教师批改作文，只是就学生抄清的文卷上加以增删，加以总批。其实，习作批改不限于书面的，还有一种“**黑板练习**”的方法[109]。这方法，从前我的业师张献之[110]先生曾采用过，那时我还在中学里读书哩。黑板练习，每星期一次，每次一小时候。先指定三四个学生，由教师命

108 教师的批改能使学生得益，全凭教师对待学生的态度和自身的语文素养。古代有所谓“一字师”者，只改一字，而使对方心悦诚服并终生受益，可为榜样。

109 “黑板练习”批改法，可以调动学生的积极性，取长补短，集思广益，亟待继承发扬，不应成为绝响。

110 张相，字献之，浙江杭州人，语文学家，有“钱塘才子”之称，曾任教于杭州安定学堂、府中学堂、宗文学堂。传世之作有《诗词曲语辞汇释》。

111 反馈信息的质量是有效批改的关键。

112 先叫学生自己改，应当让学生们清楚怎么改，改好后的结果要给予及时的反馈。

113 蒋先生的做法，是为楷模。然而，现在班级的学生人数多，再加上一些其他的因素，教师事务已很繁忙，很少有老师这么做了。当然也不是不可能这样做，每个学生一个学期能轮到一次，也很不错；或者利用现代信息技术与学生进行作文批改的交流。事实上，对信息的反馈非常重要，这对学生的学习有很大的帮助。

题，或不限题目，只限定体裁，或指定一段读过的文章，叫学生摹仿。大约三十分钟，便须作完。他当场动手就改；随改，随把所以改的理由讲给学生听。如其不到三十分（钟），便做好了；他先叫别的学生改，改得不妥，或不能改时，他再加以补正，仍把理由讲给学生听。二年黑板练习，收效极大，因为他不但替我们改，而且使我们大家知道要改的所以然[111]。这是值得效法的一种方法；可惜现在各中学里每班的学生多至五六十人以上，每学期每人轮不到两次！

民国十二三年时，我在某中学教国文，曾试用过一种**先叫学生自己改的方法**，成绩亦颇不坏[112]。那时，学生作文，每二星期一次，每班只有三十余人。学生作文缴卷以后，我先阅看一遍，在卷子上加许多记号（如错字、别字，在右旁加“×”；字词不通，在右旁加“——”；语句不妥，在句末加“、”；要加添的，要删去的，要先后互易的，都各有记号）。到第二周不作文的那二小时，发出去叫学生就有记号处自己改正，改后另抄一份，连原稿再缴给我。我再加以核对，未改者或改得不妥者，然后再来批改。批改哪一个学生的作文时，便把他叫来，坐在我的书桌旁，一面改，一面讲，一面批，务使他们知其当然和所以然[113]。这方法，一则先叫他们把自己的作文重新考虑一遍，则对于第二次的批改，印象自然较深刻；二则用个别的教学法，比较普通的班级教学，自然亲切得多。

不论方式如何，批改总可分为二部分：一是字与词的批改，二是章句与内容的批改。**本章所述，是字与词的批改**。我在前面已谈起过，中国字虽是单音字，一个字只有一个音；中国的语言文字却并不是单音语，因为有一个单音的字可以表一个观念的“单词”，也有联合两个以上单音的字始能表一个观念的“复词”。所以严格地说，中国语言文字的基本单位，是“词”而非“字”。以化学来譬喻，“字”是原子，“词”是分子。固然也有一个原子可以独立而成分子的，却不见得凡是原子都可以成为分子。可是批改国文，却不论它是字，是词，都得加以注意。关于字与词的错误，有两种：一是书写的错误；一是使用的错误。前者由于没有把字的“形”或“音”辨得清楚；后者由于没有把字或词的

"义"认得明确。现在再从这两方面来分别说明[114]：

（一）书写的错误——书写的错误也很多。第一，就是所谓"别字"[115]。"别字"一名，最早见于《后汉书·儒林传》："谶书非圣人所作，其中多近鄙别字。"《集解》引何焯语，谓如以刘为卯金刀之类，则非现在所说的别字了。又如扬雄的《辅轩使者绝代语释别国方言》，简名《方言》，又称《别字》；也不是此地所说的别字。顾炎武《日知录》说："别字者，本当为此字，而误为彼字也。令人谓之'白字'，乃别音之转。"这才是我这里所说的别字。别字，可以从形音两方面分别来研究。

（1）字形——有字的本体原来相似的。例如：

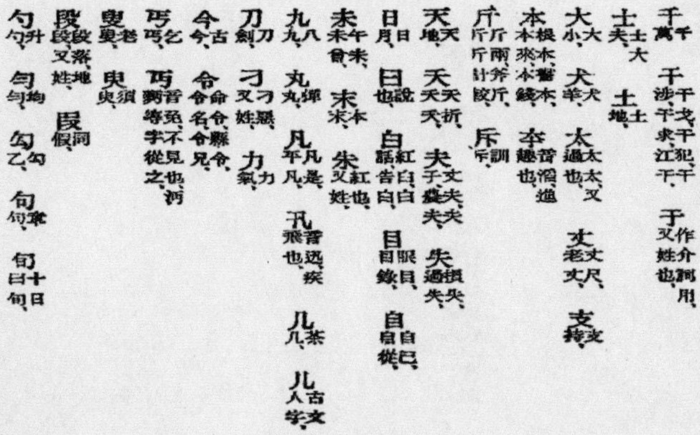

本体相似而不同的字，虽加同样的偏旁，仍是另外一字。例如：

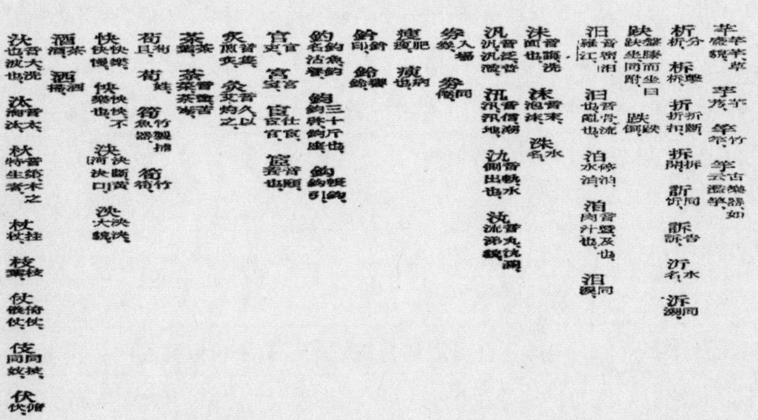

114 "字"本位？"词"本位？蒋先生的见解较为稳妥。

115 说的是作文批改，其实也是传授基本的语文知识。

但也有本体相同，因为所加的偏旁不同，而另成一字，音义俱异的。例如：

治（治亂、政治） 冶（陶冶） 淮（水名） 準（批准）
待（等待、招待、待遇） 侍（陪侍）
崇（高也、崇拜、崇尚） 祟（鬼祟、鬼怪出現禍人也）
盲（盲目、音忙） 肓（膏肓、音荒）
管（竹管、管理、又姓） 菅（茅也、如云草菅人命）（笱與苟、筍與荀，亦屬此。）
瞻（瞻望） 贍（足也、音贍去聲） 睹（見也） 賭（賭博）
辨（辨別） 辦（辦理）
拍（拍球） 柏（松柏） 挑（挑戰） 桃（桃李）
拑（同箝） 柑（柑子） 抱（抱負） 枹（音廣、鼓槌也、又普包、木名） 抄（抄寫） 杪（樹杪、歲杪） 抽（抽出） 柚（木名）（折與析、拆與柝，亦屬此。）
拍 怕（恐怕） 掉（掉換） 悼（悲悼）
侮（欺侮） 悔（追悔） 倩（請也、婿也） 情（情感）
晴（晴雨） 睛（眼睛）
呢（呢喃、呢絨） 昵（音匿、親昵） 味（趣味） 昧（曖昧） 嘆（嘆氣） 暵（音旱、烘熱也）

116 字、词的批改，宜细不宜粗。

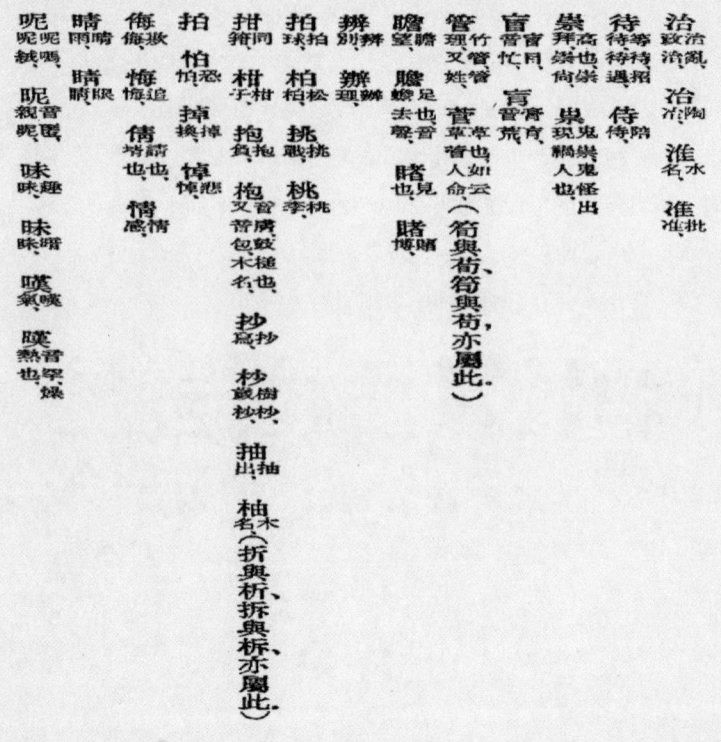

有些偏旁，或可通用，或不可通用；不可通用的，便另是一字了。从“隹”从“鳥”，有时可通用，故“雞”可作“鷄”，“鴉”可作“雅”；但是“唯”和“鳴”，却截然是两个字。从“口”之“嘆”，和从“欠”之“歎”本是一样（的）；“听”（俗作“聽”字，本音狺，笑貌），和“欣”却截然是两个字。“訾”和“呰”（訾毁也），“詍”和“呭”（多言也），“诃”和“呵”（呵斥也），都是同义的，可见从“言”从“口”有时可通用；但如“调”（调和、曲调）与“啁”（啁哳）、“谐”（和谐）与“喈”（鸟鸣声）、“谈”与“啖”（吃也）、“谁”与“唯”，又绝对不可混为一字。合体字所合的两体，有可以移易位置的，有不可以移易的；不可移易的，如把它们移易了，便是另外一个字了[116]。如“裙”可作“裠”，“羣”

可作“群”，“略”可作“畧”，“词”可作“詈”，“桃”可作“枿”，“裹”可作“裡”，“期”可作“朞”，“棋”可作“棊”，这些是可以移易的例。可是“唯”与“售”、“怠”与“怡”、“忠”与“忡”、“悲”与“悱”、“忘”与“忙”、“栗”与“栖”、“東”与“杲”“杳”、“泉”与“泊”、“江”与“汞”、“君”与“咿”、“帕”与“帛”、“裹”与“裸”，位置一移动，便成另一字了。

（2）字音——字形虽不相像，因为字音相近或相同，也容易写别字。例如：

計（計策、計劃、計算、會計、）記（記述、記號、記憶、）紀（綱紀、紀律、）

饑（收成不好、）飢（飢餓、）

謂（說也、「謂之××」即「叫他××」、「一之謂××」即「這叫做××」、）爲（是也、做也、因爲、爲了、「爲他」、「爲之××」即「這是××」、）

會（合也、如集會、又能做、俗曰會做、）

常（常常、平常、）嘗（曾也、嘗試、嘗味、）

理（文理、條理、道理、治理、）禮（禮節、）裏（表裏、）

詞（詞類、詩詞、）辭（言辭、文辭、辭職、）

眞（眞假、「這花開得眞好」、意言的確好、）正（公正、恰好、「這花開得正好」、意言開得恰到好處、）

趁（趁船、趁此機會、）賺（賺錢、）

都（都市、又凡也、）多（多少、）

以（所以、介詞、）已（已經、副詞、）

應（應該、）因（原因、因爲、）

響應（此響彼應、謂之響應、）影響（受影響、）

仍舊（依然如故、）成就（學問事業已有成績、）

籍貫（所屬省縣之籍貫、）習慣（一種動作反覆屢爲之積久則養成習慣、）

顧慮（有所顧忌、須加考慮、）過慮（考慮得太仔細、）

一般（特殊之對、普通的意思、）一班（指一部分或一類、）一斑（指一點、如云「管中窺豹只見一斑」、）

幹（幹辦事、如幹才、幹事、）趕（追趕、）

固然（本來如此、）果然（果眞如此、）過意（如云「過意不去」、）故意（有意如此、並非偶然、）

不曾（猶云未嘗、）不成（不成功、亦常用於結語、如云「你眞要打我不成？」）

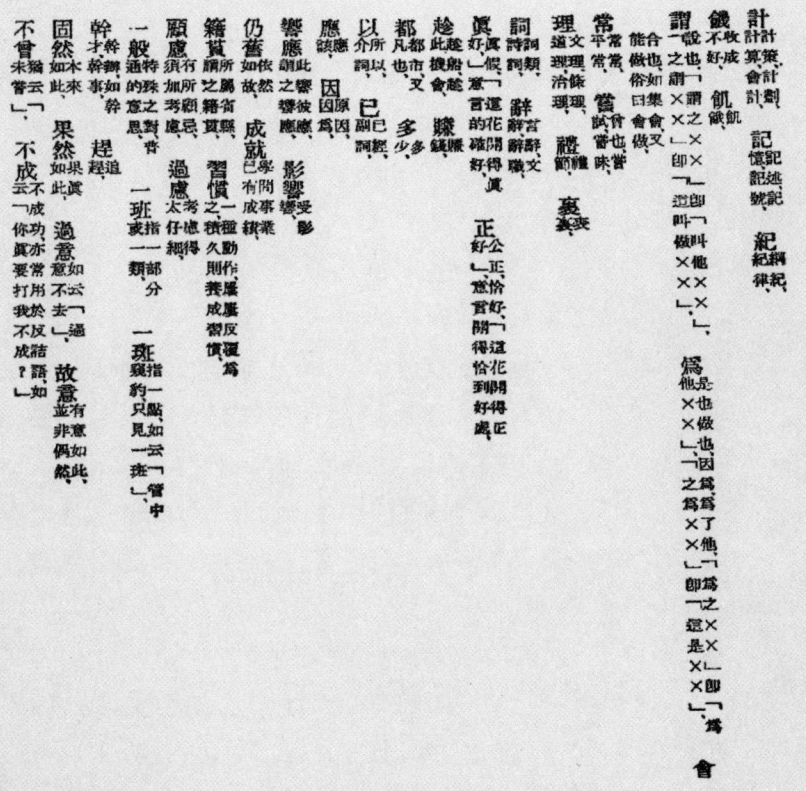

又有音既相近，形亦相似的，更易错误。例如：

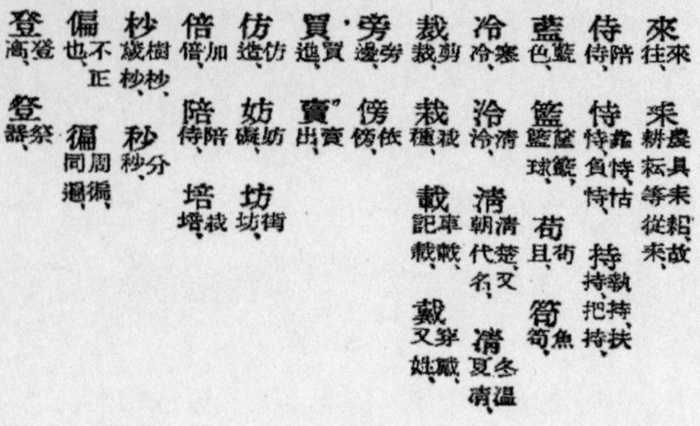

古代又有因音近或音同而通借的字，却不算作别字。例如“尉安”之“尉”通借作“慰”，“女红”之“红”通借作“工”，“莫”是“暮”的本字（从日在茻中）。古书中往往用作“暮”，“辟”字可借作“闢”“譬”“避”等。又有音同形异，实是一字的。例如“姻”和“婣”，“效”和“効”，“徧”和“遍”，“踟蹰”和“趑趄”“踌躇”，“逍遥”和“消摇”，“徘徊”和“裴裒”，“踯躅”和“彳亍”等。这些也不认为别字的。最困难的，就是这些字，何者可通借，何者不可通借；形体不同，又何以算是一字；音义俱同，却都没有一定的条例可言。

笔画写错的字，不能说它们是别字，只好说它们是错字。例如：

“歩”是“步”之误。“步”字篆本作“𣥠”，从二“止”，一正一反。止本义是脚。左脚大指在右，右脚大指在左；步行时左右二脚，一前一后，正像个“𣥠”字。若在下面加了一点，不成了个骈拇枝指吗？

“嵗”是“歲”之误。“歲”从“步”“戌”二字会意。岁星运行一周，便成一年，所以年又叫做“岁”。

“盗”是“盜”之误。“盜”字从“次”“皿”二字会意。“次”同“涎”；“皿”是器物。见别人的器皿而垂涎，所以生窃盗之心了。古时“盗”本指偷窃，所以如此造法。如上面写个“次”字，意便不合。

“羡”是“羨”之误。“羨”字从“羊次”二字会意。古时畜牧时代，以羊肉为美味，故“鲜”“美”等字均从羊。见美味而垂涎，便是羡慕的意思。

“祭”是“祭”之误。“祭”字从“月”“又”“示”会意。月，即肉；又，即手；凡是与俸奉鬼神等礼有关的字都从“示”。以手持肉，俸奉鬼神，这叫做“祭”。

“初”是“初”之误。“初”之本义是裁衣，故从“刀”从“衣”会意。如作“礻”，是从“示”了。

“武”是“武”之误。“武”字篆本作“武”，从止戈会意；故作“武”是正体，作“武”已是变体，若作“武”，则是错字了。

“剛”为“刚”之误。“刚”从“刀”，“冈”声。凡纲、岗等字皆从“冈”声，网、惘等字皆从“罔”声。

“緞”为“缎”之误。凡缎、锻、煅等字皆从“段”声，假、暇、瑕、霞等字皆从“叚”声。

“適”是“适”之误。滴、适、摘、嫡等字皆从“啇”，不从“商”。

“竦”是“竦”之误。竦，从“立”，“束”声。“束”字从“木”“口”，所以束之，竦、涑、速等字从“束”声。“朿”音刺，刺、策等字从“朿”声。

“恭”是“恭”之误。恭字从“心”（⺗即心字）共声。“忝”作“忝”，亦误。

“膝”为“膝”之误。膝字从“肉”，“桼”声。“桼”字上从“木”，不从“来”。“漆”字同。

“枏”字同“楠”，从“木”，“冄”声。一般人把它写作“柟”或“枬”，也是错字。

“抑”为“抑”之误，“聊”为“聊”之误；“昻”为“昂”之误，“節”为“節”之误。因为它们所从的“卬”“卯”“卩”三字形似之故。

“歛”为“斂”之误，“孰”为“孰”之误，“從”为“從”之误，“展”为“展”之误，这也都是因为字的一部分形体和其他的字结构类似之故。

以上所举诸例，如果说它们是别字，则笔画写错之后，并不成另一字；照字的原来结构说，的确是错误的。

中国字确是繁难极了！因此，前几年，**教育部有简笔字的颁布**，想简省中国字的笔画，以便书写。可是一般人写简体字，往往写成别字。例如语体文中常用的“麽”字都写成“么”。其实，“么”字是另外一个字，音腰，小也；俗话说的“么麽小丑”，“么二三四”，都还用着它，如何可代“麽”字用？所以教育部颁布的简字，把“麽”字改作“庅”，以免和“么”字相混，这是小心斟酌过的。但也有未尽善的地方。如“歡”字简作“欢”，“鷄”字简作“鸡”。照这两个例类推，不是“莫”和“奚”都可简写作“又”吗？“漢”字“溪”字不都变成“汉”字了吗？“難”字可写作“难”；“鷄”字既可通写作“雞”，不也成了“难”吗？诸如此类，不是行不通的吗[117]？

117 简化字应以当下简化字表为准。“麽”简化为“么”，“歎”简化为“叹”，“欢”则是“歡”的简体。

（二）**使用的错误**——初中学生作文，除别字、错字等书写的错误外，还有使用的错误。前者，或因形似，或因音近，或因笔画写错；后者则多因意义相类，没有辨别清楚，或竟不加辨别，随意使用，并且没有顾到文法修辞之故。一个字、一个词，各有它的含义，它的作用，用得不适当，便成语病；或太过，或不及，或晦涩，或肤泛，或竟谬误，甚至和作者的原意相反。所以讲读时，每逢生字僻词，必须讲得仔细，使学生们有一个极明确的观念；习作时，尤须审慎地选择使用，方能恰到好处；批改时，亦须把这些用得不妥当、不适合的字和词改正，并批示其所以然[118]。兹就意义、文法、修辞三方面，各举实例如下：

118“批示其所以然”，费时费力，然亦必须，不可含糊。只是不能一概而论，因为有的无理可说，语感使然。如“相声”之前置动词一般只用“说”，而不用“讲”就是一例。

（1）**意义方面**——字或词，**有字面似乎相同，而含义实异者**。例如“社会事业”“社会科学”“社会政策”“社会问题”“社会主义”，颇有人把它们混为一谈，随便乱用的。其实，社会事业指社会上各项事业而言，如慈善事业、合作社、民众学校……；社会科学乃对自然科学而言，为研究社会现象以求发现其中因果关系之科学，以广义言，如经济学、政治学、社会学……都可以说是社会科学；社会政策，则是国家对种种社会问题所执行之政策，如劳动者保护政策、失业救济政策……；社会问题，则因为现存社会组织、社会制度之不良而引起之问题，如劳动问题、妇女问题……；社会主义，则为改革现社会经济制度之学说，如共产主义、工团主义……。假如某人曾主持某种慈善事业，说“某君曾办社会主义”，不是闹笑话了？余如“观念”和“概念”，“气节”和“气概”……也是如此。又有**单字含义极似相同，而实际上有分别的**。例如“闻”和“听”，“见”和“看”，乍看似乎是同的。细按之，则“闻”是听音接于耳，是“听到”的意思，等于英文的hear；“听”是有意去听，等于英文的listen to；“见”是形色接于目，是“看到”的意思，等于英文see；“看”是有意去看，等于英文的look at，语体文用看，文言文用“视”：《大学》的“视而不见，听而不闻”，《中庸》的“视之而弗见，听之而弗闻”，最足以表示它们的不同。我们到戏院里去，只能说去听戏，去看戏，不能说去闻戏，去见戏，便是这个道理。又如我们江浙一带人的口语里，吃什么东西都叫做“吃”；其实是有分别的。文言文中常用的“饮”“食”二字，便有吃液体饮料和吃固体食物的分别。语体文，则固体食物曰“吃”，如吃饭、吃糕；液体饮料曰“喝”，如喝茶、喝酒；至于纸烟、旱烟，则是气体，应当说“吸”。如其说：“请喝烟、请吸茶”，便不通了[119]。**又有因程度不同而意义发生差别的**。如形容温度的字，“温”和“暖”和“热”，“凉”和“寒”“冷”，便各有程度上的差别。“已凉天气未寒时”这句诗，很可以表示“凉”“寒”二字的不同。又如“观”“览”“视”“察”，虽同是看的意思，却有仔细不仔细的分别；所以普通的客人到校里来，说是“参观”，督学则曰“视察”。又如“踱”指缓步，“走”则较快，“跑”和“奔”则更快，也可以说是程度上的差别。推而广之，就是“奢”和“俭”和“吝”，也是程度上的分别；中节则俭，过则奢，不及则吝。**又有同出一语根，而用起来意义有差别的**。例如“徘徊”本为叠韵联语，可以转为“彷徨”“盘桓”，“徘”和“彷”和“盘”是双声，“徊”和“徨”和“桓”是双声；它们是从同一语根演变出来的，意义上却各不同。“今晚月明如画，徘徊庭中，颇得清趣。”如把“徘徊”改作“彷徨”，便不妥了。“暑假中请您到舍间来盘桓几天吧！”如把“盘桓”改作“徘徊”，已是不妥；改作“彷徨”，竟说不通了。**又有意义本同，须看地位使用的**。同是一“死”，古时有种种不同的词，如天

119 “吃茶去”，是禅宗里的有名话头。可见，“吃茶”亦可，并无不通。汉语极其灵活，必须重视语感的培养。

子死曰“崩”，诸侯死曰“薨”，大夫死曰“卒”，庶人死曰“死”；长辈死曰“捐馆”“弃养”，幼小死曰“夭”“殇”，曰“不幸短命”；《战国策》触龙说赵威后，称太后死曰“山陵崩”，自称曰“填沟壑”；就是普通的讣闻上也有“寿终”“疾终”“病故”等分别；就是现代口语中，也有“故世”“不在”“丧命”“死脱”……用时都因死者的地位而异。同是一封信，有“谕”“示”“教”“札”“函”“禀”……用时也须看写信人的地位而异。同是给人东西，也有“赐”“赏”“给”“赠”“献”……的不同。我曾看到一个初中学生的家信；说：“儿在校，很能得先生们信仰爱戴。同学们对于先生也能赏识。”先生信仰学生，爱戴学生，学生赏识先生，不是把师生的地位颠倒了？——诸如此类，都应于批改时加以纠正、说明。如能免除这一类用字遣词的弊病，写作自然进步了。

120 语法问题较为复杂，语文教师应读一两部可靠的专著。

（2）<u>**文法方面**</u>[120]——以文法论，也有许多字和词使用不当的语病。或**助词使用不当**。“呢”和“吗”，同是语末助词，可是用法不同，前面已列表说明过了。表选择的或寻求的语气，则用“呢”，表有疑而询问的语气则用“吗”；用反了，便不妥。例如：“他是中国人，还是日本人吗？”“他这样用功，何以还考不及格吗？”“你是昨天到上海的呢？”即使用于反诘语，语气也各不同，“吗”字只表反诘，“呢”字却仍含有寻求的语意。例如：“我这般详细地讲给他听，他还不懂吗？”只表示怪他不懂的意思。“我这般详细地讲给他听，他怎么还不懂呢？”便于怪他不懂之外，更诘责他为什么不懂了。文言文中“欤”“乎”二字，因为“欤”是撮口音，语气较为婉转；“乎”是合口音，语气便较强了；“哉”字，则用于反诘感叹的语气，和前两字又不同了。至于“也”“矣”“焉”三字，虽均用于肯定语，而所表示的语气意思也各不相同。用得不当，轻则语气不合，重则语句不通。或**副词使用不当**。“不”“勿”“未”，都是否定的副词。“不”字单表示否定的意思；“勿”字则含有命令式的禁止，劝谕式的警戒的意思；“未”字则兼示时间上、事实上不曾有此动作的意思。例如：“某君不言”只表示他不讲话，“某君勿言”便有叫他不要讲话的意思，“某君未言”则说他并没有讲过话。如随意乱用，意思便不同了。或

介词用得不当。“在”字和“于”字，都是表所在的介词，意义本差不多。所以“人行于桥上”，也可以说“人在桥上走”；“王君长于算学”，也可以说“王君长在算学”。可是“醉翁之意不在酒”，不能说“醉翁之意不于酒”；“鱼在水中”，不能说“鱼于水中”。不细加分辨，便有使用不当之病了。或**连词用得不当**。“然而”是转折连词，“然则”“然后”是承接连词，义亦不同，使用时不能互易；这是很显而易见的。可是初中学生，往往用错。例如：“某君性极聪颖，然则学业成绩终不如人；因怠惰因循，已成习惯也。然而吾辈天分不及某君者，当知自勉矣。”“学然而知不足，教然则知困。”前一例，“然则”“然而”当互易；后一例，“然而”“然则”都当改作“然后”。又如“虽然”一词，用于句首，如其独立作一逗，则以下各句的意思都转了过来；如与下句连读，而其后又跟着一个和“虽然”连用的“但是”，则仅是上句和下句的意思有一转折。例如：“某君考试竟获冠军。虽然，此特侥幸而已！”“虽然他自命为诗人，但是他的诗做得并不好。”可见同一个词，使用方法也有不同。——这些，可以说是文法上用字遣词的斟酌。

（3）**修辞方面**——文法，是通不通、妥适不妥适的标准；修辞，则更进一步，考究所用的字和词究竟好不好。上文已举过的例：“僧推月下门。”就意义上、文法上说，“推”字并没有不妥；可是按之意境、声调，便不及“敲”字好了。《竹坡诗话》载杜甫诗“握节汉臣归”，据晁以道家藏宋子京手抄本作“秃节汉臣归”。此句原指苏武归汉；武在匈奴，被放北海边，持节牧羊，卧起与俱，十九年，节毛尽落。用“握节”原也妥当；作“秃节”则更可以示其历年之久。宋张咏诗云：“独恨太平无一事，江南闲杀老尚书。”萧宰改“恨”为“幸”。金末张橘轩诗云：“富贵倘来良有命，才名如此岂长贫。”“万里相逢真是梦，百年垂老更何乡。”元遗山改“倘来”为“逼人”，“如此”为“如子”，“万里”为“万死”，“垂老”为“归老”。唐江为诗云：“竹影横斜水清浅，桂香浮动月黄昏。”宋林逋把“竹影”改作“疏影”，“桂香”改作“暗香”，便成为梅花诗的名句。晋左思《招隐诗》云：“白云停阴岗。”何焯《读书记》说不如改

121 所举数例，均极精典，宜加揣摩。如改“万里”为“万死”，令人拍案叫绝！

“白云”为“白雪”。——这些都是修辞上推敲的工夫。如其学生国文程度较好，用字遣词，意义上、文法上已无大误，批改时便当更进一步，就修辞的技巧上，为之推敲[121]。

第四章　批改二（章句与内容的批改）

句子是字与词组成的。字与词，书写和使用都没有错误了，文章便通顺了吗？不，并不！如其组织不全，语气不合，杂乱、累赘，则文章仍是不通；意思谬误，不合论理，文章仍是不顺。所以批改不仅当注意字与词，还得注意章、句与内容[122]。本章所述，就是这一部分。

（1）**组织不全**——句子的组织不全，便不能表示它的意思；篇章的组织不全，便似四肢五官有缺陷的人，不但非常难看，终是一个残废者。所谓**句子组织不全，系指文法上缺少了一部分**。例如动词有“及物”和“不及物”之别。及物动词必须有止词，止词之外，或者还需有补足语；不及物动词虽不需要止词，有的却需要补足语[123]。动词需要止词的没有止词，需要补足语的没有补足语，这句子的组织便不完全。例如说：“近来德国飞机屡次去轰炸，英国飞机也屡次去轰炸。”我们看了这两句话便要发生疑问：“去轰炸哪里呢？他们去轰炸同一地方吗？”因为它们都需要止词，若改作“德国飞机屡次去轰炸伦敦，英国飞机也屡次去轰炸柏林”，组织便完全，意思便明白了。又如说：“十月十日是中华民国诞生。”这句子的组织也不完全，意思也不明白。因为“是”字是同动词，同动词“是”字之下需要一补足语，和它的主词是同位的，同指一事物

122 批改作文，须有文章学（辞章学）的根底。

123 蒋先生所谓“止词”即今之“宾语”。

的。这句子的主词是“十月十日”，是一个日期；所以“中华民国诞生”之下，必须加“的日子”三字，方才完全。又如“他叫我”三字也不是完全的句子。因为“叫”字虽已有一个止词——“我”——还需要补足语，意思方完全；倘若在下面再加“表哥”二字，方成一完全的句子。又如说：“读书要有进步，非口到心到眼到手到。”句末少了“不可”二字，便读不通了；因为“非……不可”是必须如此的意思，“非”和“不可”是两重的否定，以两重否定表示肯定的坚确，省去“非”字或“不可”二字，都是不完全的组织。句子的组织须完全，篇章的组织也须完全。如记游山，登山之后便停止了，则游山的人似乎没有下山，成为一篇未完的文章了。

124 作文即做人，但亦需知识的支撑。

（2）**语气不合**——说话的意思虽然相同，语气却须看什么人说，和对什么人说而定[124]。例如对青年学生演讲，说：“诸位都是年富力强，心地纯洁的，有志气、有知识、有能力、有作为的青年，都是中华民国将来的主人翁，社会的柱石，大众的导师……”这可说是演讲者对青年学生们的期望。倘若中学生作文，自己说：“我们都是年富力强，心地纯洁的，有志气、有知识、有能力、有作为的青年，都是中华民国的主人翁，社会的柱石，大众的导师。”便有狂妄夸大之嫌了。又如儿子写信给父亲说：“现有急需，速寄法币三十元来，毋得迟误！”这完全是命令式，不合于儿子对父亲的语气。反过来，父亲写信给儿子说：“来信敬悉。现由邮汇奉法币三十元；收到后，务恳即复一信为盼！”又太客气了。此外，如仅可直叙的，偏要做成反诘语、疑问语，也可以说是语气不合。整篇文章的语气，也可由此类推。

125“次序杂乱”的实质是思维杂乱，但同时也是语文素养的问题。

（3）**次序杂乱**[125]——整篇文章，须层次明白，前面已说过了。每句中所用的词，也各有它们适当的位置；先后倒置，便成语病，至少是另外一个意思。“他是我最佩服的人”和“他是最佩服我的人”，“我没有写信给他”和“他没有给我写信”，所用的字并没有增损改易，意思却完全不同。“十月十日是武昌起义，二十九年前的纪念日，叫做双十节，所以定为国庆日。”这句子便不很妥当。但批改时不必增减文字，只须把次序先后移易，便可成通顺的文句："十月十日叫做双十节，是二十九年前武昌起义的纪念日，所以定为国庆日。""九月初九日是阴历重阳佳节，气爽天高，旧有登高之俗，那时候正宜游览。"如把它改成"阴历九月初九日是重阳佳节，旧有登高之俗，那时候气爽天高，正宜游览"，便更妥适了。

（4）浮词累赘[126]——无论说话作文，都须简明，若累赘拖沓，反致语意不明，令人生厌。中学生作文，往往想拉它长来，以致满纸浮词，当以删削之法改之。整篇如此，各句也是如此。例如说："我国数千年来沿用的建寅的夏正阴历，季秋九月上浣九日，日月都值阳数之九的重阳佳节，旧时相传有费长房叫桓景避灾的故事，故有于是日登高之习俗。"便太累赘，不如上节所说"阴历九月九日是重阳佳节，旧有登高之俗"，来得简洁明白。又如说："岳武穆飞是南宋时一个赤胆忠心、精忠报国的忠臣，曾领导抗战，给那时候的侵略者、蹂躏大部分中国的金人重大的打击，大败之于朱仙镇。"这句话也累赘极了。若把它洗刷干净，便成"岳飞是南宋时的忠臣，曾领导抗战，大败金人于朱仙镇。"总之，句子中重复的、不必要的字和词，都应当淘汰尽净，方能达到简明的境界。

上举四端，是就最粗浅的文法说的。如进一步就修辞方面说，则虽古代有名作家之文句，亦有尚须斟酌者[127]。例如欧阳修《秋声赋》中有云："丰草绿缛而争茂，佳木葱茏而可悦；草拂之而色变，木遭之而叶脱。"如改成"草正茂而色变，木方荣而叶脱"，不更简明吗？又如《史记·廉颇蔺相如传》云："廉颇之免长平归也，失势之时，故客尽去。""失势之时"四字，不是可以删去的吗？《郑世家》云："孔子尝过郑，与子产如兄弟云。及闻子产死，孔子为泣曰：'古之遗爱也。'兄事子产。""兄事子产"四字，不也可以删去吗？（详见王若虚《史记辨惑》。）《樗里子传》云："母，韩女也。樗里子滑稽多智。"苏辙《古史》改为"母，韩女也；滑稽多智"，省去"樗里子"三字，似乎在说樗里子之母滑稽多智了。《甘茂传》云："甘茂，下蔡人也；事下蔡史举，学百家之说。"《古史》把"事"字省去，似乎在说下蔡史举学百家之说了。（详见黄震《黄氏日抄》及顾炎武《日知录》。）欧阳修《岘山亭记》云："元

126 当今作文，浮词充斥，非改不可。

127 "尽信书，不如无书"，即使名家之书，亦不可迷信。

128 文章繁简，多有学问，除阅读相关论著外，更需随时随地认真揣摩。

觊铭功于二石：一置兹山，一投汉水。”语意本已明白。章惇却说他声调太生硬，上句末须加“之上”二字，下句末须加“之渊”二字。**可见文字之或增或减，各有所当，不可一概而论**[128]。因为文章有简胜于繁的，也有繁胜于简的。《说苑》云：“夫上之化下，犹风靡草；东风则草靡而西，西风则草靡而东，随风所由而草为之靡。”凡三十二字。《论语》云：“君子之德，风；小人之德，草；草上之风，必偃。”凡十六字。（《孟子》“风”“草”二字下各多一“也”字。）《尚书·君陈》云：“尔惟风；下民惟草。”则仅七字了。比较起来，以《尚书》最为简练。**这是简胜于繁的实例**。《礼记·檀弓》：“子路有姊之丧，可以除之矣，而弗除也。孔子曰：‘何弗除也？’子路曰：‘吾寡兄弟而弗忍也！’孔子曰：‘先王制礼，行道之人皆弗忍也。’”《孔子家语》亦载此事，记孔子之言曰：“行道之人皆弗忍。先王制礼，过之者俯而就之，不至者企而及之。”比《檀弓》多了两句，意思便明白多了。**这是繁胜于简的实例**。所以名家论文，都说文章繁简各有所当，不可执一。《文心雕龙》云：“或简言以达意；或博文以赅情。”《史书占毕》说：“合作，则简者约而赅，繁者赡而整；不合作，则繁者猥而冗，简者涩而枯。”魏际瑞《论文》说：“文章繁简，非因字句多寡。若庸絮懈蔓，一句亦谓之繁；切到精详，连篇亦谓之简。”钱大昕《论文》说：“文有繁有简，繁者不可减之使少，犹之简者不可增之使多。”**——这是批改作文者应当注意的**。

129 可见古人重音韵更甚于词法、句法。

前面曾经提到过，调整句法，有对偶，有排比，有反复，有层递（见本论一、第五章）。**整齐，固然是美的条件之一；可是有时也得变化，以免板滞之病**。例如李群玉诗有云：“裙拖六幅湘江水；鬓掩巫山一段云。”这明明是对偶的句子，却因平仄的关系，故意做成“**蹉对**”，把“六幅”和“一段”，“湘江”和“巫山”，两双相对的词交蹉位次[129]。又如韩愈《罗池神庙碑》云：“春与猿吟兮秋鹤与飞。”故意把“秋与鹤飞”改为“秋鹤与飞”，使和上半句不同，这二例都是**一种错综语次的变化**。又如《战国策》冯谖一节，冯谖三次弹铗而歌，第一次云：“左右以告。”第二次云：“左右皆笑之，以告。”第三次云：“左右皆恶之，以为贪而不知足。”不但三句繁简不同，而且把每一次孟尝君左右的心情都分别描绘出来了[130]。这是**一种改变句式的变化**。《檀弓》云：“谁与，哭者？”《论语》云：“父母唯其疾之忧。”**这些都是倒装句，又是另一种变化了**。《史记·高祖本纪》云：“诸侯及将相相与共请尊汉王为皇帝。汉王三让，不得已，曰：‘诸君必以为便便国家……’甲午，乃即皇帝位汜水之阳。”汉王的话没有记完，便又接下去叙事了。《水浒传》“火烧瓦官寺”那一回说：“那和尚便道：‘师兄请坐！听小僧——’智深睁着眼道：‘你说，你说！’‘——说，在先敝寺……’”云云。那和尚的话未曾说完，便插入鲁智深的话去。**这在修辞学上叫做“跳脱”，也是变化的一种**。文句有时须求其整齐，有时却须加以变化。——**这又是批改作文者应当注意的一点**。

近人胡适论作文，主张有什么话，说什么话；话怎么说，便怎么说。初学作文，能这样老老实实地，直截了当地把他心里的话写出来，便不致有肤泛累赘、纠缠歪曲之病。可是进一步说到修辞的技巧，则**有时须用曲饰**。李清照词有云：“新来瘦，非关病酒，不是悲秋。”她不直接地说出所以瘦的缘故，偏说“非关病酒，不是悲秋”，则怀远相思之苦已在这两句里暗示出来了。杜甫《春望》有云：“国破山河在，城春草木深。感时花溅泪，恨别鸟惊心。”山河虽在，国已残破，新亭之感，自油然而生；春城之中徒见草木之深，则人烟寥落可知；看花溅泪，闻鸟惊心，则感时恨别之深刻可知。**这就叫做烘托**。《左传》记宋华耦来聘，辞鲁君之宴，竟及其先人华督之罪状，而评之曰“鲁人以为敏”。愚鲁之人以为敏，其非真敏可知。《史记》载周勃入狱，后得释，曰：“吾尝将百万军，然安知狱吏之贵乎？”在狱中受狱吏凌侮之情形，已显然可见。**这叫做闪烁**。《战国策》触龙说赵太后，谓太后死曰“山陵崩”，自言其死曰“填沟壑”，这和现在说话时以“百年之后”称人之死，同是为的讳言“死”字。《晋书·王衍传》说，衍生平不肯说“钱”字，谓钱曰“阿堵物”，**这都叫做讳饰**。《西厢记》中张生以“可憎才”称崔莺莺，其实正是说莺莺的可爱。《水浒传》记高太尉陷害林冲时，孔目孙定说：“这南衙开封府不是朝廷的，是高太尉家的！”《红楼梦》袭人说贾宝玉是“无事忙”。《儒林

130 处处注重语言文字的运用，强调“怎么说”。

外史》杜慎卿反对分韵做诗，说“雅的这样俗！”前二例是“**倒反**”，后二例是“**反映**”。范仲淹词有云：“愁肠已断无由醉；酒未到，先成泪。”《西厢记·请宴》：“请字儿未曾出声，去字儿连忙答应。”以及《诗经》的“谁谓河广，曾不容舠”，李白的“白发三千丈”，**都是“夸饰”**。（王充《论衡·艺增》，刘勰《文心雕龙·夸饰》，汪中《释三九》论词之形容，均指此。）又如《三国志·马良传》“马氏五常，白眉最良”，以“白眉”代马季常良；曹操《短歌行》“何以解忧，惟有杜康”，以造酒的杜康代酒；温庭筠词“过尽千帆皆不是”，以帆代船；白居易《长恨歌》“汉王重色思倾国”，以汉王指唐玄宗，以倾国代美人：**这叫做“借代”**。以上诸例，都是偏不老实说，不直截说；因为太老实了，太直截了，便觉一览无余，不耐咀嚼，所以要用曲笔，要加文饰。——这也是批改作文者应当注意的[131]。

131 以上两段内容均颇精彩，然而似乎更适合阅读教学。

总上所说三点观之：过繁则枝蔓，过简则枯涩；枝蔓须删削，枯涩须增润。文句有整齐之美；太整齐，又易板滞，须加变化。作文须说老实话，话须直接地说；但太老实直截，又易索然无味，有时须用曲饰。这都是修辞的工夫，程度较高的中学生，方足以语此。此外，文章形式上，还有两种常见的弊病：一为烂调套语太多，一为文言语体夹杂[132]。“求木之长者必固其根本，欲流之远者必浚其泉源。”本出于魏征的《十思疏》。套用得太多了，便成文言文里的烂调。“燕子去了，有再来的时候；桃花谢了，有再开的时候；杨柳枯了，有再青的时候。”原是朱自清《匆匆》的开场白。袭用得太多了，便成语体文中的烂调。“改造社会，救国救民，做民众的领袖、国家的柱石……”“研究国学，整理国故……”“宗孔孟之道，继绝学，息邪说，正人心……”这些，那些，种种门面话，高调，也常常可在中学生的文卷中看到。其实，也只是些烂调套语而已。还有的吗呢啦，之乎者也，夹七夹八，乱用一阵，既非文言，亦非语体，又不像宋儒语录体的。批改时也不可轻易放过，必须把它们洗刷干净。

132 这两种弊病，于今尤甚，令人感叹不已。

作者态度方面也有三种大病：一是轻佻，一是狂妄，一是猥亵[133]。幽默派的作品看得多了，又都是一知半解的，于是好处没有学得，只学会

133 此三大病，虽是作文问题，更是品性问题。

了说俏皮话，说冷话，说死话，说低级趣味的笑话。须知所谓“幽默”，正是所谓“满纸荒唐言，一把辛酸泪”，轻松的里面包着严肃，嘻笑的里面含有悲苦辛酸；否则，便失去它幽默的价值。中学生学幽默，学成了浮滑、刻薄、嬉皮笑脸的轻佻，不但于作文有妨，且于品性有害。中学生还不配谈学问。可是习闻自命为“专打孔家店”者的牴排孔子之谈，也盲从着攻击前圣，其实，他们并《论语》一书还没有见到过哩！有的又俨然以卫道之徒自居，对于一切新思想、新学说，一无所知，也盲目地加以排斥，这虽和前者趋向相反，实在是一鼻孔出气的。吾无以名之，名之曰狂妄。这也是一种恶劣的品性。还有专以小说为课外读物，不知选择的，习闻下级社会骂人的村俗语，不知其鄙俗狎亵的，作文时都当作材料使用，便成了猥亵之病，文章品性俱受影响。批改时遇此三种，都当严加训斥，使其悔改。

至于内容方面，也有四忌[134]：**一曰忌叙事而失其实**。或捏造事实，不近情理（小说、戏剧虽虚构事实，亦须入情入理，求其逼真）；或不合时代，不切时令（如写“鸿门宴”居然用桌椅，记初夏居然用蝉声之类）；或地点错误，空间互易（如记重庆谓在陕西之西、云南之南，记乡僻竟有柏油马路、无轨电车之类）；或遗漏要事大事（如记中日战争，把“七七事变”及上海“八一三事变”遗漏之类）：都可说是失实。**二曰忌写景而失其真**。或由于常识之缺乏，或由于观察之疏忽，以致时间、空间发生错误，便是写景失真（如写雪景，说松柏都枯黄了，凋落了；写济南的大明湖，说千佛山倒影湖中之类）。**三曰忌抒情而不由衷**。或无病呻吟（如随家迁居，或负笈求学，而曰“漂泊异乡”；家境富裕，衣食无忧，而曰“单瓢不继”之类）；或矫揉造作（如无苦无悲，亦云“心伤肠断”；患得患失，亦云“毫无罣碍”之类）；或装点门面（如沈湎逸乐，甚至卖身投靠，偏发救民救国、激昂慷慨之论）：都不是言出由衷。**四曰忌立论而背于理**。或喜发空论，唱高调，甚至捏造证据，致不合于事实；或偏于求古而流于顽固陈腐，偏于骛新而成为怪僻妄诞，致不合于此时此地；或忘却作者自身的立场，忽视所论之人的立场；或一味谩骂，一味乱捧，一味

134《艺概》有云：“文，心学也。”作文内容之四忌，实亦为人之忌，不可不慎。

瞎吹；或盲从武断，致不合于逻辑：都是做议论文的大忌。批改时，非一一摘出，加以剀切详明的批示不可。

135 延宕、潦草是态度问题；枪替、抄袭则是品质问题，在社会上就是违法问题。

还有学生作文时易犯的弊病，不得不竭力禁止的，一为**延宕**，二为**潦草**，三为**枪替**，四为**抄袭**[135]。作文，不但须做得好，而且须做得快。有些学生作文，二小时不够，延长到三小时四小时也不够，应许他们明天再缴，便又一天一天捱下去了。但也有不到一小时便缴卷的，他们并没有用什么心思，只是潦草塞责而已。至于请人枪替，抄袭成文，那更是要不得的事。有些教师，以为枪替、抄袭二弊，颇难发觉证实，只得含糊过去。其实，只要注意，并不难于发觉，难于证实。犯这二弊的学生，当予以最严厉的制裁。可是**摹仿与抄袭不同**。**摹仿有二等：善学者得其神似**（即《史通·摹拟篇》所谓“貌异心同”），**不善学者得其形似**（即《史通》所谓“貌同心异”）。胡适主张不摹仿古人，是为文章已可名家者说，初学者不必禁其摹仿。但求食而能化，先将所阅读的文章化为我之所有，而以自然出之，且加以变化，便是好事。例如李后主词云：“绣床斜凭娇无那。烂嚼红绒，笑向檀郎唾。”这几句词确写得太轻佻了。明人杨孟载《春绣绝句》云：“闲情正在停针处，笑嚼红绒吐碧窗。”本是摹仿李后主词的；但较之李词，蕴藉得多了。胡适有和他夫人江冬秀调笑的小词《如梦令》云：“天上风吹云破，月照我们两个。问你去年时，为甚闭门深躲？谁躲，谁躲？那是去年的我。”这首小令，虽然不见得能登词家大雅之堂，也还小巧自然。明人冯犹龙也有一首《如梦令》：“谁伴明灯独坐？我和影儿两个。灯烬欲眠时，影也把人抛躲。无那，无那，好个凄惶的我！”胡先生的词和这一首太相像了。胡先生是反对摹仿的；他这首词，是初学时有意摹仿的呢，还是无意偶合的呢？姚鼐说韩柳及苏氏父子于六经诸子皆有所取，“学之至善者神合焉，善而不至者貌存焉”（见《古文辞类纂·序》）。可见姚氏是不反对摹仿（的），不过要能神合而已。

字与词的书写错误，使用错误，好比所谓癣疥之疾的皮肤病，治疗最易；句或章的组织不全，语气不合，次序杂乱，浮词累赘，以及烂套太多，文语夹杂，那是外科的疮毒，比皮肤上的癣疥厉害了，但施行手术，加以割治，还不十分困难；繁而流于冗，简而至于枯，整齐而过于板滞，变化而成为杂乱，老实直截而味同嚼蜡，屈曲文饰而纠缠累赘；以及情态则轻佻、狂妄、猥亵，内容则叙事失实，写景不切，抒情不真，议论不合理，那是内科征候，诊治更难了；如其习作时还要犯延宕、潦草、枪替、抄袭诸弊，则似病人不肯听医生嘱咐，时常触犯禁忌，结果必致自杀！最难治的病是癫狂白痴，满纸梦呓，既不切题，又不能自圆其歪曲的理论，那真是不可救药的了[136]。可是教师应当有"诲人不倦"的精神，苟非自暴自弃的学生，总当详加开导，慢慢地教他理出一个头绪来。这种学生，作文不当让他做得长；最好个别指导，先叫他把想好的意思口述一遍，做成一个大纲，然后老老实实、清清爽爽地按着大纲写成文章。短文章学会了，再慢慢地放长来[137]。

批语有二种：一是**眉批**，批在作文纸的上端；凡字、词、句有错误不妥适处，都应有一条眉批，说明它们所以要改正的理由；如有好处，也可指出。一是**总批**，批在卷末；凡是关于全篇的形式内容，有须纠正、补充，或加以奖励、训斥的，都应在总批中说明。比较起来，眉批重于总批，批示缺点的重于赞扬好处的。一般教师批作文，往往除标明别字、错字外无眉批，总批也仅笼统地给以"明白如话"；"气盛言宜"；"清顺有余，警练不足"等浮泛的语句。我以为这样的总批，不如不批。总批虽有时可省，眉批却万不能省[138]。每次作文中常发见的别字、错字和文法上重大的错误，应当用一种簿子，按学生姓名，分别登记，并注意他是否重犯。到了学期末总复习时，列表油印，分给学生[139]；考试时，即用作试题的材料。如此办法，可督促学生注意作文卷上的批改；批改过的作文，起码得保存到学期终了，不致领到了就被抛弃。

改国文，有常用的种种符号[140]：如别字、错字，在右旁加一"×"；文法不通的句子，在右旁加一"——"；意思不明，理论谬误，叙事写景舛错的句子，在句末加一大点；说得中肯的句子，在右旁加密点；做得特别好的辞意俱美的句子，在下方加密圈。这种种符号既都加在右旁，则学生自己加的标号，如——、《》等，应当叫他们加在字的左旁，以免混

136 把作文批改几个维度之间的关系及其重要性描绘得再清楚形象不过了。

137 教育，需要爱心、耐心和专业智慧。因材施教，对症下药，做起来真不容易。

138 眉批重于总批，有见地！

139 这的确是一种不错的办法，但是一个班四五十个学生，需要花多少时间啊！

140 批改符号的使用，可按当今有关规定办。

杂。至于**分数**，我认为不应明记在文卷上。因为文卷上明记着分数，发给学生之后，他们的注意力往往被分数吸引去了，不再细看批改的文字；而且有对于分数斤斤计较的，那更没意思了。至多，只能在文卷上写明等级，如以甲、乙、丙为三等，每等中又分上、中、下三级。到了学期末结算分数，不仅当按次数平均；头几次列入丙等，以后升入乙等、甲等的，作文必有进步，应当加分；反之，如有退步，应当扣分。国文教学，按它的正目的，写作能力，实占重要的地位；所以作文分数，至少应占平时分数的十分之六或七，月考只应占十分之四或三。学期成绩不及格的原因，如在月考及学期考试，应当许其补考；如在作文，则无许其补考的理由。这一点，是学校行政上值得讨论的问题。

［附批改实例］

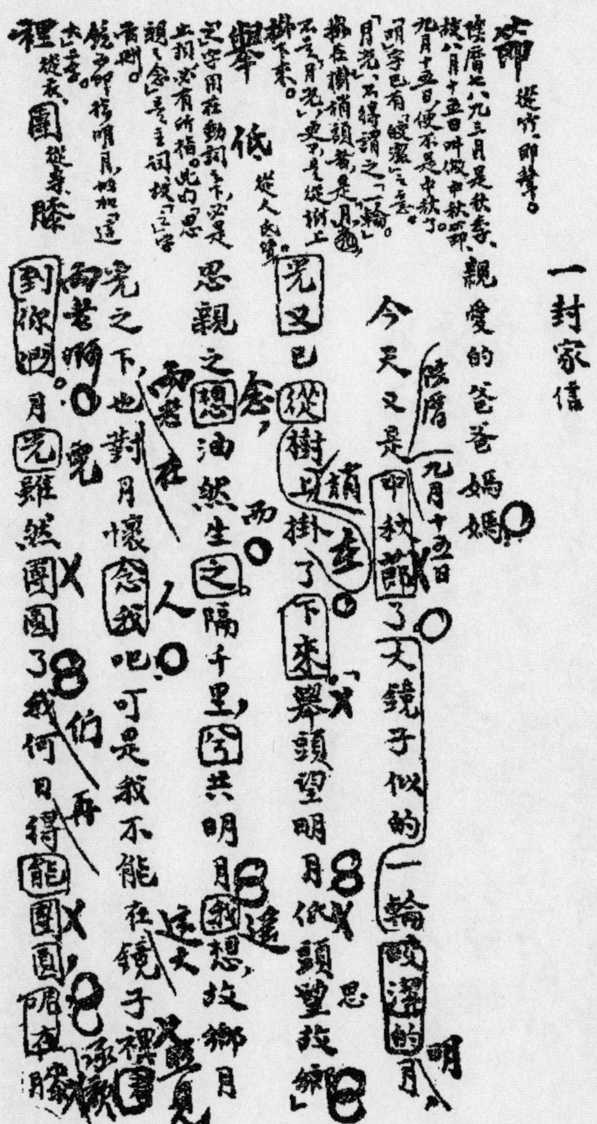

一封家信

親愛的爸爸媽媽：

今天又是陰曆九月十五日中秋節了，天鏡子似的一輪皎潔的明月，光又已從樹上（梢）掛了下來。「舉頭望明月，低頭思故鄉」，思親之想油然而生，之隔千里，空共明月，我想故鄉月光之下，也對月懷念我吧。可是我不能在鏡子裡看見你們，而爸爸們，月光雖然團圓了，我何日得能團圓呢，在膝下承歡。

節 從竹，即聲。

陰曆七八九三月是秋季，故八月十五日叫做中秋節，九月十五日，便不是中秋了。

「明」字已有「皎潔」之意。

「月光」不得謂之「一輪」。掛在樹梢頭著是「月」，不是「月光」，更不是從樹上掛下來。

舉 從與。

低 從人氐聲。

「之」字用在動詞之下，必是上指必有所指。此內「思親之念」是主詞，故「之」字……

鏡子即指明月，故加「這」字。

裡 從衣。

團 從專。

膝

常 常常 當當作 商

寒衣由他代帶，是一件事；現在托他代帶一件事阿膠，由書，另是一件事，當分別言之。

阿膠，從前用山東阿井水煮驢皮膠，故名。

「寫」字誤。

「你們」與「你們的」，都可省。

為他當來往經商，託他帶衣上是很便的。現在托他帶上 請 驢膠一包，半斤，是給媽媽吃的。媽媽，你的身體已復原了不？不要太勞苦了吧！祝你們康健。你們的女兒梅英上 陰曆九月十五日晚。

先就九月十五之月抒寫懷念之情，次就冷暖、功課、費用及假期、師生、同學叙述校中之事，末段說到盼望寄寒衣來，託人帶阿膠等。

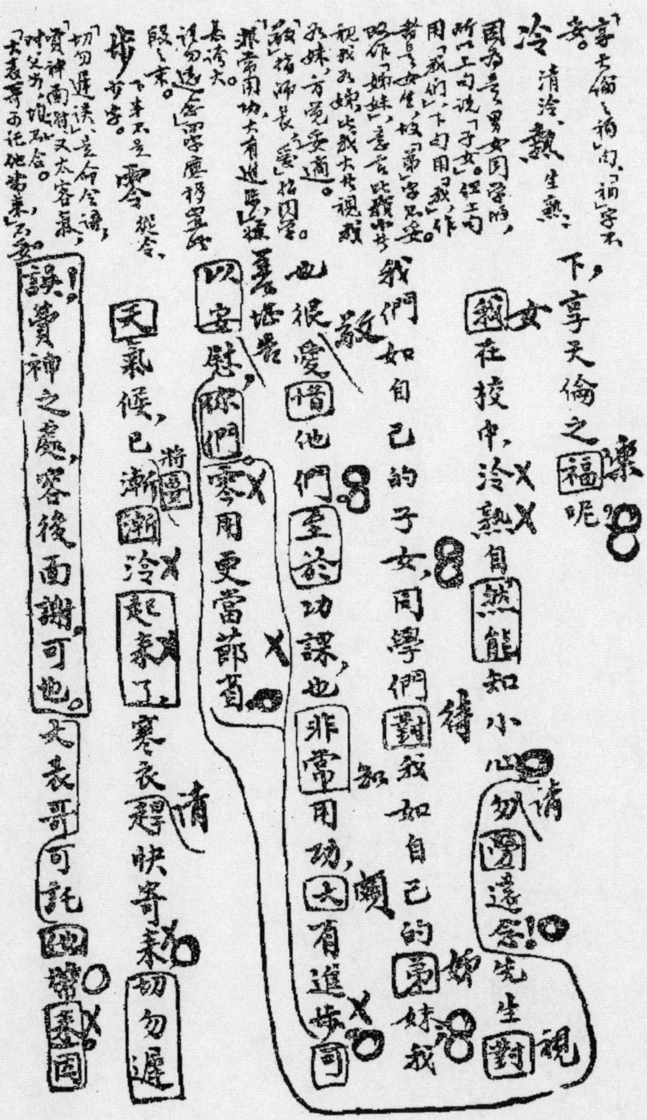

積累層次清楚。惜詞句間病累尚多，語氣亦間有未合；當於遣詞造句上極外注意。別字亦宜留心！

我的小史

孩子們
人類之唯一的護愛者何人？這是一般人都知道的。是慈愛

的母親；但是從小失了母親慈愛底的孩子，眼見

到有母親的孩子，那是何等地狼狽和悽涼啊羨慕

我就是一個從小脫離慈母懷抱的一個人呀！

蠟梅花開遍了滿園，鵝毛似的白雪紛紛地下

著，愈顯得天的寒冷。在這寒風凜冽的景像中

「人類」指人類全體而言，用於此句不妥。本篇係自敘青年小史，故改作「孩子們」。

「愛」僅說「愛者」，欠明白。

首句不必故作問答語。

「但是」之下，文意並無轉折，故「但是」二字當刪。

「狼狽」形容進退失據之狀。小孩失母，說他狼狽，已是不妥；素云「眼見到有母的孩子」，才狼狽起來，更不妥了。這時候的心情，一方面是自覺悽涼，一方面是羨慕他人。

蠟 打獵。 冷 清冷。

凜 從冫。 冽 烈 熱烈。

象 相像。畫像。

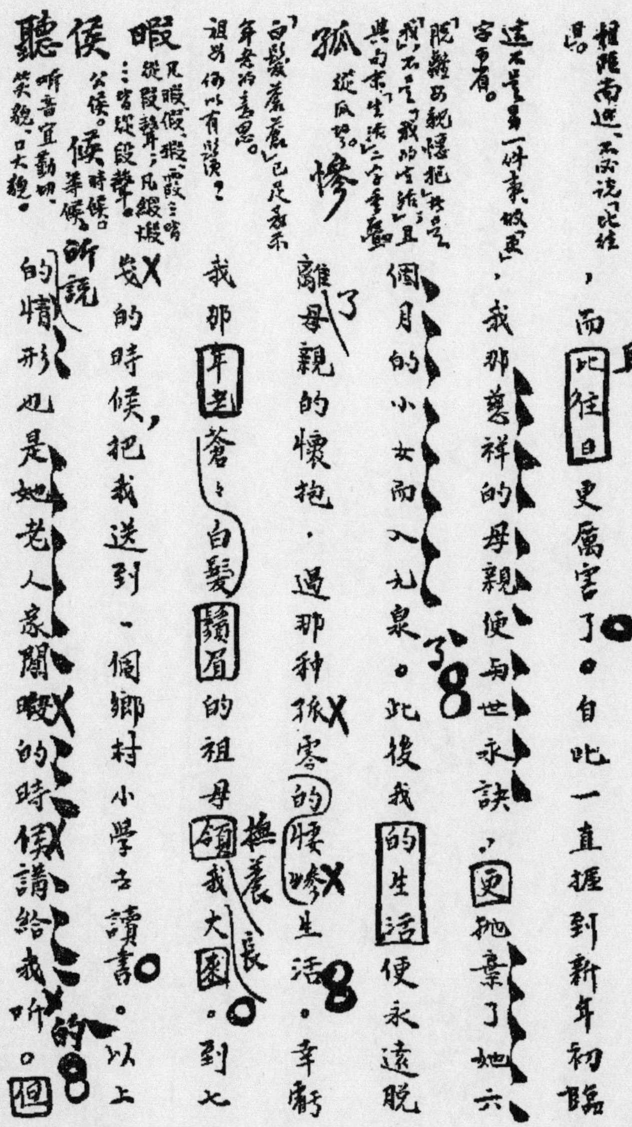

，而此往自更厲害了。自此一直捱到新年初臨，我那慈祥的母親便與世永訣，更拋棄了她六個月的小女而入九泉。此後我的生活便永遠脫離母親的懷抱．過那種孤零的悽慘生活。幸虧我那年老蒼蒼白髮鬚眉的祖母領我大囷。到七歲的時候，把我送到一個鄉村小學去讀書。以上的情形也是她老人家閒暇的時候講給我聽。但

且

相距甚遠，不如說「比往昔」。

這不是另一件事，故「更」字可省。

「脫離母親懷抱」者是「我」不是「我的生活」，且與下「生活」二字重複。

了

了

孤 從瓜聲。

慘

「白髮蒼蒼」已足表示年老的意思。

祖母何以有鬚？

撫養長

暇 凡暇、假、瑕、霞……皆從叚聲；凡緞、煆……皆從段聲。

候 時候 公侯。

侯 等候。

所說

聽 听音宜勤切，笑貌、口大貌。

的

漆 從木，不從氺。 轎 橋梁。

此句亦不妥，故作曲折。

這句是說「我是嬰孩」，並非說「我有嬰孩」，「有五個月」的形容「嬰孩」，「只有」二字

這嬰孩還只有五個月。

把主要的動詞「是」字省去，下面又加「一個」二字，意思便不明白。

只要說風寒的脫帶不著。「吃喜酒」便接不到下面。

「在天氣下」之「下」字不妥。

說「受了風寒」，意思明白。

說明病在親戚家，則下文回里方妥，使不突然。

寢 不從穴。 歲

「耽擱處」，有處之字未妥。

僱 僱傭。回顧。

，一頂漆黑的小桥裡，坐着母女兩人，這是母親和我。那時我还只有（是）五個月的一個嬰孩，有（母親帶我）故此在這寒冷的天氣下行着赴親戚家吃喜酒。大概因一路風寒（受了）的抵當不住，所以我的母親（當）即夜病倒在床（親戚家），日不進餐，夜不安寢，病勢一日厲害一日。但是年近歲（逼），不（能再）同耽擱（在親戚）處，故此即顧挮返里。回家以後，非（但）不見病勢稍愈

以「春雨」「夏雨」作陪，側到「秋雨」，作法頗佳，但與「冬雪」無甚涉。

以下一大段，有兩種意思，一是「說雨」，一是「看雨」。須把這兩種意思分清。「淅瀝」及下文「梧桐」云云，皆指「說」，「陰霾」句指「看」。中間「鬼蜮森然」則未穩妥。「淸愁」仍指「雨聲」，故改作「聲音」。

秋雨

春雨如錦上花，麗而不清；夏雨似暴客，去來飄忽，給人莫測。其為人所喜所苦而見於吟詠者，其惟秋雨與冬雪乎。細雨連綿，莫秋為甚。或瀝淅終宵，[illegible]嫠婦聽雨而生愁；或[illegible]竟日，[illegible]人見而興歎。陰霾[illegible]如[illegible]。黑雲蔽空，鬼蜮[illegible]沙，於鳥交作，而梧桐殘荷芭蕉[illegible]葉，皆作語其之聲，如孤琴之夜奏，羈客之[illegible]吟，[illegible]

〔我底〕是人生之遭遇，何以如此之不幸？可憐在七年

前，我更〔失〕求誤了第二〔個〕愛〔護〕者——祖母。這是我十

七年孩子生活〔史中〕的兩〔件〕場痛〔事〕史。現在〔我已有了〕雖在繼母，下生

〔她〕活，然而繼母待我很好，所以也使我在痛苦中

得到了一点安慰。

下文所說，仍是作者自己底遭遇，不是泛論人生，故改。

「永訣」下用「誤了」兩字不妥。要用「永訣」，需翻過來說「祖母和我們永訣」。

末句的[illegible]轉折太多。「雖」、「然而」、「所以」，用了三個連詞，其實都可省去。

點。

全篇層次清楚，敘述明白。首段寫無母之兒見到有母親的孩子時的心情，次段寫長大的情形係借祖母口中，均佳。

谓有诗意者如，降遍地黄花，满山红叶之秋，溪濛细雨，飘然一身，

语可形释摩情

文字，则未免累赘。

陆游之所因而增耀矣（诗意更浓而生）。陆放翁有句云：「此身合是诗人未，细雨骑驴入剑门。」

因上文说有诗意，故将上句亦引之。

唐人亦云（谓）：「满川烟雨看潮生。」秋雨固足

指诗意，非指兴趣。

以增人诗兴也。即使人愁使人苦之雨声，旷达之士

亦未必。

遂以雨为乐，盖亦不以其为苦为愁，反从而乐之，李商隐所谓「留

得残荷听雨声」者，非以为秋雨声可以娱其心耳，

东南路图夜读诗，而以残婉转之叹

为助词，语气增加

调切发挥

亦为不忘去之叹。

都市中大雨，以之撼动人心魄。甚则狂风怒作，大雨倾盆，山震谷怒涛
山震谷」「怒涛」形容之，不妥。「蛟舞龙吟」亦不妥，于水中无蛇无蛟，改用汉高斩蛇，周处斩蛟，
所至使文明繁华之闤阓成泽国，潜蛟怒舞，山壑龙吟
今则虽高祖复生，周处再世，亦无以施其技，黎庶平 吾侪
亦不合。
「飘泊」亦乃用在民，唯有仰天浩叹，任其飘泊而已。诗云 怀山襄陵
此处。
「怀山襄陵」乃尚书形容洪水之语，引用不当。亦此谓
苏轼为亭以喜雨命名，以其有益于农稼也。亭
「亭」以「喜雨」为名，非
「如何」在雨之名也。
稼 纵禾不纵禾。
睹雨喜之可，非特以其为甘霖也，微雨湿衣，亦殊风趣。

「故」字是承上文而提出一種論來，「蓋」字是承上文而說出一理由來。

此段乃點出人之心情之同，故雖逢每年常有之秋雨無感而悲。只須再分看與讀兩處說。

蓋萬物各有其態，好惡之著人之情耳。也

於今三年，節迎季語，亭宣溝橋，陰況景曜。

風雨滿城，都為秋雨之霏微，聽秋雨之丁當，其能不感

極而悲哉。

事物之容象相宜者，亦容象現的；靈人見之，間之，以為可喜可然，於而好之憂之，是主觀的。主觀的心境不同，則雖同一景象物情者，而然之喜惡之情亦異矣。文分兩大段，述說歡同之心情，而於末段點明此意，頗見作法。

一、下面是几位学者关于作文教学的观点，读后谈谈你的想法。

1. 孟宪承

我们须研究成绩的批评和整理，分下列四种手续：一、自动的批评和订正。口语的练习，团体设计的结果，当然由全级学生共同批评，互相订正。关于写作……订正时，每篇要有两次的手续：第一次只要几种符号，标出文中的缺点，或加“眉批”说明其理由。批后以原卷发还学生，令其自行研究，自行批改。有不能改的，可详细质问。改好，另卷瞻正，再为第二次的批改。二、教师批改。三、黑板订正。关于最普通的错误，教师可另制一表，在上课时在黑板上一一提出订正。有时可以提出一段文章，在黑板上订正，这样很可以引起全级学生的注意。四、优良作品的宣示。最好的成绩，可以给作者自己宣读出来，给同学听。或者将原卷揭示于教室内或相当的地方，刊印在学校的出版物里，这样很容易收观摩的功效。

孟宪承.初中作文教学法之研究［M］//顾黄初，李杏保.二十世纪前期中国语文教育论集.成都：四川教育出版社，1991：394-395.

2. 叶圣陶

学生为什么要练习作文，对于这个问题，老师必须有正确的认识。练习作文是为了一辈子学习的需要，工作的需要，生活的需要，并不是为了应付升学考试，也不是为了当专业作家。如果说考试，人在一生中要遇到不知多少次的作文考试，写信，写通知，写计划，写总结，写报告，等等，全是作文考试。

只教而不作，能派用场的不就是学生时代得来的一点儿甘苦吗？老话说，三日不弹，手生荆棘。这点儿甘苦永久保得住吗？固然，讲语法修辞的书，讲篇章结构的书，都可以拿来参考，帮助教学。但是真要对学生练习作文起作用，给学生切合实际的引导和指点，还在乎老师消化那些书而不是转述那些书，还在乎老师在作文的实践中深知作文的甘苦。因此，经常动动笔是大有好处的，“教师下水”确认是个切要的要求。

试拿改作文做例子来说。给学生改文，最有效的办法是当面改。当面改可以提起笔来就改，也可以跟学生共同念文稿，遇到需要改的地方顿住，向学生提出些问题，如“这儿怎么样”“这儿说清楚了没有”之类，让学生自己去考虑。两种办法比较起来，后一种对学生更有好处。

叶圣陶.“教师下水”［M］//顾黄初，李杏保.二十世纪后期中国语文教育论集.成都：四川教育出版社，2000：263.

3. 朱德熙

我们应该引导学生写怎样的文章的问题，可以从三个方面来说：第一，从文体方面来说，我觉得应该着重练习写记叙文、说明文和简单的议论文，一般地说，不要引导学生去写文艺性的东西。……第二，从对文章的要求来说，首先应该强调准确性，不要过分强调生动性。……第三，从文风方面来说，应该引导学生说真话、说实话，反对八股调；文字上要提倡平实、朴素，反对“转”文，反对堆砌辞藻。

朱德熙.谈谈作文教学［J］.中国语文，1978，4.

4. 王尚文

写作是人作为主体的一种“自由的自觉的活动”，不管作者是否意识到，它都是主体自我意识在某一对象上的投影，都是作者心灵对象化的实现。……学生写作文，实际上就是在认识生活，思考生活，沟通与生活的联系，加强与生活的关系。

“修辞立其诚”就是写真心、说真话、抒真情，也就是自由地自然地表现作者的自我意识，而自我意识表现的过程也就是自我意识调整、组合、深化、提高的过程。

王尚文.写作教学要培养学生的“自我意识”［J］.温州师范学院学报，1989（3）.

5. 王富仁

人要在学习语言中完善自己、发展自己，但不能机械地搬用原来的语言，要用能表现自己思想感情的语言说话、写文章；不这样，语言就会把人弄得七零八碎，没有自己的思想和感情了。……老师教学生，也要教他说真话，写自己真实的思想感情，否则，你就等于扼杀了他的思想感情的发展，同时也是扼杀了一个人。

王富仁.语文教学与文学［M］.广州：广东教育出版社，2006：94.

二、《义务教育语文课程标准（2011年版）》对写作教学提出了一些具体的建议，给你的启发是什么?

1. 写作是运用语言文字进行表达和交流的重要方式，是认识世界、认识自我、创造性表述的过程。写作能力是语文素养的综合体现。写作教学应贴近学生实际，让学生易于动笔，乐于表达，应引导学生关注现实，热爱生活，积极向上，表达真情实感。……

2. 在写作教学中，应注重培养学生观察、思考、表达和创造的能力。要求学生说真话、实话、心里话，不说假话、空话、套话，并且抵制抄袭行为。

3. 为学生的自主写作提供有利条件和广阔空间，减少对学生写作的束缚，鼓励自由表达和有创意的表达。鼓励写想象中的事物，加强平时练笔指导，改进作文命题方式，提倡学生自主选题。

4. 写作教学应抓住取材、构思、起草、加工等环节，指导学生在写作实践中学会写作。重视引导学生在自我修改和相互修改的过程中提高写作能力。……

中华人民共和国教育部.义务教育语文课程标准（2011年版）［M］.北京：北京师范大学出版社，2011：22.

本论三　课外指导

课内讲读，时数有限，课内习作，次数有限；即使教师有能力，有毅力，有责任心，有良好的教学方法，学生能率教，能自动，对于讲读习作都很努力，益处毕竟也有限，进步毕竟也有限的。我以为，**要达国文教学的目的，单靠课内的教学是不够的，非把课外教学看得和课内教学一样重要不可**[141]。国文教师的工作，课内选文讲读，习作批改，已繁重异常，还要加上课外教学，精力、时间如何够分配呢？这确是实在情形。国文教师责任的重大，职务的繁难，平心而论，确在任何学科的教师以上。学校对于各教师的待遇，都是按教授时数计薪的；战前，初中教师大致每小时支脩金一元半，高中教师每小时二元，还不算十分菲薄；现在，以上海一隅为例，竟有降至每小时五角的，一班国文，每周六小时，月脩只有十二元了。为维持指数涨得极高的最低限度的独身生活，也非教四五班不可，而在“学店”式的私立初级中学，学生有多至八九十人一班的；学店老板为招来生意起见，要博得学生家长的欢心，更不顾教师的死活，规定作文非每周一次不可。教四班，每周得改三百多篇作文，上二十四小时课，而所得的报酬仅仅四十八元。在这种情形之下，还能希望国文教师于课内工作之外，兼顾到课外的教学吗？即以战前一般的薪给标准而论，每教一班

141 大部分人都会认同这一观点，但却苦于不知道如何指导学生课外的学习，怎样有效发挥课外的作用。

当前，很多教师的做法是：发一批又一批的试卷让学生在课外做，这样不但占用了学生宝贵的课外时间，同时更毁灭了学生发展自己兴趣的机会。更严重的是，这些试卷连老师自己也没来得及研究与分析。试卷的质如何，量有多少，老师也没把握。

教师布置作业应当做到以下三点：（1）起码自己要清楚布置作业的理据——学生为什么要做这项作业；（2）对作业方法的指导；（3）对学生完成的作业一定要给予批阅与反馈。

国文，初中（每周六小时）月俸三十六元，高中（每周五小时）月俸四十元；要维持一个小家庭，已非教四班不可了。我的理想标准，每一国文教师，至多教三班，每班学生至多四十人，作文每两周一次；月俸不应以钟点计，每月至少须一百五十元。教师的生活安定了，方可使他们专心于教学；不但课内，课外的教学自然也能尽力，肯尽力了。学生阅读书报杂志，习大小楷行书，及其他课外作业，课外活动，都可由国文教师负责去指导、督促。**此类课外的教学，不仅限于文字，而且兼及言语、举动、态度，品性；不但教导个人，而且兼及团体活动；其影响之大，实远过于教室里的正课**。现在分作四章，述之如后。

第一章　课外阅读

据最近修正（的）国文课程标准，精读时间初中第一学年为四小时（甲组加习二小时），第二、三学年三小时；高中第一学年为三小时，第二、三学年二小时（乙组加习二小时）；若照课内讲读的教学法，样样手续都做到，每周只能讲读一篇教材。即勉强以两周讲读三篇计，一学年四十周，六年只能讲读三百六十篇，即使篇篇都选得精当，而且都能熟读深思，所得也是有限。**所以要中学生国文有进步，单靠课内讲读，绝对不够**[142]**；非提倡他们课外阅读，辅导他们课外阅读不可！课外阅读，不但可以补课内讲读之不足，并且可以养成他们自由阅读的兴趣、能力与习惯，减免学生阅读不良读物的机会，发展学生不同的个性与能力。**

青年们的求知欲、好奇心，本是很强的；所以课外自由阅读的兴趣也非常浓厚。虽然没有教师提倡、辅导，他们也常在课外自由阅读，尽量地阅读他们自认为有兴趣的小说。不论武侠、神怪、侦探、恋爱……小说，几乎无所不阅，结果是无往不迷。虽然看小说于国文也不无小补，但终是所得不偿所失。学校当局、训育人员、国文教师，或听其自然，或竭力禁止。禁止固然无效，听其自然也不是办法。**最好是因势利导**[143]**，替他们选择妥当的读物，指导适宜的读法；自由阅读的兴趣、习惯和能力养**

142“绝对”二字用得好！

143 课外阅读指导，必须“因势利导”。

成了，不但在校时可以得许多益处，将来出了学校，也可以自己去努力进修了。

144 在当前信息网络时代，如何引导学生选择合适的内容进行阅读就显得更难，同时也显得尤其重要。

（甲）读物的选编[144]

选定读物，是第一件要事。一般的课外读物，种类也不少。一为小说。小说是中学生最欢迎的读物。**短篇小说，旧的**，从唐人传奇（如《虬髯客传》《红线传》等）至清人《聊斋志异》《觚剩》之类，是文言的，从宋末的《京本通俗小说》至《今古奇观》之类，是语体的；新的，如《域外小说集》等译作，是文言的，《呐喊》等创作，《柴霍夫短篇小说集》等译作，是语体的。**长篇小说**，文言的如《燕山外史》，语体的如《儒林外史》《老残游记》，都是旧的；文言的如林纾译的《茶花女》等，语体的译作如《死灵魂》等，创作如《子夜》等，都是新的。其中，《燕山外史》一书，不但是文言，而且是骈文。以骈文做小说，可以说是难能而并不可贵；阅者读未终篇，早已昏昏欲睡，绝不会把它选作课外读物的。文言的传奇小说，不论是哪一时代的作品，初中学生恐未能自己阅读。林译的文言小说和《域外小说集》等怕也有许多看不懂的地方。此外各种语体的小说，文字上虽然比较容易懂，内容也非初中学生所能完全领悟。例如吴敬梓的《儒林外史》，刘鹗的《老残游记》，前者是写清朝科举时代读书人的风气的，后者是清末庚子前后老新党的见解，初中学生年纪还小，对于那时候的情形，茫无所知，怎么能了解这两部书的内容，懂得它们讽刺、谴责的意思呢[145]？总之，**小说，无论新旧，无论文言语体，无论长篇短篇，作者原不是为现代的初中中学生而作，更不是预备作国文科课外读物的，如何能适合他们的需要呢**[146]？**何况如《水浒传》《红楼梦》《茶花女》，以及新的译作创作的小说，所写的事实，有许多不适于情窦初开的青年**[147]？**所以要从小说中选取适当的课外读物，实在是一件难事。**次之，是剧本。旧剧都是歌剧，有元代的杂剧，明清的传

145 根据学生的生活经验来选择读物。

146 根据学生的需要来选择读物。

147 考虑学生的年龄特征和心理特点。

奇剧、**昆曲**。以内容论，如《西厢记》《牡丹亭》之类，颇不适于课外阅读之用；如《赵氏孤儿》《梧桐雨》《琵琶记》《牧羊记》《桃花扇》之类，是可以令学生阅读的。可是科白尚易了解，曲词则非初中学生所能懂。至于皮黄剧、越剧……则剧本曲词颇多鄙俗，可阅读的极少了。**新剧**，无论创作、译作，或就旧剧和原有故事改编的，如《终身大事》《爱国贼》《费宫人刺虎》《黄明江》《项链》《群鬼》《遗扇记》等，可看的倒不少。其次是**诗歌**。**旧的诗词**，有总集，如《十八家诗抄》《花间集》等；有别集，如《杜工部集》《稼轩词》等；**新诗**，也有总集，如《新诗选》，有别集，如《尝试集》《志摩诗集》等。旧的诗词，固然难懂，但也有合于中学生阅读的；不过还没有特地为中学生选辑的本子罢了。语体诗似乎容易看了，可是选作中学生读物的，也还没有。其次是**笔记**。旧籍中笔记的种类甚多。如《日知录》《十驾斋养新录》之类，是关于学问的；如《宋人轶事汇编》《三朝北盟会编》之类，是关于史实的；如《花草蒙拾》《随园诗话》之类，是关于文艺批评的；如《世说新语》之类，是很有风趣的；如《阅微草堂笔记》之类，是近于小说的。这些文言的笔记，要叫初中学生阅读，困难一定很多，因为他们的阅读能力实在还够不上[148]。语体的随笔，如《谈龙集》《雨天的书》等，文字虽然容易懂，内容也有非初中学生所能领悟的。至于文言的**散文**，总集如《古文辞类纂》等，别集如《韩昌黎集》等，那更不是中学生所喜欢阅读的了。晚明的**小品文**，或者有中学生能够看、喜欢看的，可是适于课外阅读的选本也绝无仅有。高中学生的课外读物，也有选用**专书**的。史，如《战国策》《史记》《通鉴纪事本末》；子，如《孟子》《庄子》《韩非子》；诗文评如《文心雕龙》《诗品》；史评，如《史通》《文史通义》《读通鉴论》《宋论》。国文好的学生，还可以勉强阅读；中材以下的，便大部分看不懂了。此外，便须推各种**日报杂志**。日报，除社论及副刊外，看各种新闻也可以学得些记叙文的作法。杂志，在战前，如《中学生》等，倒颇合于初中程度；《东方》《学衡》等，初中学生便觉得不容易阅读了[149]。

近来有些**专为初中学生编的读物**，如《文章讲话》《文心》《词和句》

148 考虑学生的语文程度。

149 读物的选择，应有全球视野。

等，选作初中课外读物，较为适宜。《文心》用故事体裁写学习国文的方法，确是国文科比较优良的课外读物。可惜只有这么一册。我曾替世界书局编写一部《中学国文自学辅导丛书》：初中部分六册，都以故事体编写，每两册为一组，第一组为《字与词》，第二组为《章与句》，第三组为《体裁与风格》；高中部分也是六册，《骈文与散文》《小说与戏剧》《诗》《词曲》《子》《经》。我的计划，就是想初高中各成一系统，按程度递进，编成一套课外读物。初中部分前四册出版后，我曾介绍给亲友中程度相当的青年们试阅；据说兴趣倒还不错，程度似嫌太高。又有友人提出意见说："《字与词》的问题中，也有程度高于《章与句》的；以内容分，是纵断；和以程度为标准的横断的分法不同，所以程度嫌高了。体裁，依部定课程标准，原是初中学生应当知道大概的；风格，则虽竭力求为具体的说明，恐终非初中三年级生所能完全了解。高中部分的六种，也是纵断的分类，而非横断的依程度划分。"我既得到了试验的结果和批评，颇想重新厘定计划，再行改编。工作虽然是极繁重的；如其能编出一部更妥适的课外读物来，于中学国文教学，一定有很大的裨益。

我国古书中，寓言故事极多，趣味既好，含义又深，而且有许多已成为文章中惯用的成语。例如"画蛇添足"，不是我们习用的成语吗？这是出于《战国策·齐策》的：

楚有祠者，赐其舍人卮酒。舍人相谓曰："数人饮之不足，一人饮之有余。请画地为蛇，先成者饮酒。"一人蛇先成，引酒且饮（之），乃左手持卮，右手画蛇，曰："吾能为之足。"未成，一人之蛇成，夺其卮，曰："蛇固无足，子安能为之足？"遂饮其酒。

这原是无中生有的寓言。如《孟子》的"宋人揠苗"，"齐人乞墦"……《列子》的"愚公移山"……《韩非子》的"自相矛盾"……皆是，《庄子》寓言十九，尤其多了。又如"楚弓楚得"的故事，《吕氏春秋》《公孙龙子》《孔子家语》《说苑》中均有之。《说苑·至公篇》云：

楚共王出猎，而遗其弓。左右请求之。共王曰："止。楚人遗弓，楚人得之，又何求焉？"仲尼闻之曰："惜乎其不大！亦曰人遗弓，人得之而已，何必楚也？”仲尼，所谓大公也。

这类故事，古书中也很多。《世说新语》，差不多全是有趣的故事。此外，还有散见于各书中的民族英雄的故事，文人学者的轶事，可泣可歌、可欣可赏、可传诵的也不少。我想，**如果能把各式的寓言故事都搜集起来，译成语体文，后面附录原文，按程度分编，倒是一种很好的课外读物。**

旧诗词中，适合中学生课外阅读歌诵的也不少。古诗、近体诗、词、散曲，都有这类材料。如能留意搜集，按程度深浅编纂，加以浅显的注解，也是很好的一种读物。例如杜甫的《石壕吏》：

暮投石壕村，有吏夜捉人。老翁逾墙走；老妇出门看。吏呼一何怒；妇啼一何苦！听妇前致词：“三男邺城戍。一男附书至，二男新战死。存者且偷生；死者长已矣！室中更无人，惟有乳下孙。孙有母未去，出入无完裙。老妪力虽衰，请从吏夜归。急应河阳役，犹得备晨炊。”夜久语声绝，如闻泣幽咽。天明登前途，独与老翁别。

古诗中，此类甚多。即近体诗中，可供中学生阅读者亦极多。例如李益《喜见外弟又言别》：

十年离乱后，长大一相逢。问姓惊初见；称名忆旧容。别来沧海事；语罢暮天钟。明日巴陵道，秋山又几重。

杜甫《闻官军收河南河北》：

剑外忽传收蓟北，初闻涕泪满衣裳。却看妻子愁何在；漫卷诗书喜欲狂。白首放歌须纵酒；青春作伴好还乡。即从巴峡穿巫峡；便下襄阳向洛阳。

李白《夜思》：

床前明月光，疑是地上霜。举头望明月；低头思故乡。

岑参《逢入京使》：

故园东望路漫漫，双袖龙钟泪不干。马上相逢无纸笔，凭君传语报平安。

词，如张志和《渔歌子》云：

西塞山前白鹭飞，桃花流水鳜鱼肥。青箬笠，绿蓑衣，斜风细雨不须归。

批 注

李清照《如梦令》云：

昨夜风疏雨骤，浓睡不消残酒。试问卷帘人，却道海棠依旧。知否？知否？应是绿肥红瘦。

散曲小令，如马致远《天净纱》[1]云：

枯藤老树昏鸦，小桥流水人家，古道西风瘦马，夕阳西下，断肠人在天涯。

如能好好地收集起来，编纂成册，略加些注解，不也是一种课外读物吗？

（乙）阅读的指导

指导课外阅读，我以为，**第一步应当教学生们组织一个读书会。组织读书会有三种好处：一是金钱和时间的经济；二是读书的切磋和竞争；三是团体生活的训练。**每个学生如能缴半元会费，四十个人一班，便有二十元了；除订阅一二种杂志外，至少有十多元钱，可以买十几种书，大家轮流阅读，不是很经济吗？这十几种书，如仅在星期例假阅读，势难在一学期中都读完；每月开一次读书会，可以听取别人口头的读书报告，虽未阅过原书，也可以略知梗概，时间不也很经济吗？几个人同读一本书，见仁见智，各有所得，如何读法，也各有主张；如能互相切磋，定可收观摩之益。青年们好胜心极强，谁阅读得快，谁阅读得细，口头及书面的报告谁做得好，互相竞争，进步必快。团体生活的训练，本是学校教育重要目的之一。组织读书会，必须有定章程，举干事，支配经费，指派工作等事；这真是团体生活的实地练习。不过在组织读书会，进行工作时，教师只能站在顾问指导的地位，使学生自动；不可以教师为主体，凡事都出以

[1] 此处的“纱”应为“沙”，原著有误。编者注。

批 注

命令式。定章程时，尤应仔细，各种流弊，皆宜预先防止。会中最好能备一套公用的工具书，如能由学校出资，每级教室中都置备最常用的工具书数种，供课外阅读时检查、课内讲读时预习之用，那更好了。

第二步是介绍读物。在介绍读物之前，当先举行一次调查。已经读过什么书，最喜欢看什么书，阅读时有什么困难……都当调查统计。全班学生的阅读能力和兴趣明白了，方能选定适当的读物[150]。**介绍读物时，须能引起学生阅读此书的兴趣。但是学生的能力有高下，兴趣也有不同。选定的读物，最好分成几组，让他们自由选择，认定一组**[151]。**这样，方可以发展学生的个性，济班级教学划一呆板之穷**[152]。读物分组认定以后，教师须登记起来，作指导、督促、考查的根据。**介绍读物的方法，视读物性质及学生程度而异。**例如介绍的读物是一部《老残游记》，便须把作者刘鹗的略史，他的时代，他作这部书的旨趣，以及清末国内情形，老新党的见解，详细地讲给学生听；最好，把罗振玉、胡适二人的序，各讲一遍给他们听；其次，说明章回小说的体裁和历史。又如介绍的读物是一部《唐宋传奇集》，便须说明这书是鲁迅选集的唐宋人的作品，并非他自己的创作；我国文人有意为小说，成为一种特殊的文学作品，当以唐代的传奇小说为最早；传奇小说，在唐朝的文学上，可以说是与诗及骈散文，鼎足而三的；所谓“传奇”，和明代的传奇剧曲不同；所谓“传奇小说”，也和现代的小说不同：诸如此类，都应在介绍时先予说明。又如介绍的读物是一部词，则当先说明词的来历。词的起源，一方面是六朝时的民歌（如《东晋乐录》所载的《休洗红》之类）的伏流，一方面是唐人合乐歌唱的绝句（如旗亭画壁的故事中所唱皆绝句）的蜕变；而音乐之受外来的影响而起变化（唐时有许多曲调从国外输入，如《凉州调》等），文学和音乐的离合（我国歌唱的文学，往往初为民间的歌谣，后乃采以合乐，文人也仿效其词；但文人未必皆谙乐律，于是又与音乐分离。《诗经》、乐府诗、词、曲，莫不皆然），也是促成这种新文学勃兴的因素。至于学词常用的术语，如“小令”“慢”“犯”“近”“单调”“双调”“换头”……也当择要解释。

150 还是要依学生的情况而定。学生的情况要由具体的数据来表明，而不是教师的想当然。

151 差异教学。

152 培养兴趣、尊重个性，是课外阅读指导的根本原则。

153 这也是今天学生的通病，根治很难，但我们只有知难而进，别无选择。

154 语文独立设科已经一百多年了，但至今语文尚未真正独立。其主要原因之一就是将言语作品的“内容”和“如何表达内容”这两方面混为一谈，把语文课文的“内容方面”当作教学的主要内容，不着眼于文本“如何表达内容”，而着眼于文本所传达的信息。这便使语文失去了自我。因此，我们应当紧紧抓住“语言文字的运用”这一语文教学的根本。

155 办法应因地、因时制宜。

第三步是指示读法。初中学生读小说，往往只看它的事实，而不知注意文学的技术[153]。他们看《水浒传》，看到武松打虎、武松杀嫂，都觉得他是一个值得钦佩的好汉；书中如何描写打虎杀嫂，与李逵杀虎、石秀杀嫂，如何写出三人个性的不同，便不注意了。又如林冲、卢俊义，都于刺配途中，遭解差谋害，鲁智深和燕青于危急时来救他们，这两件事不是大致相同的吗？我们当看出它在同中写出不同来。李逵和鲁智深同是莽汉，而两人的个性迥不相同；急先锋索超和霹雳火秦明，同是性急人，而两人的个性又各有异；这也是作者显出他本领来的地方。看《西游记》，不要专注于那些神魔鬼怪，也不要为从前那些道家内丹之说、儒家心性之说等评语所惑；我们应当欣赏作者想象力的丰富，和所寄托的讽刺的有趣。不但小说，即如开明书店的《文心》，世界书局的《字与词》《章与句》《体裁与风格》之类，初中学生也往往走马看花地只看它们的故事，而把它们所叙述的关于国文的常识丢开[154]。教师应当把必须注意之点提示出来，叫学生注意，而且教他们如何把书中的要义摘录出来，做成有系统的札记。如其是诗词，当先把吟诵诗词的方法，指示他们，叫他们辨别平仄，注意叶韵，留心句法。又如温庭筠的“梧桐树，三更雨，不道离人正苦；一叶叶，一声声，空阶滴到明”；李清照的“梧桐更兼细雨，到黄昏点点滴滴”；聂胜琼的“枕前泪共阶前雨，隔个窗儿滴到明”。词中用夜雨来写愁思的很多，也可教他们去比较着看。又如“落花人独立，微雨燕双归”；“无可奈何花落去，似曾相识燕归来”：所用的材料，所写的情景，几完全相同，而各有各的情韵趣味，也可作一比较。——总之，**读法的指示，是很重要的；如何指示，却须教者看读物的性质、读者的程度分别酌定**。

第四步是规定办法[155]。课外阅读，虽由学生自由阅读，但也得规定每一书阅读的日期，每一学生口头的或书面的报告。日期的规定，太宽了，容易使学生怠惰延宕，甚至忘却了这件事；太促了，容易使学生草率了事，或妨碍了课内的工作。这也须视读物的难易、篇幅的长短、学生阅读的能力而定。至于读书报告、阅读杂志中的文章，不妨仅用口头报告，于开读书会时当众提出，同学中有同读这几篇文章的，也可以提供补充或更正的意见，末了由教师加以批评。如其阅读的是成册的书，无论是什么书，都应当提出书面的报告。如其这本书的作者是文学史上或现代文坛上有地位的，便当先述作者的事略；次之是本书体裁，内容大要，以及阅读的疑问和心得，读后的感想和批评。有些书的读书报告，可以指定几个学生，用集体撰作的办法来做。例如高中学生，可以阅读《论语》《孟子》。《论语》的内容，便可用修养、政治、教育和孔子的日常生活……分类抄纂；《孟子》，也可以分论政、论性、论道德修养、论出处辞让、论古事、论同时的学派……归纳为几类。学生的程度好的，还可以叫他们参考他书，作种种考证，如《论语》的编纂者（柳宗元《论语辨》已论及此），传授派别（《汉书·艺文志》已记录及此），各篇文章的疑问（据崔述《洙泗考信录》，《论语》中有疑问的篇章已不少）。书面的报告，须限期缴呈，由教师详加批阅，和口头的报告分别评定分数。如此办法，方能督促学生致力于课外阅读。

第二章　课外作业

学习国文有两方面：一方面是吸收，如果内讲读与课外阅读；一方面是发表，如作文和课外作业。课外阅读可以补课内讲读之不及；课外作业可以补作文之不及。课外作业有两种：一种是平时的，一种是假期的。平时的作业是日记或周记。这种作业，现在各中学差不多都有；有的由国文教师查阅，有的由训育处或导师查阅，有的由党义教师查阅。党义教师往往由训育主任兼任，而所谓导师者，大多就是级任教师，也是训育处的人员；所以查阅日记或周记的人，不外国文教师和训育处人员两种；可是查阅的意义就不同了。由训育处人员查阅日记或周记，重在检查学生的思想或行为，那和国文教学关系较少[156]；由国文教师查阅，便成为国文科重要的课外作业。某年春假，曾看到在杭州某初中肄业的从弟的日记，有这样一段：

四月三日　星期二　晴

春假已放了三天了。今天上午，方去上祖父的坟。下午，和三叔二哥去游春。天朗气清，惠风和畅。我们划着船，荡漾于春波之中，流觞曲水，虽无丝竹管弦之雅，亦足以畅叙幽情。两岸田野中，皆金黄色之稻。今年秋收，当庆大有之年。因念古人修禊，是很可乐的一件事。回到家

156 又在强调国文科的“正目的”。

中，已万家灯火了。

这一天的日记，意义上的错误很多，而且错得很奇怪。我便笑着问他道："我们这山村里，虽然前面有一条小溪，却从来没有人在溪中划过船。你们划的船是哪里来的？'流觞曲水'的地方又在哪里呢？现在还是国历四月初，谷子还没有播种，哪儿来的金黄色的稻？即使你把麦认作稻，麦也还是绿油油的呀！古人春日修禊，原是乐事，便与秋收有什么关系？小小的山村，不过一百多户人家；而且天已黑了的时候，乡下人都关上门吃夜饭了；怎么会有万家灯火呢？"弟弟红着脸，半晌回答不出来，过了好久，才忸怩地道："校里一定要我们记日记，我实在没事可记，所以随意诌了这么一篇。好在我们的级任先生并不知道本村的情形！"[157]某年，我在某中学教国文。在训育处里看见我教到的一班高中女生的日记，随手翻阅。其中有几本日记，记同一天的天气，或写晴，或写阴，或写雨。我觉得很奇怪，便坐下来细看。这几本日记，差不多不记别的事，完全以读过的诗词、看过的书、国文班上听讲的笔记为材料。问问她们的级任先生，据说这几个学生的日记做得最好。我回到自己房里，把这几个女生邀来，详细询问。她们老老实实地告诉我说："看日记真没意思！日记由训育处看，更没意思！同学们因为在日记里说了真话，被训育处斥责的，很多很多，如其每天只记上课、下课，吃饭睡觉，太枯窘了，又会受级任先生的责备。我们商量了许多次，才想出这好法子；不管它是诗，是词，是曲，是别的书，是国文笔记，分作几天一抄，一周的日记便做成了。晴雨，是到星期六要缴日记的时候填写的，所以有几天记忆不清，便填错了。"[158]**——照这两件事看，叫学生做日记的本旨，不是完全失去了吗？结果，徒然养成学生造谎取巧的恶习而已！**

学校生活是规律的生活。每天记刻板的生活，做千篇一律的起居注，有什么意思？因此，我便在课内选了几种日记做教材，如《求阙斋日记》《越缦堂日记》《甲行日注》之类。并对学生说：**"人们做别的文章，是预备给别人看的，难免说几句门面话。书信是只预备给收信人看的，日记是只预备给自己看的，所以说话比较真率。'真'，和'善''美'有同样的**

157 假话往往是逼出来的。

158 必须尊重学生的隐私，训育处看学生日记，是侵犯人权。

重要，是文学的要素之一。所以书信和日记中，往往有极好的文学作品。现代作家有特地做了日记，预备卖稿出版，给大众看的；你们的日记，是特地做了给训育处的先生们看的，便失去了‘真’。满纸谰言，潦草塞责的日记，比无聊地记刻板的日常生活，还要不行。**因为它在练习写作方面，固然养成潦草敷衍之习；在品性修养方面，也有说谎话、不负责任等缺点**[159]。每日所记，内容不必一律，篇幅长短也不必一律。有时只记寥寥数句，其文学的价值，反在洋洋千言者以上；只记些琐屑平淡的事，其文学的价值，反在记国家大事、学术文章以上。”经过这一次谈话以后，有几个学生拿了她们的日记来给我看。啊！原来她们另外还有一本日记啊！她们先和我说好，不要给第三人看，不要让训育处的先生们知道；然后把她们的真的日记郑重地交给我，而且要求我给她们批改。我批改一过，发现了许多绝秒好辞，比她们缴给训育处的日记好得多了。现在就我记忆所及，择其没有什么关系的，抄录数则实例如下：

××学姊将有武昌之行。今晚，到她寄住的女青年会宿舍去访她。她出去了，我独自坐在她房里等她回来，枯坐许久，她仍没有回来，月儿倒从窗里爬进来了，不胜恻恻！——她终于被我等着了。她明天就要离开杭州，离开我。她说，或者明年此日，可以和我重晤于西子湖滨。可是人事的变幻，谁又料得定呢？“不知来岁牡丹时，再相逢何处？”能否相逢，已不可知；相逢何处，更从哪儿说起？她对于我的恋恋，引起了我的恋恋；相看无语，直呆坐到十二点钟光景，方才向她告别。归途月光如水，倍觉凄清。抵家，悄悄就寝；可是老睡不着。因忆××先生曾授《菩萨蛮》词数首，因依其调，率成一首：“小楼枯寂愁无那，知她今夜归来么？窗际月徘徊，月来人不来。邀侬再小坐，不放侬归去。归去莫嫌迟，相逢知几时？”

159 习作的意图不真诚，对品性修养的提高不利，对语文素养的提高也不利。正如王尚文先生所说的“即使仅仅着眼于读写听说的培养，正确的动机也往往能够收到更好更快的效果。为什么要强调修辞（说话、写作）立其诚？因为正确美好的动机使人自信自尊，本身就是感人的力量，所谓‘精诚所至，金石为开’也就是这个道理。而且美好的动机还能使说写的思路开阔、畅通，自然能产生丰富的词汇、恰当的句式、严密的逻辑。即使原本拙于言辞者也能在多次真诚的表达中更快地提高表达的水平，原本羞于言辞者变得爱说、能说，形成良性循环。如果出于欺骗的动机，往往会漏洞百出，而且越描越黑；要把谎话圆得滴水不漏，使人真正信服，难之又难”[1]。

[1] 王尚文. 关于读写听说的动机问题［J］. 语文建设，2005（5）：33-34.

160 教育必须顺学生作为人的天性而为，语文教育焉能例外？

秋来了；秋在哪里呢？院子角落里的一株枫树，可已醉了！阴沉沉的天，凉飕飕的风，孤零零的我，这些该都是秋意吧！忽然一阵风，从窗子里吹进一张枯萎的梧桐叶儿来。“秋，我找到你了！”春风如酒，令人陶醉；秋风如茶，沁人心脾。那株枫树，怎样陶醉在秋风中啊！

这两则日记，不很有些儿文学意味吗？可是在学校规定格式的，缴至训育处的日记里，却找不出来。不但高中学生的日记里有好文章，小学生的日记里也有的[160]。

今天下午，妈妈送我上学，因为大水，坐了人力车去。马路已成了一条河，我们好似坐在一只船里。校门关着，我们只得仍坐了这人拉的船儿回来。

这一则，是我的孙子做的日记；他还在初小二年级读书哩！

初中学生做日记，每苦于枯窘。我以为，与其叫他们做没话可说的日记，不如叫他们做周记。一则七天之内，随意记述，绝不会找不到可记的材料；二则，每天记，反容易养成敷衍塞责的潦草习惯，甚至说谎、造谣；三则，天天有日记，每班四五十人，便有四五十篇日记，无论由国文教师看，由训育人员看，其势不能篇篇都看一遍，改作周记便可以普遍地查阅了。**看周记，我以为至少应做到三点：第一，别字、错字须校正；第二，不通的句子须加记号指出；第三，内容上有重大的缺点，如造谎、潦草、思想谬误、出言不慎……以及间断脱落，应予以相当的纠正。但非万不得已时，不要连用训育处的权力，加以严厉的制裁。**

现在各中学里，寒假暑假，各学科都有假期作业的规定。国文科的假期作业，大致是习字、日记、温课、作文、阅读等项目。**习字**，留待下章再讨论。不过规定学生在假期中每天写若干大楷，若干小楷，也得预防流弊；因为有些学生并不按照规定，每天写习，只花几天工夫一气写完了事，甚至有央人代写的。这要请家长帮助督察了。**日记**，上面已说过，假期作业，也不如仍用周记，每篇的长短，并不限定。**阅读**，最好能叫学生先把选定的读物报告教师，登记下来，便不致有捱到假期将完，临渴掘井地随便抓一本书，编造一篇聊以塞责的读书报告。每周有周记，阅读有读书报告，习作的机会已不少了，不必另列**作文**一项。学生如有习作，当然可以算作一种假期作业，缴给教师，但不必有所规定而已。至于**温课**，假期中倒是一个很好的机会。学生们在上课时，科目繁重，往往对于讲读的文章，未能深思熟读，比较研讨；叫他们利用假期，再去温习一下，这是很好的办法。不过**在支配假期作业时，不应仅仅笼统地教他们去温课，应当替他们计划一种温课的方法**[161]。举例来说，大致可以分作三项：

（一）**诵读**——本论一第四章里，曾经提到过“读法”的“朗读”，有“高声朗诵”和“密咏恬吟”两种。学校中，无论在教室里，在自习室里，高声朗诵，都有些不便。放假回家，尽可畅畅快快地去朗读了。**要学生去朗读，教师得先把朗读的方法指示他们**。例如诗词，当辨明其平仄叶韵及抑扬顿挫[162]。即以五绝而论，便有许多不同的格式：

“君家~~~~住何处——？妾住——在横~~~~塘~~~~。（韵）停船~~~~暂借问——，或恐——是同~~~~乡~~~~。（叶）”（崔颢《长干行》）

“北斗——七星~~~~高~~~~，（韵）哥舒~~~~夜带——刀~~~~。（叶）至今~~~~窥牧马——，不敢——过临~~~~洮~~~~。（叶）”（无名氏《哥舒歌》）

第一首平起，首句不叶韵；第二首仄起，首句便叶韵；所以各句的平仄也不同。下边是注明平仄的记号，平声注“—”，仄声注“|”，可仄可平的注“+”；中间是表示顿挫的记号，略一停顿的作“——”，曼声延长的作“~~~~”。

“平林~~~~漠漠——烟如~~~~织，（韵）寒山~~~~一带——伤心~~~~碧。（叶）暝色——入高楼~~~~，（换平）有人~~~~楼上愁~~~~。（叶平）玉阶~~~~空伫立——，（三换仄）宿鸟——高飞急——。（叶三仄）何处——是归程~~~~？（四换平）长亭~~~~更短亭~~~~。（叶四平）”（李白《菩萨蛮》）

就是散文，也可以想出种种记号来，表示文气的缓急抑扬（如声调须提高处作“↑”，须抑下处作“↓”之类）。在学期将结束时，教师可就本学期的教材中，选定若干篇，把朗读法指示学生，令在假期里学习朗读。**假期作业中的温读，不仅练习朗读而已，并须熟读成诵**。这须从教材

161 处处强调方法的指导。

162 当下平仄不讲也罢，但于汉语声调抑扬顿挫之美应有所感悟。

中选出几篇篇幅较短、内容较重要的，文句较精练的作品来。但不必限于最近一学期的教材，上学年的，即使已读熟过的，也不妨再令他们温读。

163 比较是语文学习的基本途径之一。具体方法不一而足。本书所说，足以参照，而用以比较的材料，则不必拘泥。

（二）比较[163]——**体裁相同，题材相似的文章，往往作法不同**；如蒋士铨的《鸣机夜课图记》和朱琦的《北堂侍膳图记》，宋起凤的《核工记》，魏学洢的《核舟记》，和高士奇的《记桃核念珠》。**也有题目完全相同，而取材和作法不同的**；如夏之蓉、毛奇龄各有《沈云英传》，姚鼐、沈彤、薛福成各有《登泰山记》，蒲松龄、林嗣环、东轩主人各有记口技的文章。**又有用同一题材，写成体裁不同的文章的**；如宋濂的《王冕传》是一篇古文，吴敬梓的《儒林外史》却取王冕的事实写了一回语体小说。**这是就全篇作比较。比较的材料，当按学生程度支配。同一个字，用在不同的地方，各有它不同的意义。**例如一个"舍"字，《战国策·燕策》荆轲刺秦王节"舍上舍"句，上"舍"字作住解，是动词；下"舍"字作馆舍解，是名词。《左传》"城濮之战""退避三舍"的"舍"，则指三十里为一舍的距离，也是名词。《孟子》《鱼我所欲也章》"舍生取义"句，则为舍弃之意，又是动词了；至于《神农之言章》"且许子何不为陶冶，舍皆取诸其宫中而用之"句的"舍"字，赵岐和朱子似均不得其解。（赵注云："舍，止也。止不肯取之于其宫宅之中而用之。"朱注云："舍字一属上读，谓作陶冶之处。"）毛奇龄稍胜于赵、朱二子。（《四书剩言》云："舍，止也。止取诸宫中，不须外求。"）亦尚嫌屈折（舍训为止，仍是从住字一解引申为驻次之意，若云"不须"，又须转作"只"解）。钱玄同师[164]谓此"舍"字犹今绍兴话中的"啥"字，言无论啥东西都取之于宫中而用之，则"舍"字为代词了；至于"舍弟""舍妹"的"舍"字，则又作形容词用。诸如此类，不一而足，都可以作比较研究的资料[165]。又如诗词中常用梦来写怀人念旧的伤感，如"梦为远别啼难唤"；"残宵犹得梦依稀"；"多少恨，昨夜梦魂中"；"梦里不知身是客"，写法已自不同；"啼时惊妾梦，不得到辽西"；"无据，和梦也有时不做"；"夜夜思量直到明，梦儿怎么成"，又是更进一层的写法了。这些也是很好的比较研究的资料。**余如语体和文言，用词造句不同，也可以比较研究。**例如文言文的

164 钱玄同，浙江吴兴（今湖州市）人，语文改革活动家、文字音韵学家、"五四"新文化运动的倡导者之一。曾任教于北京高等师范（北京师范大学的前身）、北京大学。

165 用以比较的材料宜博取慎选，不能节外生枝，增加学生负担。

"也"字都作语末助词用，但也有种种的分别。**或用以助"词"**：《论语》的"柴也愚，参也鲁，师也辟，由也喭"；"耕也馁在其中矣，学也禄在其中矣"，则用以助名词；《诗经》的"今也每食不饱"，《礼记》的"古也墓而不坟"，则用以助副词。**或用以助兼词，表提示以起下文**：如《论语》的"古之狂也肆，今之狂也荡"；"赤之适齐也，乘肥马，衣轻裘"。**或用以连举数事**：如《中庸》的"天地之道，博也，厚也，高也，明也，悠也，久也"；"凡为天下国家有九经，曰修身也，尊贤也，亲亲也，敬大臣也，体群臣也，子庶民也，来百工也，柔远人也，怀诸侯也"。**至用于句末，则以表决定、表结束者为最普通**：如《史记·屈原贾生传》"天者，人之始也；父母者，人之本也"之类。**但也有和"矣"字相同的**，如《礼记》"如此，则民顺治而国安也"。**有用以表示愿望或命令的**，如《史记·孙子传》"寡人非此二姬，食不甘味，愿勿斩也！"**有用以表感叹的**，如《孟子》"恶！是何言也！"**有用以表疑问的**，如《国语·周语》"敢问天道乎？抑人故也？"**有用以表反诘的**，如《庄子·胠箧》"然则乡之所谓知者，不乃为大盗积者也？"**在语体文中，则"也"字常作"亦"字用**，词曲中已习见之，如史达祖词"奈春风多事，吹花摇柳，也把幽情唤醒"；张炎词"也知游事，多在第二桥边"；刘致曲"功也是谎；名，也是谎"。**但也有用于语末的**，如李后主词"流水落花春去也，天上人间"；胡祗遹曲"春去也，闹煞闲蜂蝶"；马致远曲"嘱咐俺顽童记者：便北海探吾来，道东篱醉了也"。《水浒传》写十字坡武松遇张青夫妇那一回里的"倒也，倒也"，亦是用作语末助词的。助词如能这般比较一番，必能明了它们的用法。比较研究的方法[166]，上文已提及过几次，如何运用，得由教师临时加以酌定。

（三）联合[167]——到了初中三年级，零零碎碎的常识，已获得了不

[1] 李道鉴.阅读教学中的两条比较思路［J］.中学语文教学，1996（10）.

[2] 鲁迅.且介亭杂文二集·不应该那么写［M］//鲁迅.鲁迅全集：第6卷.北京：人民文学出版社，1981：312.

166 的确，比较法是学习语文的很好方法，可以通过多种途径进行比较。李道鉴专门撰文来探讨比较法在阅读中的运用，他将其分为静态比较思路和动态比较思路，前者分为多篇求同比较、多篇求异比较和单篇局部比较。后者分为置换标题，与原标题进行比较；删节句段，与原文进行比较；更换详略，与原文进行比较；更换词句、标点，与原文进行比较。[1]另外，将终稿与作者的未定稿进行比较，也是一条很好的途径。鲁迅就说，不但要"多看大作家的作品"，还要看"那同一作品的未定稿本""凡是已有评定的大作家，他的作品，全部说明着'应该怎样写'。只是读者很不容易看出，也就不能领悟。因为在学习者一方面，是必须知道了'不应该那么写'，这才会明白原来'应该这么写'的"。[2]

167"联合"的要求较高，不必一味照搬。

少，便应当设法使他们连贯综合起来。如民歌、乐府诗、五七言古诗、近体律绝、词、散曲、语体诗等都已选读过了，便可教他们连贯起来，试做一篇很简略的诗歌文学史；文言的传奇小说、语体的章回小说和短篇小说，近代译作创作的文言语体小说都已选读过了，便可教他们连贯起来，试做一篇很浅近的小说史。论说、序跋、书牍、传状……以及小说、诗歌、戏剧……都已选读过了，便可教他们综合起来，试做一个文体表；连语、叠字、加"然""地"……语尾的副词……读过的已不少了，也可以教他们搜集起来，综合起来，分类编纂；已经读过的成语、故事、寓言，和作者、书籍，也可以综合编纂，就是平时在作文笔记、日记、周记……上，纠正过的别字、错字，也可以编成综合的分类的表。这样办法，可以使学生把零碎获得的知识，理出一个系统来。不但课内讲读的教材，须下一番联合整理的工夫，就是课外阅读过的书，何尝不可教他们做成分类的提要，编一部读书录？几年里批改过的作文，何尝不可教他们分类或按次编订，做一篇序文？**这种连贯综合的复习，比枝枝节节地去温读，要好得多了，我以为**。可是教师得先替他们定好计划，想好办法，详细指导，方能得到相当的效果。

假期作业，还有一种好法子，就是通信[168]。每个学生，暑假里至少须和教师通信两次，寒假里至少一次。教师得了学生的信，不但须写回信，并且须把来信细加批改，寄去还他们。学生写给教师的信，或问候，或请益，或报告见闻，或研讨国文，都可以自由抒写；但不许全信作敷衍应酬的空话。教师批改回信，不论格式、文字、语句、意思，都得加以纠正和指导。**这种假期作业，有许多益处：一是书信的实地练习，可以把写信的格式和措辞学会；二是等于作文习字，可以练习写作；三是可从教师的回信中获得许多知识；四是可以增进师生间的情感；五是可以引起写信的兴趣；六是可以趁此机会，督促、指导其他假期作业**。通信之外，还有一种收集的工作。程度低的学生，可以教他们收集各地民间的山歌、儿歌，或传说的故事，或特殊的风俗；程度高的，可以教他们收集本地名胜的史迹，乡贤的传记[169]；假满回校，分类编纂，成绩如果良好，简直可

168 通信，好点子！尤其是现在信息技术这么发达的网络时代，语文老师更应好好利用微信、微博、邮件等方式，灵活而高效地与学生进行交流，引导学生在通信中实践语言。

169 处处体现差异教学的理念。

以成为专书。**学生的籍贯散布得愈广，则收集的材料便愈丰富，编成的书便愈有价值；而且集腋成裘，并不是十分困难的事。**这不是一种很有趣的假期作业吗？

一般教师，对于假期作业，往往视同具文，以为不是正式的课业，缴了来也并不审核整理；以致努力的学生因而失望灰心，甘自暴弃的学生因而偷懒取巧，以后的假期作业便等于虚设了。学校对于教师，虽在假期中，仍应支给薪俸；教师对于学校和学生，虽在假期中也应负教学的责任。**总而言之，假期作业，与其定得太繁，但求量之多，不求质之精，无宁少定几项作业，做的必须好好地做，评阅的必须细细地评阅**[170]。如果假期作业虚行故事，师生互相敷衍，影响所及，必连累到正课，甚至学生对于教师、对于学校的信仰，也因而动摇。这不是教育上应当注意的事情吗？

170 还是前面说的那样，教师布置作业必须做到以下三点：（1）起码自己要清楚布置作业的理据——学生为什么要做这项作业；（2）对作业方法的指导；（3）对学生完成的作业一定要给予批阅与反馈。

第三章 课外习字

国文科应由教师指导的课外工作，除课外阅读和课外作业外，要算课外习字了。[171]可是**现代中学生习字和科举时代不同。科举时代习字，目的在写大卷子，等而上之，在成书法家；现代中学生习字，目的在供日常生活的需要。**为应用起见，须达到下列四个要件：[172]

（一）**正确——习字[173]，第一须求书写正确。**倘若写了别字，如字形相像的，把"酒壶"误作"洒壸"，"损失"误作"捐失"之类；字音相近的，把"习惯"误作"籍贯"，"仍旧"误作"成就"之类；或写了笔画错误的字，如"策"偏从"束"，"速"偏从"朿"之类；都违背这正确的条件。有许多字帖，往往把"於"字写作"扵"，极易误作"木"旁或"手"旁；又有把"步"字下半写作少，"歲"[1]字上面写作"山"的；很容易失去正确的写法。指导时必须加以注意。**如能由书法好而通文字学的人，为中学生特写印寸楷小楷的字帖，内容采用适合现代青年修养的格言，那便比采用旧有的字帖好得多了。**

[1]"歲"的简体字为"岁"。编者注。

171 现代生活中，很多时候都用计算机输入代替写字了。但习字是不是就不需要了呢？对中小学生习字的要求该如何看待是一个值得探讨的问题。

随着多媒体技术的发展，师范院校对教师基本功之粉笔字没有以前那么重视了，很多教师上课只用PPT，这也在一定程度上影响了学生的习字。

172 这四个方面的要求和课标中提出的"能正确工整地书写汉字，并有一定的速度"，有什么区别吗？仔细阅读蒋先生提出来的中学生习字"四要件"，"清楚"和"匀称"其实相当于"工整"，"敏捷"即"有一定的速度"。但是，中学语文教师如果清楚这四要件的具体要求，正如蒋先生在文中描述的那样，那么他们指导起来也就更加清楚、有针对性。

173 习字是识字的重要环节，真识字者，必会写，不会写即非真识字，谓之半识字。因而习字是语文教学的必修功课，至今犹然。如因电脑而致学生不会写字，无疑是语文教学的失败。

（二）清楚——现在中学生抄录任何文件，用端楷的极少，用行草的很多。其实，他们并不会写行书草书，只是写得潦草字而已。每一笔都不写到头，而且歪歪斜斜，奇形怪状，有时非按上下文的意思，简直极难辨认。从前本有一种狂草，亦名一笔书，如张旭怀素诸人的草书，上下字连绵不断，本也难于辨认。若再画虎类犬，潦草塞责，写出去的书信文稿，还有人识得吗？还能供实际生活上的需要吗？所以“清楚”也是一个重要的条件，行书也是如此，小楷更无论了。

（三）匀称——每个字的笔画要写得匀称；如果一笔太粗，一笔太细，便是不匀；笔画少的写得很细，多的反是很粗，也是不匀。无论什么字，哪一画长，哪一画短，哪一部分紧密，哪一部分宽松，都有一定的间架，如果应长者反短，应短者反长，应松者反密，应密者反松，便是不称；不匀，不称，便觉难看。**许多字写成一行、一页，也得求其匀称。**如果大大小小，高高低低，疏疏密密地不匀称，也觉非常难看。中国字，笔画有多少繁简，字形有长短肥瘦，如果在有方格儿的纸上写小楷，尤非求其匀称不可。如在只有直格没有横格的纸上，或没有格儿的白纸上写行书，则各个字的长短肥瘦，却不必一律，而须求每行每页的匀称了。从前习字，注意每一笔的笔仗，所以初习字的人，往往从所谓“永”字八法入手。**现在，根据完形心理学，不能把一个字肢解了，单去研究它的点、踢、画、直、撇、捺、勾、厥等；而须就整个儿的字着眼，并且还得看每行每页能匀称与否。**例如写一封信，一个条儿，笔仗虽好，而每字每行每页不能匀称，仍很难看。反之，如果能全体写得匀称，则笔仗虽不十分好，看去亦不致令人觉得讨厌。其实，所谓笔仗，亦是求每一笔之匀称，画、直、撇、捺……各有其写法，如能匀称，笔仗便不算坏了。

（四）敏捷——现代社会的生活比从前繁复多了；时间经济，是生活上极重要的一个条件。所以现在中学生习字，和从前不同。从前人习字，但求其好，不必求其快；现在则除上述的正确、清楚、匀称三者之外，尚须养成敏捷的书写技能。小楷，每小时须能抄四五百字；行书，每小时须能抄一千字。若书写过于迟缓，便不能应付实际生活的需要。**敏捷不是草**

率。草率是但求写得快，不复顾到正确、清楚、匀称三个条件；敏捷则既要快，又要写得正确、清楚、匀称[174]。

习字第一要有恒心。每天写，每天在规定的时间写；时间最好是清晨。每天写多少字，也得规定。每天所写的字数不必过多；第一天写得过多过久，第二天却间断了，那便是所谓“一暴十寒”，书法便永远不能进步。**习字不是抄字；每写一字，必须注意它的笔画间架；如其是小楷、行书，还须注意每行每页的行伍。这种种注意，也须恒久地保持着**。临摹字帖，往往经过一个相当的时期之后，会觉得自己所写的字反而比从前退步。这不是真的退步，或者可以说是进步。因为对于习字虽然没有下过工夫的人，也各有他自己的笔仗间架。临摹了相当时期，法帖上的笔仗间架虽未曾学会，自己的本来面目却已渐渐地脱去了，所以看去似乎比以前退步了。这时候，很易使临摹者灰心；若从此半途而废，则是古人所谓寿陵余子学步邯郸，未得国能，先失故武，只能匍匐而行了！过了这一关，便能逐渐进步起来。可是**习字是水磨工夫，进步不能很快，而且不容易觉察出来的；我们必须忍耐着，恒久地忍耐着**。若求速效，为了想写得好些，竟在帖上印写，那又是揠苗助长的笨法了。印写之法，有些人也在采用，尤其是在习小楷的时候；但我认为，这终不是最好的法子。因为印着写，每易依样画葫芦，而不注意到字的笔仗间架；行伍的匀不匀，全行全页的贯不贯气，便易被忽略了的。至于学习行书而用印写，更是被拘束了，如何还能写出流利生动的字来呢？能恒久地摹写，摹写时能恒久地注意，则所临的法帖的笔仗间架，熟于胸中，书写时不必笔笔酌量，字字忖度，而即由下意识的作用，从熟练的手法上，运用出来了。这不是短时间所能奏效的，所以说第一要有“恒心”。

朱子说读书有三到：心到，口到，眼到。**习字也有三到：眼到、心到、手到**[175]。习字要手到，这是大家都知道的。其实，眼到也很重要，而且须排在第一。**临帖绝非抄帖**。若只照着字帖抄，那有什么意思呢？不但书写时应当留心看帖；即使动笔之前，搁笔之后，也得细看所临之帖，把每一笔的写法，每一字的间架，整页整行的连贯和匀称，都摄取一个

174 以上四个“要件”，除“敏捷”外都是起码要求，不能马虎。

175 有关习字的方方面面，本书讲得最为详实妥帖，在同类著作中不多见。

印象在脑子里。**这是所谓“眼到”，在临摹的过程中，有很大的效益。**同是一画一直、一撇一捺……，同是这样一个字，何以我写起来这样不好看，帖上写得那么有精神，匀称而且美丽？要怎样运笔，才可以学得它的笔仗？要怎样安排，才可以学得它的间架？用笔哪里应轻，哪里应重？何处应藏锋，何处应露锋？笔画哪一笔应长，哪一笔应短？哪一部分应密，哪一部分应疏？何以这一种帖上的写法，和普通的写法不同，倒觉得它别饶风趣？便应详加考虑了。**这就是所谓“心到”了。写字是一种技巧，只是眼到、心到，还是不够的，所以必须加上“手到”的工夫。眼到是求知其当然，心到是求知其所以然，但都只是“知”；手到方是切切实实的“做”。**做得久了，才熟能生巧，才可达到临摹的目的。

习字和学画一样。学画，也有临摹之法。选取古今名画，学它们的结构、笔法、设色……，正和习字的临帖一样。**虽然下了工夫去临摹，但临摹了许多家之后，仍须各取所长，融会出另一种作风来。画和字，最可以表现执笔者的个性；诗文也是如此。**无论如何，**个性绝不会被完全埋没的；其实，也不应完全埋没了自己的个性。所以临帖不过是习字的初步工夫，**但就中学生说，还谈不到临帖以后，融会所得而自己创造出一种书法的风格来。**指导习字时，千万不可陈义过高。**

选择临摹的字帖，也是一个问题。我以为，颜鲁公的《颜氏家庙碑》以挺秀胜，《多宝塔碑》以整饬胜，《争坐位帖》以遒劲胜（此帖，米襄阳临本亦甚佳。或因其文辞粗鲁，官秩杂出，疑系后人依托，非鲁公真迹；但以书法论，终不失为好帖）。习寸楷行书，大可临摹。王右军的《兰亭序》，自是脍炙人口的，但佳本不易得。李邕的《云麾将军碑》，行书也很好（此碑有二：一在陕西蒲城县，为云麾将军李思训碑；一在河北良乡县，为云麾将军李秀碑：皆唐李邕书。但均已残裂）。小楷，则钟绍京的《灵飞经》，亦不失为可以临摹之本。至于《黄庭经》，虽相传为右军名迹，陶弘景《上梁武帝启》及褚遂良《右军书目》均推崇之，并谓后有“付官奴”三字者为真本（官奴是王献之小字），但今本则系后人临本。余如虞世南、欧阳询、褚遂良、柳公权、苏轼、黄庭坚、米芾、赵孟頫……诸家的碑帖，可以供我们选择者，很多很多。**教师替学生选定字帖，须看学生的出笔，和哪一种接近些**；就其性之所近去临摹[176]，虽不能说可以收事半功倍之效，总比较得便利些。可是“取法乎上，仅得其中”；倘若取法乎下，结果绝不会好的。那些木刻的黄自元临欧阳询《九成宫》，若教学生去临摹，便有取法乎下的弊病。

执笔的法儿，也得好好地指导一下。毛笔，执得太低，则写行书不能灵动，写大楷不能畅达；执得太高，则写小楷又学得不能得心应手。**所以写大楷行书，应当执得高些；写小楷，应当执得低些**。执得太松了，下笔易浮滑无力；太紧了，又易拘束呆板。执笔不得其法，字写多了，又易腕酸指痛。而且现在小学里抄写多用铅笔，中学生也喜用铅笔自来水笔；硬笔用惯了，其执笔法完全和执毛笔不同。从前私塾里的小学生习字，由教师个别指导，所以执笔法大多学会；现在小学里学生多，势不能个别指导。**所以入初中时，教师还得注意他们的执笔方法，随时予以纠正**。研墨，看似一件极容易的事；**但写字的调墨色却颇不容易**。我们不必求之过深，只要不至（于）太淡而渗，太深而腻，或发死色，或现浮色，便可以了。中小学生常常有把墨磨得歪斜不堪的，让砚池结了许多墨渣的，在字纸上沾了许多墨迹的；**这些不良习惯，也得随时纠正他们，不要以为是小节而忽视了**。就是**写字时的姿态**，有的纸不摆正，有的头倾在左，或头伸向前，有的屈着背伏在案上，也不是写字时应有的习惯[177]。**所以习字虽只能在课外工作，教师却不当因课外而抛弃了指导的责任。**

习字，既是中学国文教学中的一个重要的项目，又须教师切实指导[178]，把它作为课内教学的一种，于每周国文课内规定一二小时习字，不更好吗？不错，现在还有些初中，把习字列在课内，每周一次，说是特别注重的。可是，每周一二小时，只能讲授些《书法正传》《艺舟双楫》之类的习字理论；**仅讲授些理论，不注重实地的练习，结果是没有益处的**。而且国文科的授课时间，本来不多，再让习字占去一小时或二小时，更不够了。**所以习字终以排在课外为宜**。最近修正的《国文课程标准》，也规定只在初中第一学年正课略读指导项内附书法指导，略为说明用笔结

176 如果教学能做到这样的有针对性，效果必定会不一样。

177 习惯的养成很重要！

178 要教学生习字，教师必先习字。

体及书法源流大意，而练习皆于课外行之。但为督促学生们起见，每周得规定缴寸楷若干页，小楷若干页，行书若干页，由教师检查登记，考察他们的勤惰；**为鼓励学生们起见，可举行书法讲习会、书法竞赛会、习字成绩展览会等，借以引起他们的兴趣**。作文、笔记、日记、读书报告以及其他抄录的文件，也可以考查小楷行书之进步如何。

179 真知灼见！

有些长于书法的国文教师，指导学生习字，往往依自己的长处和嗜好，教他们临魏碑，学篆、隶、草书。这是教师的热心，原亦未可厚非。但为实际生活的需要计，终以小楷行书为最重要[179]。篆、隶、草、魏碑……，除非想成书法名家，便没有临习的必要。中学生并不能个个都成书法家，他们的学习时间有限，怎么还能耗于这不必要的工作？要他们学这些，和强他们学骈文、学律诗、学词曲，又有什么两样？**所以我奉劝长于书法的国文教师，不如把自己指导学生练习的精神、时间，集中于指导行楷的学习**。楷书、行书习好了，能应付实际生活的需要了，中学生习字的目的也就达到了。

习字，当然以毛笔字为主。但我以为用钢板铁笔蜡纸写油印的原稿，也得叫学生学习；因为这也是和实际生活有关系的，而且写法完全和毛笔、钢笔、铅笔不同。如其学生们有级会的组织，最好使他们每个人都有轮值缮写的机会。例如他们要演话剧，剧本可叫他们自己缮写油印；书面的读书报告，也可择其较有价值而经教师详细批改过的，叫他们缮写油印；诸如此类，不一而足。**如其所教的是师范生，则黑板字也有练习的必要**。他们出校以后，要去教小学生的；如果黑板字写得歪歪斜斜，糊糊涂涂，或非常地缓慢，也是教学技能上的一大缺点。

习字贵有恒心，不可间断，上文已说过了。**这项工作，不但在学期中，天天须在课外规定时间，连续地做；在暑假中，也得挥汗为之；在寒假中，也得呵冻为之；因此，也可以定为一种假期作业**。这在上文也已提到过。小楷、行书，除临写外，各项书面的作业写得如何，也可以考查他们假期内习字的成绩。总之，**教师考查学生们习字，当随时留心，促成他们写字时到处留心的习惯**。如果只在临帖时小心摹写，而平常抄录时仍漫不经心，则习了字仍不能应用，习字的目的并没有达到。

第四章　课外活动

国文教师所应指导的课外工作，除上述三项以外，还有种种课外活动。**所谓“课外活动”，范围很广；此处则指与国文有关者而言。**王筠《说文释例》说：“天下事物之象，人目见之，则心有意；意欲达之，则口有声；声不能传于异地，留于异时，于是乎书之为文字。”文字原是记载言语的符号，所以和言语有密切的关系[180]。《汉书・艺文志》说：“书者，古之号令；号令于众，其言不立具，则听受施行者弗晓。古文读应尔雅，故解古今语而可知也。”尔，同迩；雅者，雅言，对于方言而言，犹今云标准国语；尔雅，就是近于标准国语。观此，可以推知《尚书》所载古之号令，因为要听受施行者都能知晓，所以用那时代近于标准国语的语体写成文章，其言立具，并没有加什么文饰。**我们现在学得《周诰》《殷盘》佶屈聱牙者，是因为古今语不同，并不是因为古人文章特地做得那么深奥。**《史记》《五帝本纪》《夏本纪》《殷本纪》《周本纪》诸篇的材料，多采自《尚书》，却把难解的词句都译成汉代通行的文字了。如《项羽本纪》载范增语：“唉！竖子不足与谋！”《高祖本纪》载汉王即皇帝位时语“诸君必以为便，便国家……”完全是照声气语调写下来的。就是《后汉书》记韩康卖药事，曰：“公是韩伯休那？”也可以说是直照当时的言语

180 目前学术界也有文字亦具本原性的观点。

记录的。**可见秦汉时，文字和言语相离还不甚远。**两宋时，理学先生们的语录，也是介乎文言语体之间一种文体。那时还有如邵雍《击壤集》的白话诗，许多文人的白话词，以及新兴的白话小说；到了元朝，为曲的全盛时代，白话的文学更勃兴了。**我国文学史上虽然有离开言语的骈文、古文、诗词，而文字和言语的接近，竟具有“莫之能御”的潜在力量。所以现在语体文的兴起，绝不是单靠几个人的努力提倡所能造成的。**

181 演说和辩论不能因中考、高考不考就不学不练。

文字和言语既有这样密切的关系，所以要文章进步，也须从言语方面下工夫。中学生常在课外组织团体，练习演说和辩论。演说、辩论在现代社会中，的确非常有用，也可以说是生活上需要的技能[181]；演说、辩论学习得好，于文章的写作，也大有效益。**所以国文教师对于学生练习演说、辩论，也当负指导之责。**固然，国文教师不见得都长于演说、辩论；可是指导中学生，总还绰有余裕吧！**练习演说，第一要选择题目，第二要收集材料，第三要制定纲要，第四方能写成一篇演说稿；演说稿，须宗旨正当，层次明白，措辞精警；这完全和做论说文一样。教师在他们预备演说稿时，能好好地加以指导，简直是和指导作文一样。**演说稿准备好了，上场去说时，并不是把演说稿背诵出来就算。语气有缓急，声调有抑扬；什么题材讲时应当侃侃而谈，慷慨激昂；什么题材应当娓娓而谈，委婉曲折；什么题材可以庄谐并作；什么题材应当垂涕泣而道；也应简练揣摩，各尽其妙。**教师指导他们，简直是和指导朗读语体文一样。辩论，**例须分正、反两组。无论是正组，（还）是反组，准备的时候，不但要从自己这方面着想，还须替对方设身处地，推想他们持论的理由、证据，设法去驳倒它。**这正是议论文的两个要件：一方面须“能立”，一方面又须“能破”。教师如能尽量地予以指导，教他们如何去推想、论断，于议论文的习作，是有直接的帮助的。**无论是演说，（还）是辩论，要持之有故，言之成理，可以使听众折服、感动，单靠空论，是不成功的，必须有充分的论证，——本证及旁证。并且要能运用论理学，演绎的，归纳的，或辩证的；如其所说的话，违反了论理学，便根本不能成立。措辞，也不仅是直述，必须有感动他人的力量，引起听众们的共鸣和信仰。**引证确切，说话**

合于论理，措辞能感动人，都是和做议论说明文相同。所以演说、辩论出色的，作文一定也有长足的进步。言语和文字本来是一贯的啊！所以指导演说和辩论，间接便是指导学习国文。不过有些教师，指导演说、辩论，太热心了；在校内、校外举行演说或辩论竞赛时，往往替学生代做演说稿、辩论稿，参加竞赛的，只须预先把稿子读熟了，去背诵一遍。**这种留声机式的演说、辩论，于国文的学习，或演说、辩论的学习，可以说毫无裨益**。教师的指导，只能指示他们材料收集的路径，纲要排列的方法，措辞的态度……而已，一切仍须由学生亲自动手去做，做成稿子后，再加以订正。否则，便又是宋人揠苗了。

言语和文字，都是表达情意的工具；**可是以言语表达情意，有时还可以借些别的助力**。**第一是说话的声调**。声音的高低，语调的缓急，很可以表达说话的神情。例如说："今天我们冒着大雨来校上课。"如"今天"二字特别说得响，则意思便偏重在今天，昨天或是没有来，或是没有下雨了。如"我们"二字特别说得响，则意思又偏重在"我们"，似乎说别人都没有来校上课了。如"冒着大雨"四字特别说得响，则意思又偏重在"冒雨"了。如"来校上课"四字特别说得响，则意思又偏重在"上课"了。又如"王先生来了"一句，因语调的不同，可以表示候得他好久，果然来了的意思，或询问别人王先生究竟来了没有的意思，或告诉别人王先生已来了的意思。**第二是说话者脸上的表情**。如喜则微露笑容，愁则蹙着眉头；此外，或默许，或厌恶，或愤怒，或恐怖，或惊讶，或怀疑，或悲哀，或惋惜，都可以从脸上表达出来。演说或辩论时，脸上的表情，如能与话里面的意思相吻合，则刺激听众的力量便增强许多。倘若脸上毫无表情的容色，则演说辞无论做得怎样好，力量已减弱得多了。**第三是说话者的动作**。最浅近的例，如伸大指以表示伟大，伸小指以表示渺小；指前方以表示将来，指后方以表示过去；握拳以表示愤怒，摊手以表示完了：都是以动作来帮助语意的表演。《论语》："或问禘之说。子曰：'不知也。知其说者之于天下也，其如示诸斯乎！'指其掌。"可见孔子答或人问时，也是以动作来表演示意的。其实，在没有共通言语可以交换意思的时候，

批 注

及对不会说话的人（聋哑者）传达意思的时候，便须完全靠脸容和动作来示意了。苏轼《怪石供》说："海外有形语之国，口不能言而相喻以形；其以形语也，捷于口。"可见用言语文字之外，还可以此达意。说话有这三种帮助，其传达情意，不更较文字便利吗？**指导演说、辩论时，这三项便都得注意到**。余如演说、辩论者在台上的姿势，也须留意。初学演说的人，或植立不动，或两手撑着讲桌，或竟伛偻着伏在讲桌上，或左右来往，走之不已，或两足一前一后站着，上身摇橹似的前后摇动，或两足分开，身躯左右摆动，都不是适当的姿势。**指导时也须加以注意**。

初中学生，不但演说、辩论需要指导，**即平常的谈话，也得随时随地加以指导**。就是极平常的访问谈话，其声音、语气、态度、神情，也须因说话和听话的人的立场、关系，和谈话的内容而异。如对尊长和对卑幼不同，对极亲密的人和对生疏的人不同；询问、恳求、命令、驳诘……也各不相同。含有好意的话，在不会说话的人讲起来，便会变成恶意的嘲弄、申斥；本是恳求，也许变成命令；本是询问，也许变成诘责：这都是声气神态不合的缘故。国文程度差的，连语词都用得不妥当。他们常称赞同学说："某人学问很好，先生也很佩服他；某人品行很好，先生也很信仰他。"这两句话里，不但"佩服""信仰"用得不妥，初中学生也根本谈不到"学问"。**在课外个别谈话时，教师都须注意，予以纠正**。个别谈话，不但可以指导学生们说话，**还可趁此机会，灌输些关于国文的常识，关于道德修养或应付人事的常识；这要比在教室里讲说好得多**。个别谈话，不限于学生来访谒请益，或教师去叫他们来谈话，春秋佳日，适值例假，教师带几个学生到郊外去走走，或登山远眺，或泛舟湖中，沿途都可以有偶然的触发；或者教他们写些游记之类的文章或日记。**这些野外的教授，个别的谈话，对于国文教学，是有很大的裨益的**。又如民国二十五年在杭州举行的浙江省文献展览会，如果全校学生排队去参观，鱼贯而入，复鱼贯而出，走马看花地跑一趟，必致一无所得。若由教师带三五个学生去，随看随谈，虽是初中学生，闻见所及，也可得许多有用的知识。各校在春秋季常举行远足、旅行，领队的教师和学生接触的机会很多，所经的名胜古迹，或有故事可讲，或有楹联可录，或有诗词可传诵，**都是个别谈话的资料，都是课外教学的教材**。以此类推，个别谈话的范围和它的效益，不是大得很，多得很吗？

话剧的表演[182]，在各校的同乐会里，是常有的；这**也是课外教学国文一个很好的机会**。表演话剧，首须选定剧本。学生们对于剧本既有急切的需要，这时候教授话剧，必收事半功倍之效。如其教过的剧本并不多，大可以趁此机会，介绍许多剧本，叫他们在课外去阅读。剧本选定后，须读它熟来；读，不是随便地读，剧中人的神情声气，都须设身处地去揣摩，学得惟妙惟肖，而且应当用国音来读。**这正是语体文朗读的实地练习呀！**剧本读熟了，方能排演。排演时，必须体会所扮的角色[1]的立场、性格，方能表演出他的神情态度来。各个角色的服装，台上的布景，以及其他各种道具，也得和剧情相合。**如其学生对其他的教材也能和预备表演时那么用心揣摩，国文必有长足的进步。所以指导表演，绝不是和国文无关的**。更进一步说，国文教材中，或小说，或传状，可以用作话剧材料的多得很。如古诗的《木兰辞》《孔雀东南飞》，杜甫的《石壕吏》，白居易的《琵琶行》，以及《国语·越语》上，《史记·项羽本纪》的鸿门之宴、垓下之围，唐人传奇的《虬髯客传》……，不是已有许多编成剧本了吗？留意收集起来，一定很多。**很可以指定参考的材料，教学生自己试编话剧**。如有做得好的，由教师批改润色后，不妨教他们试试看，去表演表演。这样，学生们的兴趣必可以提得很高。

有些学校里，有校刊，有校友会刊，有学生会刊，有各级级会的壁报[183]。前两者大都由教师主持，但也须征集学生的稿件；后两者则照例由学生主持，教师不过处于指导顾问的地位。**这些刊物，除负责编辑的学生外，教师须鼓励其余的学生踊跃参加**。无论是议论文、说明文、记叙文、描写文、抒情文，以及语体诗、短篇小说、短剧、小品文等，都可以

[1] 即“角色”。编者注。

182 当前不少学校已积累了演课本剧的经验，可以参看。

183 当下似可尝试编写电子刊物。

有练习的机会。即使一次投稿，未得发表，也仍要安慰他们，鼓励他们再接再厉的勇气。编辑方面，稿件应当如何排列，去取应当有何标准，也须给以详尽的指导。**这很可以引起学生们写作的兴趣。**而且有教师在指导，学生会刊物和级会的壁报上，也不至于闯祸或闹笑话了。国文较好的学生，如想向校外各种杂志或日报副刊去投稿，教师也应帮助他们，指导他们，并且鼓励他们。**不过，得随时注意，千万不要养成了他们自以为是的骄矜之气！**

学校里，有时请本校教师或校外人演讲，大都由学生担任记录。这差使，往往是由最高年级的高材生包办的。我以为，应当由各年级的高材生轮流担任。有些学术演讲，尤其是科学方面的，固然非高年级生不能记录；如其是普通的演说，则低年级中国文较好的学生，也不妨叫他们试试。最好，用两个纪录员，一个高年级生，一个低年级生；让低年级生也有练习的机会。记录演说，须一面听，一面写，没有练习过的，倒不是一件容易的事。初步的练习，便是课内的听写，和听讲笔记。教师应于平时留意，把听写成绩好的，笔记记得清楚正确的，选定几个，使他们在低年级时便有正式练习记录的机会。初则试记本校教师的演说，继则记录校外名人学者的讲演。**这也是课外学习国文的好机会。**

现在的中学里，有各种学生团体，大之如学生自治会，小之如各级的级会，及一部分学生组织的剧团、演说会以及各种研究会、读书会……。初组织时须定章程、规则，开会时须有会议记录，公布议决事项时须出布告，向学校有所请求或建议时须上呈文，与校内或他校别的团体来往时须写公函……，**这些都是实际应用的文件；以生活的需要而论，都是应当学习的。**一般的学校里，虽然也有几位教职员挂着学生团体顾问指导的虚衔；对于这些文件的处理，热心指导的，却是绝无仅有。文件中有时闹了笑话，有些教师在旁边匿笑，有些教师在旁边摇头叹气。这些是不学而能，不教而成的事吗？没有教师去负责指导，叫孩子们、青年们自己去摸索，怕不合于教育原理吧！**我倒认为学生们的团体活动，正是学习应用文的好机会，如果国文教师能负责指导帮忙。**还有偶发事项，本来也是学生们的课外活动，如追悼会、运动会、展览会、游艺会等，都须运用文字，做各式各样的应用文件。前面论习作批改的一编“命题”的一章里，也已提到过了。

有些文字游戏，不但有趣，而且很可以训练人们的巧思。例如文虎，便有很巧妙、很幽默的。以《孟子》“何可废也，以羊易之”两句，打一“佯”字；以《论语》“唯女子与小人为难养也”打“胡须”；以“四”打《长恨歌》“山在虚无缥缈中”；以“一画一直、一画一直、一画一直，一直一画、一直一画、一直一画”打“亞”[1]字：都是很巧妙的谜儿。对课儿，实在也是一种文字游戏。如以“李白”对“杨朱”，以“孙行者”对“胡适之”，以“南容三复《白圭》”对“东坡重游赤壁”，以“有寡妇见鳏夫而欲嫁之”对“唯女子与小人为难养”也：这虽然是旧时代的玩意儿，如其学生程度够得上，叫他们试试，倒也是很有趣的。便是师生谈话时**偶然讲个笑话，也可以寓教学于谈笑之中**。例如：

从前有个不很通文墨的人，捐班出身，做了苏州通判。他把墓前的“翁仲”说倒了，变做“仲翁”。有人做诗嘲笑他道：“翁仲居然作仲翁，只缘书读少夫工。马金堂玉如何入？只好州苏作判通。”因为他把“翁仲”二字说倒了，所以故意把“读书”“工夫”“金马”“玉堂”“苏州”“通判”都倒装了。

讲这个笑话给学生听时，便可引申到修辞格的“飞白”上去。讲笑话，只要俗不伤雅，于启发学生的心思，也颇有效力。

拉拉杂杂地说了许多，所谓课外活动范围之广，已可见一斑。只要教师有在课外随事随时指导学生的热心，则可利用之以辅助国文教学的机会正多184。**即如学生的姓名，也有可以讲说的材料**。从前某中学里有三个学生：一姓孔，一姓孟，一姓颜。姓颜的名“乐山”，姓孔姓孟的都名

184 上文所说的语文课外活动，和课标中所说的语文综合性学习有什么异同？在致力于提高学生的语文素养上，实施或指导语文课外活动（语文综合性学习）的关键是要始终紧紧围绕语文的“正目的”。

[1] 此为“亚”字的繁体字。编者注。

"乐三"。一般人把乐山的乐字读作"义效切"，乐三的乐字读作"落"。其实，那姓孔的学生的名字里的"乐"字，也应当读"义效切"。《论语》孔子说："知者乐水，仁者乐山。"孔子称颜回其心三月不违仁，所以姓颜的取名"乐山"。孟子称君子有三乐，所以姓孟的取名"乐三"。《论语》孔子又称益者三乐，损者三乐（乐音义效切），所以姓孔的取名"乐三"。国文教师应当把这三个名字的来历和其音读，讲给学生听，方不致把同学的名字随口乱叫。——**到处留心，是学国文的好法子，也是教国文的好法子**[185]。

185 教师"到处留心"，然后引导学生"到处留心"，持之以恒，效果必定显著。

一、如何处理好语文课内与课外的关系，提高学生的语文素养，是语文教师非常关注的话题，看看以下几位专家的观点，再谈谈自己的想法。

1. 张志公

对中学生的课外阅读，一是要提供机会；二是要保证时间；三是要给予指导。提供机会，主要指要提供好书，提供充足的图书，使他们能拿到书看。……从现在学校的状况看，学生课外阅读时间很难保证。作业那么多，负担那么重，课外和课内没有多大区别，学生根本顾不上课外看书，甚至连课本也很少认真地看。这样搞，只会使我们的孩子越学越蠢。教师负担也太重。……教师不看书，怎么能指导学生看书？我看，在学生中开展课外阅读，也得为教师读书创造些条件。……读书指导也很重要。中学生的分辨能力还比较差，读什么书，怎样读书，教师要给予指导，报刊也有责任做些引导工作。

张志公.要重视阅读教育和阅读教育研究［J］.［M］//张志公.张志公语文教育论集.北京：人民教育出版社，1994：355–356.

2. 温儒敏

课外阅读要给学生自主选择，但不是放任自流，必须有所指导。这就需要有相应的教学计划，根据各个学段的教学目标，安排适当的课外阅读，注意循序渐进，逐级增加阅读量与阅读难度，体现教学的梯度。当然，课外阅读很难像课堂教学那样有非常明确的要求，但又必须有一个大致的要求，总之，要不断激发学生阅读的积极性，把读书习惯作为基本的素养来培育。

温儒敏.忽视课外阅读，语文课就只是半截子的［J］.课程·教材·教法，2012，32(1):50.

3. 王尚文

课内与课外是学生语文生活的两翼或两腿，缺一不可。他们相互补充，相互影响，相辅相成，对于学生语文素养的生成与提升都是必要的。……不管怎么说，仅仅依靠课内，作用毕竟有限，必须充分重视学生课外的语文生活。于是有的教师就又试图把课外也统管起来，使之成为课内的延伸，让课外为课内服务，甚至想把课外时间全都圈入课内，成为课内的一个组成部分。他们的用心是好的，但效果却未必见佳。我的意思是课内重在激发兴趣、培养习惯、指点门径；课外，则主要让他们自由驰骋。……把课外变成“准”课内，于学生的成长发展弊大于利。

王尚文.漫谈课外与课内［M］.//倪文锦，王荣生.王尚文语文教育论集.上海：上海教育出版社，2010：212-213.

4. 张孝纯

“语文”源于生活，人又常常要通过“语文”来认识社会生活，并借助它来反映社会生活，参与社会生活，同时在这一过程中使自己的语文能力得到发展。可以说，人的语文能力，是植根于他的社会生活实践和由此而产生的思想感情之上的；人一旦脱离社会生活，头脑就会空虚，思想感情就会贫乏以至枯竭，他的语文能力也就丧失了生长的沃土，哪里谈得上发展？事实上，每个人的“终身语文学习”主要是在社会生活实践中完成的，“学校语文学习”只是其中的一小部分（当然是很重要的打基础的部分），而这一小部分，由于为语文学习本身的实践性所决定，也不能与生活脱节。那种企图使学生不与丰富多彩的社会生活相接触，而坐在教室里一味接受抽象乏味的语言训练的教学设想和努力，注定是要失败的。

完整的语文教学结构，我认为，应由三部分组成：（1）语文课堂教学；（2）语文教学渠道；（3）语文学习环境。坚持完整的语文教学结构，就是要做好以下三方面的工作：（1）提高语文课堂教学的效率；（2）开辟第二语文教学渠道；（3）强化语文环境的积极影响。第一项是主体，包括范文教学、参读教学、习作教学、语文考查考试等项，而其中又以教读为核心。第二、三项是两翼：第二项包括以课外阅读为重心的有目的、有计划、有组织的多种多样的语文课外活动（其中又可分为“校内语文课外活动”和

“校外语文社会活动”)。第三项包括对学校语文环境、家庭语文环境和社会语文环境的利用，而各种语文环境又都可以分为口头的和书面的两种。

张孝纯.“大语文教育”刍议［J］.新时期教育改革的探索，1986(6).

5. 顾黄初

前几年，我还说过这样一句话：“语文教育改革的根本指导思想是‘贴近生活’。”作为论证的展开，我还补上了这么一句：“语文教学的改革也得寻找它的‘根’，这‘根’就是实际生活中语文运用的情况。”这一观点尽管“卑之无甚高论”，但我仍坚信是正确的。现在重申这些观点，无非是想强调：只有用“语文教育和生活紧密相连”这一视点来观察、分析、评判多年来一些学术论争，才能作出比较符合客观真实、客观规律的结论来。

顾黄初.贴近生活：语文教学改革的一种趋势［J］.中学语文教学参考，1994(10).

6. 李子建、高幕莲

语文源自生活，也应用于生活，语文学习不应限于课堂，而要延展到日常生活中。语文学习必须配合社会的大语文环境，课堂内的学习要和课外、校外的学习相结合，以取得全方位学习的效果。中文科全方位学习的概念有三个层面：1. 建议将拓宽语文的学习环境，例如，由课室延至社会，以巩固课堂学习；由课堂延展到日常生活，将课堂内外、学校内外的学习相配合。2. 语文的学习不只是知识的吸收，更要增加实际运用语文的机会。3. 全方位学习提升延伸、巩固课堂学习及自学的机会。

李子建，高慕莲.全方位学习理念与实践：对新修订中学中国语文科课程的启示［M］//李子建，梁振威，高慕莲.中国语文课程与教学：理论、实践和研究.北京：人民教育出版社，2005：392.

二、以下是《义务教育语文课程标准（2011年版）》对7 ~ 9年级综合性学习目标的描述，结合本论中“课外活动”的内容，谈谈你的想法。

1. 自主组织文学活动，在办刊、演出、讨论等活动过程中，体验合作与成功的喜悦。

2. 能提出学习和生活中感兴趣的问题，共同讨论，选出研究主题，制订简单的研究计划。能从书刊或其他媒体中获取有关资料，讨论分析问题，独立或合作写出简单的研究报告。

3. 关心学校、本地区和国内外大事，就共同关注的热点问题，搜集资料，调查访问，相互讨论，能用文字、图表、图画、照片等展示学习成果。

4. 掌握查找资料、引用资料的基本方法，分清原始资料与间接资料的主要差别，学会注明所援引资料的出处。

中华人民共和国教育部.义务教育语文课程标准：2011年版［M］.北京：北京师范大学出版社，2011：17-18.

我思故我言

我思故我言

余论　国文教师的进修[186]

选文讲读，作文批改，课外阅读、作业、习字及其他活动的指导，已如上述，倘能尽心力而为之，国文教学的效率必可增进，**教师多费一分心力，学生即多得一分进益。师生间的精神感应是很快的。教师有教不倦的精神，学生于无形中受其感化，学习兴趣也必增进。更进一步说，教师不但当有教不倦的精神，也须有学不厌的精神，努力进修**[187]**。如此，方能以身作则，造成好学的校风。**

我国的学术文艺，浩如烟海；国文教师如果有志进修，自己的园地，已很广阔了；何况世界的学术思想、文艺潮流，也得虚心接受？所以谈到国文教师进修的问题[188]，真所谓"一部十七史，不知从哪里说起"，文法、修辞学、文字学、文学史、学术史，是与教学国文有直接关系的[189]；现在且就这五者来谈谈吧[190]！

教学国文，时常要用到文法和修辞学。我国研究文法的书，关于文言文的以马建忠的《马氏文通》为最详尽，关于语体文的以黎锦熙的

[1]　林崇德，申继亮.从教师的知识结构看师范教育的改革[J].高等师范教育研究，1999（6）.

186 于语文教学法，"语文教师的进修"可以是"余论"，但却是语文教师从教的根本。

187 首说"精神"，此为根本之根本。

188 林崇德、申继亮教授从心理学的角度研究了教师的知识结构。他们认为，教师的知识可以分为四个方面的内容：本体性知识、条件性知识、实践性知识和文化知识。[1]那么，语文教师应该具备什么样的专业知识结构呢？语文教师的专业发展应该从哪些方面去努力？这些都是语文学科亟待解决的问题。

189 与教学国文有直接关系的，恐怕远远不只这些。而此五者又必以阅读相当数量的语文经典作品（主要是文学作品）为基础。无此基础，犹如空中楼阁。

190 语文课程与其他课程不同之处甚多，最主要的就是语文课程至今尚无与之匹配，为其支撑的科学意义上的语文学科，只能到相近相邻的语言学、文艺学、美学、写作学、哲学解释学等学科相机取用，难免不完整、不系统、不实用。我们亟须建设一门新的语文学。它不是传统的训诂学等，而是为适应语文课程需要而创建的一门新的学问。

《国语文法》为最详尽。他们都以西文的八品词为基础，加了一种“助词”而成“九品词”。国文的词性分类竟可以和西文不谋而合地大同小异吗？**以他民族的言语文字作比较研究的材料，原是很好；若囫囵吞枣地把它们的文法引用到国文上来，能没有削趾适屦的弊病吗？**修辞学也有这种情形，许多修辞格，是从西文的修辞学援用来的。刘复的《文法通论》颇想把向来习用的“九品词”化作五大类；可惜只提出了一个建议，没有更进一步研讨下去。王引之的《经传释词》、刘淇的《助字辨略》，都是就古籍搜集例证，研究国文中所谓“虚字”的用法的。近人杨树远又作了一部《词诠》。俞樾的《古书疑义举例》是就古籍搜集例证，研究古文中的特殊句法的。近人刘师培的《古书疑义补》，业师马叙伦先生的《古书疑义举例札迻》都足以补正俞书。可是就语体文搜集例证，研究其“虚字”的用法和特殊句法的，我至今还没有看到过。近人张文治的《古书修辞例》，对于例子的搜集，可谓很勤；可是他所论及的只有“改易”“增加”“删节”“摹拟”“繁简”五者。陈望道的《修辞学发凡》，文言文语体文各有例句搜集，比较地算完备了；可是他论及“风格”，又未免太简。我国古籍中，并不是没有论到文法和修辞的，不过散见于各书，无人收集罢了。刘勰的《文心雕龙》一半是文体论，一半却是修辞学。司空图的《诗品》是论诗的风格的，也可以归入修辞学一类。如果有人把古人论文法修辞的话好好收集起来，参考近人的议论，再和西文作比较研究，或许在文法学修辞学上有相当的成就[191]。**我以为研究文法和修辞，当根据完形心理学，作整个的观察研究，由整篇以研究句语，从整句以研究各个词。**因为独立的字与词，不能断定其词性如何，须看它在句子组织中所占的地位；句子也不是完全独立的，与它的上下文，甚至与全篇都有关系。枝枝节节地肢解了全篇，去研究其中的一句；零零碎碎地脔割了整句，去研究其中的一词、一字，是不能得到要领的！

从前研究“小学”的，只能谓之研究《说文解字》，不能谓之研究文字学。他们死守许书的范围，但重形义，不顾声韵，把声韵分立音韵学，以为是在文字学范围之外的；但重秦篆，不复追溯秦篆以上，籀文已少

191 近数十年来，有关文法和修辞的新著不断涌现，本书所举数目，可以不必拘泥。

有人过问了，龟甲钟鼎虽有许多人在研究，而笃信许书，如章炳麟氏之类，还认为不可尽信；但重文字，不复兼顾言语和文字的关系，虽然章炳麟氏有《新方言》之作，而继起者尚无其人；但信古代传说，不能有怀疑的精神，对于创造书契的传说，只认是仓颉、沮诵个人的功绩。**有志进修的国文教师，如果想在文字学方面更求深造，应当改变他研究的态度**[192]。形、音、义是文字的三要素，不当把声韵划在文字学的范围之外。就是以《说文解字》一书为根据，也得从声韵方面去注意研究，朱骏声的《说文通训定声》已有很好的成绩了。业师张献之先生在中学高年级教我们时，特编一种讲义叫做《字例》，阐明“音近义通”的道理，使我们得了许多益处。中学生固然尚谈不到今音古音的研究，**教师自己进修，却当在声韵方面多下些工夫**。金文的研究，宋代就有了，及清而更盛。虽真赝羼杂，然有许多可据以补正许书。前清德宗光绪时，龟甲在河南安阳出土以后，经刘鹗、罗振玉等收集，孙诒让、王国维等研究，许书的定论竟有为之动摇者。**我们要进修文字学，若摒弃龟甲钟鼎，而但以秦篆为主，这真是但知高曾为我所自出而忘其不祧之祖了**。言语既早于文字，文字既是记载言语的符号，则研究文字学者绝不当忽略了言语。例如前面已举过的那个例——《孟子·滕文公》中《有为神农之言章》“且许子何不为陶冶，舍皆取诸其宫中而用之”句的“舍”字，业师钱玄同先生说它就是今绍兴方言中之“啥”字，“舍皆取诸其宫中而用之”，就是“啥东西都向家里拿来用用好哉”，言无论什么家里都已齐备了。他以现代方言解古书的文字，故能疑义尽释，神情毕肖。又如“什么”，天津方言读作“什吗”；“什么”的切音是绍兴话的“啥”（ㄙㄛ），“什吗”的切音是杭州话的“啥”（ㄙㄚ）。萧山方言叫什么为“ㄏㄛ东西”，嘉善方言叫什么为“ㄏㄚ物事”；其实，“ㄏㄛ”、“ㄏㄚ”都是何字的转音。这些都是很有趣的言语文字互相关联的实例。**所以进修文字学，绝不能摒弃方言**。我国创造书契的人，相传为仓颉、沮诵；这两个人，据说是黄帝时的左右史。我们试想想，既说黄帝时他们二人始创书契，何以那时便有历史？便有史官？何况所谓仓颉其人，或谓为黄帝之史，或谓为上古禅通纪之帝王，关于他，

192 蒋先生所说是高标准、严要求。当今语文教师可先求具备相关基本知识，然后再慢慢深研。

又有生而四目、天雨粟、鬼夜哭等神话呢？**近人沈兼士说古史多“时代拟人化”，仓颉、沮诵是创造书契时代的拟人化，仓颉、沮诵**[1]**即“创契佐诵”，言创造书契以佐助记诵**。这和伏羲为渔猎时代的拟人化，燧人为发明火食时代的拟人化，有巢为巢居时代的拟人化，神农为发明农业时代的拟人化，是一样的。文字，一方面固是记录言语声音的符号，一方面又是图绘物象的符号。初期的文字，实在是各种物象的简单的图画，因为它们大多数是“依类象形”的“文”，而不是“形声相益”的“字”，因为各人各画，所以古文的异体特多。黄帝时，还是部落酋长时代，怎么能由他的史官仓颉、沮诵造了文字，去颁行全国呢？周宣王时史籀作大篆，似乎经过一次“书同文”的政治的统一。但据王国维说此十五篇所以名为“《史籀》”者，因首句为“太史籀书”，取首句二字以为篇名，并非有史官名籀者著作此书。而且这次书同文的效力似乎并不大，并不久，所以战国时又有“文字异形”的事实。秦始皇时，统一的局面造成了，所以李斯、赵高、胡毋敬乃得取大篆或颇省改，罢其不与秦文合者，而制定了秦篆。可是后来程邈作隶书，史游作草书，刘德昇作行书，王次仲作楷书等传说，其不可靠，也和仓颉、沮诵造字相类；**文字的创造和变迁，绝不是全靠政治的力量，某一个人的力量，短时间所能集事，而是由社会的力量，大众的力量，渐渐地成功的**。我们如果要在文字学上力求进修，绝不可忘了孟子所谓“尽信书，则不如无书！”

文学史，近来坊间出版的颇多 193。**可是大多数的文学史，并不是文学流变的历史，而是许多文学家的小史；不是全部文学的历史，而是文章——杂文学——的历史。虽然诗、词、曲、小说、戏剧……各有专史，但还没有包举全部文学——纯文学（文艺）和杂文学（文章）——而原原本本地叙述其源流变迁，说明其所以变迁的理由的**。国文教师要进修文学史，不得不有深一层的研究；上述两点，便不能不注意补正。每一时代著

193 本节内容多为举例性质，几未涉及外国文学、现代文学，语文教师不要因此而偏废。

[1] 原著为“仓颉沮诵”，应为“仓颉、沮诵”，此处顿号为编者加。

名的文学家，姓名、里居、生平事实、著作、文学史上的地位……固然不能不作详确的记述、考证与论列；但文学本身的流变终是文学史中最重要的项目。且如《诗经》一书，为我国最古的诗歌总集，最可宝贵的古代文学作品；但其作者，十之九是无可考的；即有可考，也不是大名鼎鼎的文学家（《诗序》所说不可信；除本篇中说到它作者的，如《小雅·节南山》说“家父作诵”，《巷伯》说“寺人孟子作为此诗”，见于他书的，如《尚书》说周公作《鸱鸮》，《左传》说许穆夫人作《载驰》等，其余都是无作者主名的诗）。如果完全以著名的文学家为主，则《诗经》一书，只好被摒于文学史之外了。我国诗歌文学新兴的体裁，往往先流行于民间，传播于唇吻，后乃有士大夫仿效其词；如《诗经》的四言诗，当先有采自民间歌谣的国风，而后有士大夫的雅，以及用于朝廷宗庙的颂（《诗经》之诗，《商颂》虽有为商代乐章之遗的传说，而《豳风·七月》确为太王迁岐以前夏代的作品）；《楚辞》的《九歌》，确是屈原依楚人原有祀神的歌曲改作的，可见所谓楚歌已盛行于民间（《诗经》中已渐有兮字调，如《郑风·狡童》《魏风·十亩之间》等。《诗经》《楚辞》之间，如《说苑》所载的《越人歌》，《孟子》所载的《孺子沧浪歌》，兮字调的民歌也不少）；汉乐府，也先采各地歌谣合乐，后由司马相如等文人拟作；词的长短句，也来自六朝的民歌。**新兴的文学既多起自民间，则俗文学为研究文学史者所不可忽视**；可是民间文学的作者，都是些无名的文学家，我们能以作者为主去考究它的历史吗？**文学史的内容须包括一切文学的流变**。若仅叙述骈文古文的历史，那只能说是文章史；若仅叙述诗文词曲，那只能说是诗文词曲史；既名之为文学史，则骈散文（包括小品文及语录等）、诗、词、曲、小说、戏剧及一切儿童文学、俗文学，都应包括在内了。**而且我国文学往往受外来文学的影响**，远之如佛教经论及其他作品，近之如东西洋各国的文艺和其他作品；**所以翻译文学也当包括在内。我国歌唱文学的变迁，常和音乐有关；所以音乐的变迁，外国乐器、乐曲等的输入，也是研究文学史的人所当注意的**。例如唐代就有《神清参禅语录》，是用语体文记载禅师的谈话的。宋儒之有语录，便是受了这种佛教徒作品的影响。唐诗中有许多是仿外国输入的曲调的，如《凉州词》之类。词曲中此类尤多，如最著的《霓裳羽衣曲》，实在是由外国输入的。《乐苑》云："《霓裳羽衣曲》，开元中西凉府节度使杨敬述进。"《唐逸史》却说是玄宗游月宫，听仙曲，默记其音调而还，乃传此曲于人间（《乐府诗集》引）。郑愚又调停二者之间，谓玄宗在月宫闻曲，只记其半；会杨敬述进婆罗门曲，声调相符云云。其实，此曲当为婆罗门乐曲，由西凉传入，所谓游月宫，传仙曲，特故神其说而已。**唐代和外国接触最多，所以音乐的变化也多，歌唱文学的变化也多，绝不是中唐以前取以合乐的句子长短有定的近体诗所能配合，所以不得不加泛声，不得不采用六朝民歌长短句的体裁，于是"词"遂勃兴于中晚唐了。文学的变迁，还有所谓社会的因素**。章回的白话小说，出于话本，故旧小说中常有"且听我慢慢道来"；"说时迟，那时快"；"闲话休说"；"欲知后事如何，且听下回分解"等语。李商隐《骄儿诗》，已有"或谑张飞胡，或笑邓艾吃"等语，可见说三国时事，类似今日说大书者，唐末的社会上已有此风气了。到宋朝，方有由这类说话人的话本，经文人润色编成的长篇或短篇的小说。这正和清代学者俞樾改《三侠五义》同一情形。施耐庵（？）的《水浒传》，我疑心也是就当时社会上盛行的梁山泊故事的话润色的，或是集许多不同的话本改编的。唐人传奇所以多剑侠、灵怪、恋爱的故事者，也是那时社会的反射。藩镇跋扈，战祸连年，故多剑侠的故事；唐以老子姓李，特崇道教，佛教小乘又盛行（于）民间，故多灵怪的传说；受武后专政的影响，故多男女自由恋爱的想象。**即此一端，可见文学与社会情状关系之密切了**。进修文学史的，都应注意及之。

进修学术史，可以了解我国固有文化最重要的一部分。现在坊间出版的哲学史、学术史、思想史，以及国学概论、诸子概论之类，可谓和雨后春笋一般；我们不得不加以谨慎的选择。化[1]了买书的冤枉钱，还是

[1] 原著为"化"，系原著误，当为"花"。编者注。

小事；白费精力、时间，又得了一种错误的知识，或竟以误传误，那可不是玩的！**作者或因信而好古，硬替古人辩护，是曰盲从；或因疑古过勇，一笔抹杀，是曰武断。**例如论先秦诸子十家之起原，章炳麟氏笃信刘《略》班《志》之说，定要替他们辩护，信“某家者流盖出于某某之官”为不刊之论（见《论诸子的大概》）；近人胡适又作《诸子不出于王官论》，谓王官绝无学术可言：其实都不是平心静气之论[194]。**古代学术之所以在王官而不在平民者，一因官世其业，人世其学；二因竹木金玉，漆书刀刻，成书难，得书亦难：故平民无从得书。**韩宣子为晋卿，聘鲁，方得见《易象》与《鲁春秋》；季札为吴公子，聘鲁，方得闻十五国风；孔子欲观书，亦须适周见守藏室史李耳。贵族、学者，尚且如此，平民更可想而知。所以古时有“学古入官”“宦学事师”之说（《论语》所谓“仕而优则学，学而优则仕”，是春秋后事，不是春秋前事）。**老子著五千言，为私人著作之始；孔子教三千弟子，为私人讲学之始；从此以后，学术方普及于民间。这二位学者在我国学术史上地位的重要，就此一端，已非他人所可同日而语。**我认为，古代学在王官，是无可否认的事实；不过“某家出于某官”，则是刘班牵率附会之论，又如秦始皇的焚书坑儒，论史者往往混为一谈，以为是我国学术的一大厄。其实，**焚书是一事，坑儒又另是一事。始皇所坑者乃是“方士”而非“学者”，《史记》说得非常明白。**而叔孙通、伏胜等曾为秦博士者，到汉初都还健在。**至于焚书的原因，全在禁反对郡县制者的“以古非今”。**所以焚书令上明定“私藏《诗》《书》百家语者黥为城旦，偶语《诗》《书》者弃市，以古非今者族”，且所烧者仅民间之书，“博士官所职不烧”，也在令中明白言之。“若有欲学（今本《史记》有‘法令’二字，此依徐广说，删），以吏为师。”则始皇、李斯，并未禁人民求学，不过欲复“学在王官”之旧而已，不过欲统一教育权以求统制思想而已[195]。可是民间藏书于山崖屋壁间者，断非政府的力量所能摧毁尽净；而且如果没有项羽入关后火烧咸阳那一回事，则秦代博士官所职之书，何致完全被焚？所以仅就焚书一事本身而论，对于我国古代文化影响并不如论者所说的那么大。又如先秦诸子各有主张，无非欲改革当时

194 作者对于章炳麟、胡适之说不迷信盲从，这种精神值得学习。

195 “不过……而已”，语气似乎商榷。

的政治制度、社会制度，主张虽异，救世之旨则同；而儒家祖述尧舜，道家依托黄帝，墨子宗大禹，用夏政，许行为神农之言，**此则欲改制而托之于古。改制而必托古者，《淮南·修务训》"世俗之人多贵古而贱今，故为道者必托之黄帝神农而后能入说"，真可谓一语破的。**所以"孔子、墨子俱道尧舜，而取舍不同"（用韩非《显学》语。孔子道尧舜，取其禅让；墨子道尧舜，取其节俭）。我们既知诸子"托古改制"，则他们所说的古人古事，至少必经过一番主观的选择或改造，未必完全与实事相合，不问可知。诸如此类，进修学术史者，必得加以注意。更进一层说，**要明白古代各派的学术，不能仅仅以阅读学术史和所谓概论为满足，必须进而阅读整部的古书。古书有真有伪，有半真半伪**（如今本《列子》为伪书，业师马叙伦有《列子伪书考》，言之颇详。如今本《尚书》半真半伪，和今文相同的几篇是真的，其余晋梅赜所献者，则为王肃所造之伪古文），**要读这书，便不得不先加以辨认。**即如《论语》一书，为最可信的孔子的言行录，但据崔述《洙泗考信录》的考证，也有不可尽信的部分。例如《阳货篇》记**"公山弗扰以费叛，召，子欲往"；"佛肸以中牟叛，召，子欲往"。公山弗扰之以费叛，正因孔子为鲁司寇，欲堕三家之都的城，而据费以抗孔子。岂有一反抗命令之县令，而敢召其所抗之执政，执政正率师讨反抗者，而欲应其召之理？据《韩诗外传》，则佛肸以中牟叛，在赵襄子时；赵襄子立于孔子卒后五年，佛肸叛时，岂能复召孔子？这不是很显明的事实吗？**所以我们要读《论语》，必须把不可信的部分都剔去，不仅这两章而已。从前人把孔子看成一个超人的圣人，一个没有情感的木偶似的道学先生，所以读起《论语》来，觉得异常呆板枯燥。**我则以为大圣人也是人，而且孔子是一个富于情感的人。**《论语》记他，有时愤不可遏。（如云："是可忍也，孰不可忍也。"）有时异常悲痛（如颜渊死，有"天丧予，天丧予"语），有时又非常幽默。（如"子入太庙，每事问；或曰：'孰谓鄹人之子知礼乎？'子闻之曰："是礼也？"据俞樾说，"是礼也"是反诘语，盖太庙中所见者，皆不合于礼。"这些是礼吗？"反诘他一句，何等幽默？）有时也喜欢和弟子说笑（如"割鸡焉用牛刀"，直自认“前言戏之尔”)。**我们要读《论语》，必须把态度改变过来，方能真真认识孔子。**至于《论语》里记孔子衣食等日常生活和平居态度的诸章，更应有透彻的了解。如《乡党》篇记孔子衣食等琐事甚详。**这些是门弟子亲见的事实如此，所记亦是但照具体的事实记录，并非说人人对于衣食都当如此；而注家往往以为孔子的衣食如此如此，凡是尊信孔子者也得如此，便太拘迂了。**又如《论语》首章，“人不知而不愠”一语，朱子以为是“人不知我而不愠”，即“遁世不见知而不悔”的意思。我的意思，却以为第一节“学而时习之，不亦说乎”是说“学不厌”；第二节“有朋自远方来，不亦乐乎”是说门弟子来自远方，即《孟子》“得天下英才而教育之”之乐(同门曰朋；师生有朋友之谊，故朋可解作门弟子)；第三节“人不知而不愠，不亦君子乎”是说“教不倦”，**人不知者，是人不知学，不是人不知我。学不厌，教不倦，是孔子最伟大的精神，所以编辑《论语》时把它列在首章。**(《孟子》记子贡语，以学不厌为智，教不倦为仁，孔子之所以为圣人即在此。见《公孙丑》篇。)我们读古书，不可为某一家的注解所束缚，方能自己悟出一番新见解来。此外，**如古书中的错简、衍文、夺字、误字等，也得加以相当的注意。这又涉及所谓校勘之学了。**例如《中庸》“知远之近，知微之显，知风之自，可与入德矣”，自来注家，都不得其解。俞樾谓“自”字为“目”字之误，“风”作“凡”字解，“之”作“与”字解，即“知远与近，知微与显，知凡与目”；“可与入德”，即“可以入德”。经他这样一讲，便涣然冰释了。又如《孟子》“必有事焉，而勿正，心勿忘，勿助长也”句，诸家之注，亦多牵强。宋倪思以为“正心”二字乃“忘”字之误；“必有事焉，而勿忘”为一句，虽须“勿忘”，但亦“勿助长也”。下文以揠苗喻“助长”，以不耘苗喻“忘”，正是承上文而言之。经他这样一讲，便了如指掌了。错乱衍夺之例，更是举不胜举。这也是有志进修、有志阅读古书者所应留意的。

现在的教育行政机关对于教师的进修已知注意了[196]，开办假期讲习会呀，规定教职员平时进修的工作呀，组织教学研究会按学科分组研究呀，发行出版物呀，可说是在竭力提倡或督促了。**可是学问的进修，不是**

196 当前，教师的进修越来越受到重视，但效果待评。教师进修机会不少，但很多时候都是“被进修，”自我的主观愿望并不是很强烈。造成“被进修”，有教师自身的认识问题，当然也与他之前的进修经历有关。组织者对进修什么，研究得不够。组织方能请到谁就谁来给教师们上课。另外，教师自己读书反思的机会反倒不多，所谓的进修都是集体听课，其内容很少与教师经验直接相连，或者说进修过程没有教师自身经验的参与，引不起教师的兴趣。

他律的，是自律的；不是形式的，是实际的。提倡、督促原是教育行政机关应有的责任；不过，要是仍行计时给薪制，教师的收入太菲薄，为要维持生活，不得不多担任钟点，消耗他全部的精力、时间，则所谓进修便无从谈起！所以我的结论是：希望教学有所改进，须先希望教师肯努力，而且能努力于进修；希望教师进修，须先改善教师的待遇。

附录一

蒋伯潜研究论著目录及文摘

一、论文目录

[1]蒋伯潜.习作与批改[J].国文月刊，1946(48).

[2]蒋伯潜.我观人生[J].新学生，1946，2(5).

[3]蒋伯潜.童年学习国文底回忆[J].新学生，1946，1(5).

[4]蒋伯潜."教师节"[J].新学生，1947，3(4).

[5]蒋伯潜.几部青年时代最爱读的书[J].读书通讯,1947(124).

[6]蒋伯潜.书"中等学校增授实用文字学议"后[J].国文月刊，1948(64).

二、论著目录

[1]蒋伯潜.蒋氏国文(12册)[M].上海：世界书局，1937.

[2]蒋伯潜.中学国文教学法[M].上海：中华书局，1941.

[3]蒋伯潜，蒋祖怡.经与经学[M].上海：世界书局，1941.

[4]蒋伯潜，蒋祖怡.骈文与散文[M].上海：世界书局，1941.

[5]蒋伯潜，蒋祖怡.诸子与理学[M].上海：世界书局，1941.

[6]蒋伯潜.文体论纂要[M].上海：中正书局，1943.

[7]蒋伯潜.十三经概论[M].上海：世界书局，1944.

[8]蒋伯潜.文字学纂要[M].上海：正中书局，1946.

[9]蒋伯潜.校雠目录学纂要[M].上海：正中书局，1946.

[10]蒋伯潜，蒋祖怡.字与词：上，下册[M].上海：世界书局，1947.

[11]蒋伯潜，蒋祖怡.章与句：上，下册[M].上海：世界书局，1947.

[12]蒋伯潜，蒋祖怡.体裁与风格：上，下册[M].上海：世界书局，1947.

[13]蒋伯潜.诸子学纂要[M].上海：正中书局，1947.

[14]蒋伯潜，蒋祖怡.小说与戏剧[M].上海：世界书局，1941.
[15]蒋伯潜，蒋祖怡.诗[M].上海：世界书局，1948.
[16]蒋伯潜，蒋祖怡.词曲[M].上海：世界书局，1948.
[17]蒋伯潜.小学教师的语文知识[M].上海：中华书局，1948.
[18]蒋伯潜.诸子通考[M].上海：正中书局，1948.
[19]蒋伯潜.理学纂要[M].上海：正中书局，1948.
[20]蒋伯潜，蒋祖怡.论诗[M].广州：广东人民出版社，1986.

三、经典文摘

关于“习作”

中学生国文的“习作”，只是“习作”，不是“创作”，更不是“文学的创作”；国文的习作，应当注重文章的形式与技术，不应当偏重内容，各种文章都应当予以习作的机会，基本的写作技术，如用词、造句、组织篇章……尤其重要。

蒋伯潜.习作与批改[J].国文月刊，1946(48):35.

日记与周记

做日记，不如做周记，因为学校生活，除例假外，每天的作息都是有规律的。初中学生做日记，往往感到呆板和枯窘。天天勉强着记，徒然引起厌恶的心理，养成敷衍潦草的习惯，甚至捏造谎话做日记的材料，而且教员每天阅许多日记，事实上也不可能。每周一篇，便不至（于）这般呆板枯窘了。现在各中学往往由训育人员检查学生的日记或周记，往往因日记或周记中有不满于学校或教师或政治现状的话，而惩罚学生，于是学生日记便少由衷之言。“修辞立其诚”的话，是有理的。言不由衷，不但做不出好文章，而且影响于青年心理修养者极大。

蒋伯潜.习作与批改[J].国文月刊，1946（48）：35.

习作的批改

关于“改”，我以为多改不如少改，增加字句不如删减字句。有些热心改文的教员，往往把原作抹去一大段，改上几行，或增入几行；这是劳而少功的。体裁、语气不合，层次、结构不好，固须改正；文法上用词、造句的错误，以及错字、别字，尤必须加以改正。改作文，不是要把它们改成杰作，是要把它们改成文从字顺的文章。“批”是批评，不但要指出原作的错误，而且最好能说明其所以然。

蒋伯潜.习作与批改[J].国文月刊，1946（48）：37.

中学生国文程度低落的原因

我以为中学生国文程度低落的主要原因，还在于中学本身六年内的国文教学，只重在教师的教，而不重在学生的学；只重在课内的受教，而不重在课外的自学！中等学校的国文授课时间，每周至多不过六七小时；去了二小时作文，只有四五小时了。讲授选文，如果贪多求速，每周也可以讲授三四篇。但这样草率了事，囫囵吞枣，学生能完全了解吗？能完全记诵吗？不但食而不化，难期应用，怕咽都来不及咽下去哩！……所以我认为要提高中学生的国文程度非提倡他们自学不可！非辅导他们自学不可！非养成他们课外阅读的能力兴趣和习惯不可！

蒋伯潜.《字与词》自序[J].语文学习，2005（3）：42.

附录二

研究蒋伯潜的论文目录及文摘

一、论文目录

[1]江川.从两部《中学国文教学法》说开去：上[J].中学语文教学，2002(4).

[2] 江川.从两部《中学国文教学法》说开去：下[J].中学语文教学，2002(5).

[3]林忠港.论蒋伯潜“正副目的论”的价值与缺憾[J].语文学习，2012(2).

[4]陆立仪.浅论蒋伯潜语文教育改革思想[D].上海：华东师范大学，2011.

[5]王晓静.从《中学国文教学法》管窥语文教学思想[J].文学教育，2006(7).

二、文摘

1. 课内与课外

蒋伯潜的《中学国文教学法》是著者根据自己在大学教中学国文教学法一科的授课讲义编写而成的总结20年国文教学经验的语文教学法专著。……该书有意识地把教学寓于社会活动、文娱活动及其日常谈笑之中，让学生突破课堂的狭小范围，在更广阔的天地里体味语言运用的奥妙，从而有效地提高教学质量。这一语文教育观点在当时有其独到之处，在今天也仍具有重要的参考价值。

陈黎明，林化君.二十世纪语文教学法[M].青岛：青岛海洋大学出版社，2002：157.

2.《中学国文教学法》的突出特点

蒋氏所编的一种，是最有代表性的。它的突出特点是：(1)重视语文教师本身素质的提高。本书的“绪论”和“余论”，分别论述了国文(语文)教师的素养和进修问题。(2)重视课外辅导。本书专设一编四章，论述了课外指导问题，提出了“课外教学当与课内并重”的观点，并且进一步强调说，“课外教学范围影响之大”，实在是“远过于教室里的正课”的，这在当时实在难能可贵。（3）在论述国文教学的目的时，运用了“正目的”和“副目的”的概念，把对于国文教学目的上的多年纷争，从理论上作了比较妥善的解决，这可以说是本书的一大贡献。作者认为，国文教学的目的有二：（1）正目的——国文一科所特具的教学目的，是“使学生对于生活所需的工具——国文——能运用，能了解，且能欣赏”。（2）副目的——国文科与其他学科同具的教学目的，又可分为两项：（甲）“使学生了解我国固有文化之一部分——学术和文学的流变”；（乙）“使学生明了我国固有道德的观念及修养的方法，并培养或训练其思辨的能力”。把语文教学的目的分为“正副”两个方面，早就有人提过，但第一次加以科学分析的，却是蒋伯潜在他的这本著作中。

武玉鹏.30年代前后的语文教学法研究［J］.语文教学通讯，2000（6）.

3. 强调以学生为中心

（1）蒋先生在其国文教学实践中很注重学生知识、能力的发展，不要学生死读书。在本论一中蒋先生首先强调了“教学”和“教授”的区别：教授完全以教师为中心，学生处于被动地位，只须“受教”，不必“自学”；教学则是以学生为中心，要使学生有自学的机会，教师加以督促、辅导和鼓励；“教”要顾及学生的需要、能力和兴趣。书中强调以学生为中心，教学要顾及学生的内部需要和体验，提倡教学并重，讲读并重。要求国文教师不但要传授知识，更要传授求知的方法，还要注重对学生自学兴趣的培养以及自学能力的训练，说明当时一些先进的国文教师已经重视到学生主体地位，反对简单的注入式教学，提倡启发、辅导学生自学，注重对学生预习的指导。而这个问题却在新中国成立后将近半个世纪的语文教学中一直难以解决，课堂教学满堂灌，课外进行题海训练，语文课成了学生最不喜欢的课程之一，可以看出填鸭式的应试教育实在是语文教育史上的倒退，对语文教学造成了严重的恶性影响。广大语文教师应向前辈们学习，尊重学生的个体兴趣体验，注意教法的改进，不断提高教学效率。

王晓静.从《中学国文教学法》管窥语文教学思想［J］.文学教育，2006（7）.

（2）明确在“教学法”中提出以“学生”为中心，蒋是比较全面论述的一个，而且也是在教学中明确实践的。他在《教学法》中指出“教授”以教师为主，学生只处于被动地位，只须“受教”，不必“自学”。“教学”则以学生为中心，让学生自学，且必须加以督促、辅导和鼓励。教师的“教”，也得顾到学生的需要、能力和兴趣。在课程的编制实践中，他多处将学生的兴趣、需求、程度放在考虑前提的第一位。比如作文的命题，教材的选文，习字指导，不能陈义过高，不能把对成人都很理想的概念凭空交给他们，做空论学生学不到真东西。这是他教学法的核心。因此他从学习的实际出发，注重引发学生的学习动机，并通过一定的活动，如试讲、试读、整理笔记、课外阅读、温习等，温习也需要督促和指导，可以用复讲、背诵、默写等手段诱导他们自学；又譬如指导课外学习写演讲稿时，蒋氏提醒教师不要代劳，教师的指导，只能指导他们材料收集的路径、纲要排列的方法、措辞的态度。对当时来说，蒋伯潜的以“学”为主，是和科举时代偏重“读”和“现在”的偏重“讲”对立的。他设计了一系列的活动来让学生“自学”，教师的作用是指导、引导、督促学生自学。

陆立仪.浅论蒋伯潜语文教育改革思想［D］.上海：华东师范大学，2011：28.

4. 重视课外指导

（1）书中将课外指导与课内讲读、习作批改两项并列为本论的三个部分，说明对课外指导的重视，认为教学目的单靠课内教学实现是不够的，课外教学同样重要。在叶圣陶《略读指导举隅·前言》中也对课外阅读指导作了详细论述，可见当时真正想做好国文教学工作的人是投入了大量时间和精力的，实为今天语文教师的楷模。“……课外的教学，不仅限于文字，而且兼及言语、举动、态度、品性；不但教导个人，而且兼及团体活动；其影响实远过于教室里的正课。”反映出当时思想先进的国文教师既重知识教学，又注重学生良好情感、态度和优秀思想品格的培养，即使在课外指导中也不忽略这一内容。这也正与前面所述国文教学的正、副目的相呼应，说明作者始终将国文教学目的贯穿整个教学过程之中。

王晓静.从《中学国文教学法》管窥语文教学思想［J］.文学教育，2006（7）.

（2）在课外活动中，蒋伯潜列举了习字、演说、辩论、谈话、演剧、刊物、演讲记录、团体活动、文字游戏等。演说、辩论、演剧、刊物、团体活动等，在现在的中学里，开展得较广，学生也比较喜欢。但是这些活动往往没有和语文能力有意识地联系起来，变成一种“课外娱乐”或“应付任务”，或者让有能力的学生包揽了，大部分学生是得不到锻炼的。这都是因为教师在学生的活动中缺少方法指点和知识的引导，缺少组织。蒋伯潜对课外活动相当重视，而我们的教育这方面恰恰是有缺陷的。社会需要各种人才，语文能力是一切能力的基础。教师应该将课外活动和语文能力的训练结合起来，要时刻注意大多数学生的参与，让学生更加认真和积极地对待课外活动，而不仅仅培养应试能力。

陆立仪.浅论蒋伯潜语文教育改革思想［D］.上海：华东师范大学，2011：41.

5. 对课外阅读的指导

对于课外阅读，蒋先生认为教师最好能因势利导，替学生选择妥当的读物，指导适宜的读法，使学生养成自由阅读的兴趣、习惯和能力，不但在校时得益，将来出了学校也可以自己进修。反映出作者作为国文教师不但教知识，而且注重指导学生自读方法，培养学生自由阅读的兴趣、习惯与能力，为学生个体的持续发展作打算，体现出一位有责任心的国文老师无一处不用心从学生的长远发展考虑问题。这也是我辈应学习的为师之道。

王晓静.从《中学国文教学法》管窥语文教学思想［J］.文学教育，2006（7）.

6. 对教学目的的认识

蒋伯潜先生把语文学科放在整个教育体系中来认识其教学目的，从语文学科与其他学科的共同点与不同点立意，因而也就特别能凸显语文学科的本质所在。“正副目的论”已经触及课程论层面，具有本体论意义，若能吸收其中有益的成分，可以解决语文教学中长期存在的一些问题。

林忠港.论蒋伯潜“正副目的论”的价值与缺憾［J］.语文学习，2012（2）：14.

7. 能力的培养

培养和训练学生的思辨能力，而不是传授“正确”的思想给学生，是由于“正确”的思想属于公民课而非国文课的范畴，况且社会思潮一直在变化，不能一概而论其是非。写论辩文和学习文字校勘、训话、考证，从习作的指导和批改中都可以训练这种辨别是非、慎思明辨、不盲从他人的能力。这与当下西方观念中的“批判性阅读”教学不谋而合，蒋伯潜的思想方法来自于经学研究，但其实用性却是在于国民生活的方方面面的。

陆立仪.浅论蒋伯潜语文教育改革思想［D］.上海：华东师范大学，2011：8-9.

8. 注重应用与实用

蒋氏将国文教学的正目的定义为“使学生对生活所需的工具——国文，能够运用、了解、欣赏”。他的课程观本质是强调工具性的，课程目标指向生活实际，培养学生适应社会的语言文字技能，具有很强的现实性和针对性，这是由当时全社会亟需改变国文教学水准低落的要求所决定的，也是当时国文研究者共识性的理念，胡适、黎锦熙等人都主张工具性的国文目标，体现了现代国文对科举时代的反拨。蒋氏的整个课程建构中都贯彻这一理念，注重实用和应用，脚踏实地，不尚空谈。

陆立仪.浅论蒋伯潜语文教育改革思想［D］.上海：华东师范大学，2011：24.

后 记

光阴荏苒，“20 世纪中国语文教育经典研读丛书”经历了 13 个年头终于可以杀青了，我们悬着的心终于可以放下了。

2001 年，一次偶然的机会，需要查阅阮真的《中学国文教学法》，苦苦求索而不得。2003 年在国家图书馆复印半部书稿，如获至宝。当时就产生一个想法，为了教学方便，我们能否把这些藏在深闺的经典请出深宅大院，让寻常百姓也能一睹芳容。可是谈何容易，这些书大都过了半个世纪，纸质发黄变脆，无法承担复印之痛。许多书只能照相，照相的费用是高昂的。不要紧，咬咬牙也得做。每找一部，我都激动不已。2006 年到华东师大做访问学者，遇到了在华东师大读博士的陈黎明先生，闲聊之间，我知道他也在做这个工作，把两人搜集到的著作一凑竟然就有几十本，欢喜之情，无法用语言表达。此时，我们加快了工作的进度，我们利用华东师大图书馆、上海图书馆，想方设法搜集我们想要的资料。2007 年，资料搜集工作基本完成。另一个难题立刻摆在我们面前，那就是如何把这些著作转化成电子文稿，这时时金芳教授伸出了援手，主动承担了这项艰巨的任务。我们的梦逐渐变为现实。

2007 年年初，我们看到了华东师范大学瞿保奎先生编辑了一套“重读 20 世纪教育经典文丛”，受其启发，我们也想编辑“重读 20 世纪语文教育经典丛书”。正好此时顾黄初先生在上海养病，我们将此事向他做了汇报，先生极力支持，提出了自己的看法。我们又将此事向语文教育史家李杏保先生汇报，得到了先生的支持；先生提出采用评点的办法，重新审视经典的价值。此后，我们先后咨询过朱绍禹先生、饶杰腾先生、曹洪顺先生、韩雪屏先生、倪文锦先生、周庆元先生，得到了诸位先生的充分肯定与支持。2007 年年初，我们将此事向高等教育出版社魏振水先生汇报，先生极力支持，提议我们尽快做出编写方案。2007 年年底我们递交了编写方案，得到了高教社的认可。

2008 年，我们分配了编写任务：聊城大学陈黎明教授评点：艾伟《汉字问题》《国语问题》；连云港师范专科学校李明高教授，扬州大学徐林祥教授、许艳、张立兵博士评点：朱自清叶圣陶《精读指导举隅》《略读指导举隅》；南通大学时金芳教授评点：梁启超《中学以上作文教学法》、陈望道《作文法讲义》、夏丏尊刘熏宇《文章作法》；江苏师范大学步进博士评点：王森然《中学国文教学法概论》；华东师范大学的周文叶博士评点：蒋伯潜《中学国文教学法》；江苏师范大学的尹逊才博士评点：黎锦熙《新著国语教学法》《新国文教学法》；盐城师范学院史成明教授评点：袁哲《国语读法教学原论》；江苏师范大学魏本亚教授评点：阮真《中学国文教学法》。因为各位老师既有教学任务，又有研究任务，此项工作一直到 2012 年 4 月才完成初稿。2012 年 4 月 6 日编委会在上海召开审稿会，统一思想、统一格式。2012 年 6 月初在江苏师范大学进行了第二次统稿，三位主编对书稿进行了阅读并进行了必要的调整。2012 年 10 月，三位主编赴高教社，与魏振水先生商讨后，决定将书稿交由李杏保、周庆元、倪文锦先生审阅，三位先生审稿后提出了具体的意见与建议。编者又用了两个月的时间修改完善，2013 年元旦之后，三位主编再次到北京，与魏振水先生、谷铁波老师当面讨论，最终完成了稿件的编写工作。

本丛书原拟使用“20 世纪语文教育经典重读文丛”书名，具体到每册则采用 ××× 评点 ××《××》（书名）。后来在与专家和高等教育出版社的讨论中，大家认为使用“20 世纪中国语文教育经典研读丛书”，采用 ××× 研读 ××《××》（书名）更妥贴些。一者，因为“经典”内容丰富，意蕴深厚，非一般的学者可“评点”；二者，用“研读”而非“评点”更彰显后学者虚心向学的态度；三者，可以引导和启发中小学语文教师、语文教育研究者以及语文教育师范生从不同角度参与经典的学习和研读，以推动目前的语文教育教改工作。

“20 世纪中国语文教育经典研读丛书”是一套教学用书，其出版是为了解决当前高校研究生以及教育专业硕士缺少研究资料的难题，也是为了解决一线教师研究语文教育缺乏资料的难题。丛书涉及的13位学者均已仙逝，为了传承其语文思想，我们只有精心研读与评点，才能表达我们对语文大师的缅怀与敬重。因为13位大师的教育思想博大精深，我们的研读与评点也许会显得苍白，但是作为一种传承、一种交流，我们相信我们的努力能够得到读者的认可。虽然是一套教学用书，虽然是一套不以商业用途为目的的教学用书，我们还是要向原书的作者——我们爱戴的语文教育家们表达由衷的敬意！我们也向原书作者的后人表示敬意！

2012年，中国高等教育学会语文教育专业委员会常务理事会在江苏师范大学召开，周庆元理事长还专门把这套丛书的出版作为学会的一件重要工作，可见学术界对这部书的重视。此套丛书得到了江苏师范大学领导的支持，也是“汉语言文学国家级二类特色专业建设项目”“汉语言文学国家级优秀教学团队建设项目”“中国30位语文教育家思想地图(10YJA880144)”“20位语文教育家思想地图(2010ZDLXM057)”研究成果。高等教育出版社魏振水先生为这套丛书的出版做了大量的工作，多次参与书稿体例、内容的讨论，并提出修改意见，谷轶波、房世佳、李海风编辑为丛书出版付出了辛勤劳动，我们心存感激。同时我们也要向所有支持此项工作的专家表达我们的谢意！由于我们水平有限，书中错误在所难免，我们诚恳接受读者的批评。

编者

图书在版编目（CIP）数据

周文叶研读蒋伯潜《中学国文教学法》/ 周文叶主编. -- 北京：高等教育出版社，2015.5
（20世纪中国语文教育经典研读丛书 / 魏本亚，陈黎明，时金芳主编）
ISBN 978-7-04-040681-8

Ⅰ. ①周… Ⅱ. ①周… Ⅲ. ①中学语文课－教学法
Ⅳ. ①G633.302

中国版本图书馆CIP数据核字(2014)第162080号

策划编辑 魏振水 责任编辑 房世佳
封面设计 王 洋 版式设计 王 洋
插图绘制 黄建英 责任校对 陈旭颖
责任印制 朱学忠
出版发行 高等教育出版社
社 址 北京市西城区德外大街4号
邮政编码 100120
印 刷 北京信彩瑞禾印刷厂
开 本 787mm × 1092mm 1/16
印 张 15.75
字 数 200千字
购书热线 010-58581118
咨询电话 400-810-0598
网 址 http://www.hep.edu.cn
http://www.hep.com.cn
网上订购 http://www.landraco.com
http://www.landraco.com.cn
版 次 2015年5月第1版
印 次 2015年5月第1次印刷
定 价 30.00元

物 料 号 40681-00